AZÚCAR Y TRABAJO

La transformación de las haciendas en el norte del Perú, 1860-1933

Michael J. Gonzales

Azúcar y trabajo

La transformación de las haciendas en el norte del Perú 1860-1933

Traducción de Javier Flores Espinoza

Banco Central de Reserva del Perú

IEP
Instituto de Estudios Peruanos

Serie: Historia Económica, 28

Este libro se publicó en inglés con el título *Plantation agriculture and social control in northern Peru, 1875-1933*, en Austin por la Universidad de Texas, 1985.

© Banco Central de Reserva del Perú
Antonio Miró Quesada 441-445, Lima 1
Telf.: (51-1) 613-2000/Fax: (51-1) 613-2552
www.bcrp.gob.pe

© IEP Instituto de Estudios Peruanos
Horacio Urteaga 694, Lima 11
Telf.: (51-1) 332-6194/Fax: (51-1) 332-6173
www.iep.org.pe

ISBN: 978-9972-51-587-3
ISSN: 2071-4246

Impreso en Perú

Primera edición: septiembre 2016
1000 ejemplares

Hecho el depósito legal en la Biblioteca Nacional del Perú: 2016-11835

Registro del proyecto editorial en la Biblioteca Nacional: 31501131600966

Corrección de textos: Sara Mateos
Diagramación: Silvana Lizarbe / Carolina Carrillo
Diseño de portada: Gino Becerra
Cuidado de edición: Odín del Pozo

Gonzales, Michael J.
Azúcar y trabajo. La transformación de las haciendas en el norte del Perú, 1860-1933. Lima, IEP; BCRP; University of Texas Press, 2016. (Historia Económica 28)

1. INDUSTRIA DEL AZÚCAR; 2. TRABAJADORES AZUCAREROS; 3. HACIENDAS; 4. HISTORIA; 5. SIGLO XIX; 6. PERÚ.

W/05.01.01/H/28

Contenido

Lista de ilustraciones

Lista de cuadros

Lista de Mapas

A Gail, por haberme ayudado con cada faceta
del presente estudio, y por haberme prestado
un valioso apoyo intelectual y moral.

Agradecimientos

Varias personas me ayudaron a completar el presente estudio. En el Perú quisiera agradecer en especial a Tito Rodríguez, el exdirector del Archivo del Fuero Agrario (AFA), quien luchó por mantener vivo este repositorio único e hizo todo lo posible para facilitar mi investigación. Quisiera también agradecer a dos de mis compañeros de investigación en el AFA, Dennis Gilbert y Bill Albert, que me ayudaron a hacer que mi trabajo fuera una experiencia placentera y gratificante. Y el Perú no habría sido igual si no hubiese conocido a Mariel Romero de Farfán. La investigación es un proceso que toma mucho tiempo y tuve la fortuna de contar con Kitty King Corbett como asistente de investigación.

Muchos investigadores en Estados Unidos leyeron este libro en diversas etapas e hicieron comentarios que lo mejoraron. Quisiera agradecer en especial a Tulio Halperín Donghi, James F. King, Benjamin S. Orlove, Frederick B. Pike, Susan E. Ramírez y Ann Waltner. El profesor Halperín Donghi ha tenido un papel especial en mi desarrollo como historiador, primero como asesor en la Universidad de California en Berkeley y desde entonces como amigo.

Me ha tomado varios años completar este libro y durante todo ese tiempo me beneficié con el apoyo y estímulo de mi familia y amigos. Quisiera agradecer en particular a mi madre, a mi abuela y a mi esposa, y a mis íntimos amigos Steve y David Gilmartin.

Esta investigación fue posible gracias a becas de la Ford Foundation Graduate Fellowships Program, el Center for Latin American Studies de la Universidad de California en Berkeley, y al Departamento de Historia de esa misma institución. El College of Humanities Career Development Committee de la Universidad de Utah proporcionó financiamiento adicional. Un David P. Gardner Fellowship me dio tiempo para hacer revisiones esenciales al manuscrito. Debo asimismo agradecer a Tony L. Scott su mecanografiado, a Adrienne Morgan por haber dibujado los mapas 1 y 2, y a James Paterson por haberse encargado de los mapas 3 a 6. Estoy igualmente agradecido a la Cambridge University Press por permitirme publicar materiales procedentes de mi artículo "Capitalist Agriculture and Labour Contracting in Northern Peru, 1880-1905" (1980).

Abreviaturas y convenciones

La mayoría de la información en el presente estudio proviene de la correspondencia privada de la familia Aspíllaga, hoy guardada en el Archivo del Fuero Agrario en Lima. Los nombres de los principales correspondientes aparecen en las notas a pie de página con sus iniciales, excepción hecha de aquellos casos donde simplemente firmaron con el nombre de la empresa familiar Aspíllaga Hermanos. La que sigue es la lista de todos los correspondientes y sus nombre abreviados.

Ramón Aspíllaga Ferrebú	RAF
Ántero Aspíllaga Barrera	AAB
Ramón Aspíllaga Barrera	RAB
Baldomero Aspíllaga Barrera	BAB
Ismael Aspíllaga Barrera	IAB
Víctor Aspíllaga Taboada	VAT
Ismael Aspíllaga Anderson	IAA
Luis Aspíllaga Anderson	LAA
Gustavo Aspíllaga Anderson	GAA
Ántero Aspíllaga Anderson	AAA
Aspíllaga Hermanos	AH

Los Aspíllaga ocasionalmente escribieron dos cartas el mismo día. En tales casos, la primera carta archivada en un volumen de correspondencia aparece citada como (a) y la segunda como (b).

Prefacio a la edición en español

Este libro tuvo su origen en una tesis presentada en la Universidad de California en Berkeley bajo la dirección de Tulio Halperín Donghi, el gran historiador argentino recientemente fallecido, quien infundió claridad y aliento a mi desarrollo como historiador y me animó a continuar interesándome en la historia social y agraria del Perú. Tuve la enorme fortuna de tener acceso a los archivos de las haciendas confiscados después de la reforma agraria de Velasco, que se guardaron en el Archivo del Fuero Agrario, ubicado en un antiguo colegio en el Rímac, Lima. A mi arribo en noviembre de 1973, me uní a otros en el desempacado de documentos guardados en sacos de yute y cajas de madera, y en su ordenación en estantes. El archivo tenía el ambiente de un "archivo popular", lo que reflejaba el compañerismo de Humberto Rodríguez Pastor, su director, quien brindaba a todos por igual, acceso a la documentación. El deterioro económico y la impopularidad del régimen militar generaron un clima político inestable, que aumentaba periódicamente la preocupación por el financiamiento del archivo y la seguridad pública. Recuerdo vívidamente la huelga policial y el motín que estallaron en febrero de 1975, y, que fueron aplastados brutalmente por el gobierno militar usando soldados y tanques. Los conductores de ómnibus y taxis se dirigieron a la seguridad de sus hogares, lo que hizo que mi esposa y yo tuviéramos que caminar desde el Rímac hasta nuestro departamento en Miraflores, mientras sonaban disparos, algunos edificios ardían y se veían personas agonizando en las calles. El prolongado toque de queda que siguió a la violencia, cuando se detenía a la gente de inmediato, perturbó aún más la vida del pueblo, pero los limeños demostraron su resiliencia y pronto volvieron a trabajar, socializar y manifestar sus distintos pareceres políticos.

Mi proyecto de investigación se centraba en la historia de las haciendas azucareras de la costa norte en la época moderna. Afortunadamente para mí, el Archivo del Fuero Agrario contenía la correspondencia diaria de la hacienda Cayaltí, en el valle de Saña (Lambayeque), poseída y administrada por los Aspíllaga, una importante familia de políticos, así como fuentes dispersas provenientes de otras haciendas azucareras de ese mismo departamento. Esto hizo que centrara mi estudio en Cayaltí en el marco de una perspectiva regional. Complementé la documentación de la hacienda con información hallada en diarios, informes gubernamentales, relaciones de viajeros, tesis universitarias, tratados, panfletos y revistas de agricultura, provenientes sobre todo de los fondos guardados en la Biblioteca Nacional. También viajé en ómnibus a la costa norte y recorrí los campos de las antiguas haciendas azucareras, donde hablé con trabajadores y gerentes.

El libro resultante se ocupó de cuestiones importantes de la historia local, regional y nacional del Perú, así como de temas esenciales para comprender la historia de la agricultura de plantación en el continente americano, tales como su administración, la formación de capital, la consolidación de la tierra, el cambio tecnológico y la transición de la mano de obra servil a la asalariada. A los historiadores de la agricultura de plantación les ha interesado en particular la historia laboral, y el Archivo del Fuero Agrario peruano contenía documentación detallada sobre los trabajadores chinos que reemplazaron a los esclavos africanos a mediados del siglo XIX, así como de la población de la sierra peruana que posteriormente tomó el lugar de los chinos. Esto me permitió fundar mis conclusiones sobre fuentes inusualmente confiables.

Desde mediados de la década de 1970, los historiadores debatieron con renovado vigor acerca de la relativa importancia que el peonaje y la opresión tuvieron en el reclutamiento y conservación de la fuerza laboral en el continente americano. El meollo de la cuestión concierne al análisis de los métodos de control social aplicados por los hacendados, y la capacidad que los trabajadores tuvieron para resistir. Los hacendados azucareros peruanos emplearon el peonaje por deudas y la violencia para superar la escasez de mano de obra y reducir el gasto en ella, sobre todo con los trabajadores chinos. Aun así, hubo una transición histórica hacia el trabajo libre que se vio influida por la resistencia que los trabajadores desplegaron, los cambios que tuvieron lugar en los mercados laborales, la racionalización de la producción y las estrategias gerenciales. Para mediados de la década de 1920, la mayoría de los trabajadores de Cayaltí eran de los llamados "peones libres", es decir, trabajadores no enganchados, y pasaron a constituir el espinazo del proletariado rural en la región.

Este libro fue alabado por su contribución a la historia del Perú y a los estudios de haciendas, en especial por su análisis de la historia de los trabajadores. Ello no obstante, un reseñador manifestó que le hubiera gustado que dejara de lado el examen de la industria azucarera por un análisis más detallado de Cayaltí, y que hubiese brindado más información sobre la carrera política de Ántero Aspíllaga Barrera. Me parece, sin embargo, que mi examen de la industria del azúcar —lo que incluye la política azucarera en los ámbitos local, regional y nacional— brinda el contexto esencial para el estudio de la historia de los trabajadores. Es más, un análisis detallado de las actividades políticas de los Aspíllaga que no guardaban relación con dicha industria, habría sido más apropiado para un estudio separado de la política nacional. Los interesados en leer más acerca de los hacendados y la política pueden consultar mi artículo sobre este tema.[1] Otro reseñador alabó al libro en conjunto, pero especuló que después del surgimiento del enganche, fue la reciprocidad tradicional de la sierra lo que dio forma a las relaciones laborales en Cayaltí. Sin embargo, los hacendados y enganchadores no discutieron su relación con los trabajadores en función de una reciprocidad cultural y enfatizaron, más bien, el salario, las estrategias de reclutamiento, el tamaño de la fuerza laboral y la productividad. Los trabajadores, por su parte, buscaron salarios más altos, entraron en huelga para conseguirlos, y eventualmente se unieron a sindicatos y partidos políticos. Para

1. Gonzales 1991b.

una comparación con las relaciones laborales en las haciendas algodoneras, que dependían de la aparcería antes que del trabajo asalariado, los lectores pueden consultar mi artículo sobre la hacienda Palto, ubicada en el valle de Cóndor.[2]

He quedado encantado con el continuo interés que este libro suscita, así como con la oportunidad de compartirlo con un público más amplio en el Perú. Deseo agradecer a Carlos Contreras por haber supervisado la publicación de la edición en español, a los directivos del Banco Central de Reserva del Perú y del Instituto de Estudios Peruanos por haber aprobado el proyecto, y a Javier Flores Espinoza por traducir el texto.

Hay muchas formas de recordar el paso del tiempo. Cuando inicié mi investigación para el presente estudio, mi esposa y yo no teníamos hijos. Michael y Benjamin, nuestros hijos, son ahora unos buenos muchachos. Hace quince años perdí repentina e inexplicablemente a mi hermano menor Dave, y más recientemente a mi madre, Betty Ann Owen, luego de una prolongada enfermedad. Ella realizó numerosos sacrificios que permitieron que mi hermano y yo tuviéramos una vida mejor.

---

2. Gonzales 1991a. Quienes deseen una comparación de la experiencia china en las haciendas azucareras y algodoneras pueden consultar Gonzales 1989.

Introducción

El Perú moderno, la agricultura de hacienda y el control social

En 1968, el general Juan Velasco Alvarado encabezó un golpe de Estado que depuso al presidente Fernando Belaunde Terry e instaló una junta revolucionaria comprometida con la mejora de las masivas desigualdades sociales, económicas y políticas del Perú. Un punto central de la política del régimen fue la nacionalización de las propiedades en manos de corporaciones extranjeras y de la élite nacional. Estos grupos controlaban los sectores más importantes de la economía: la agricultura de la costa, minería, finanzas e industria. La junta acusó a estos prominentes capitalistas de beneficiarse injustificadamente a expensas del resto de la sociedad, y sostuvo que el Perú podría ser un país realmente independiente y próspero solo mediante una exhaustiva redistribución de la riqueza y del poder político. Aunque la mala planificación, el disenso político, la corrupción y la recesión global condenaron al fracaso los intentos de reforma del Gobierno Revolucionario, sus críticas a la realidad peruana no carecían de cierto fundamento.[1]

Podemos fechar la creación del Perú moderno —la nación que Velasco buscó desmantelar— a mediados y finales del siglo XIX, con la formación de la oligarquía costeña y su vinculación con el capital

1. Thorp y Bertram 1978, cap. 15; Lowenthal (ed.) 1975.

extranjero y los mercados de ultramar. La forma de control económico y político que se fue configurando durante esos años habría de pervivir, con diversas modificaciones, hasta bien entrado el siglo XX. Un componente crucial de este proceso fue el desarrollo de una agricultura costeña, especialmente las haciendas azucareras, y el ascenso de un grupo selecto de hacendados a la prominencia política y social bajo la bandera del aristocrático Partido Civil, el cual habría de dominar la política peruana durante el periodo conocido como la República Aristocrática (1899-1919).[2]

Algunos hacendados azucareros se veían a sí mismos como héroes, a los que habría de recordarse como los arquitectos de la prosperidad económica y la estabilidad política. Ellos y sus aliados políticos tuvieron éxito en revitalizar la economía de exportación y en devolver la nación al dominio civil. Pero el proyecto que tenían para el Perú favorecía claramente sus propios intereses: bajos impuestos a las exportaciones e importaciones, estímulo a las inversiones extranjeras, sufragio limitado y un gobierno centralizado. Fue un ejemplo clásico de teoría económica liberal y democracia oligárquica.

Los gobernantes de la República Aristocrática, asimismo, no se vieron afectados por un sentimiento de nacionalismo cultural. Su orientación económica, social e intelectual se dirigía más hacia Europa y los europeos, que hacia el Perú y los peruanos. La industria azucarera miraba allende los mares en pos de sus mercados, su tecnología y a veces también de su capital. Los hacendados admiraban a sus socios comerciales europeos por sus conocimientos empresariales y antecedentes culturales, tanto como les disgustaban sus trabajadores por su ignorancia y falta de sofisticación.

Pero en su condición de agricultores, los hacendados azucareros se vieron continuamente obligados a tratar, directa e indirectamente, con los trabajadores de sus haciendas. En efecto, su éxito como empresarios dependía fundamentalmente de la adquisición y retención de gran cantidad de trabajadores en una época de escasa mano de obra. Sin trabajadores que se ocuparan de sus haciendas, jamás podrían haber obtenido riqueza, posición social y poder político. Y en el trato que tenían con

2. Chavarría 1972; Gilbert 1977, cap. 1; Cotler 1978, cap. 3.

ellos, los hacendados revelaron mucho sobre sí mismos. Sus nociones de raza, trabajo, salud y poder revelan la moralidad del desarrollo capitalista en el Perú, y al mismo tiempo nos permiten observar el carácter y la mentalidad de la élite nacional.

El presente estudio se ocupa del desarrollo de la industria azucarera en la costa norte, la zona de producción de azúcar más importante del Perú, desde el tardío siglo XIX hasta los primeros años de la Gran Depresión. Entre los temas importantes que trata se encuentran la formación de una nueva élite hacendada, las fuentes de capital, la innovación tecnológica, la consolidación de la tierra, y el reclutamiento, organización y control de la mano de obra.

Otro tema entrelazado a lo largo de gran parte de la discusión, es el desarrollo de los regímenes de trabajo asalariado. En las haciendas latinoamericanas, el periodo de mediados a fines del siglo XIX fue la gran época de transición del trabajo esclavo al no esclavo. Una a una, las zonas que habían dependido de la esclavitud negra durante siglos fueron aboliendo dicha forma de servidumbre y reemplazándola con diversos regímenes laborales, entre ellos la aparcería, la servidumbre contratada y el trabajo asalariado.

Para los trabajadores, esta no fue necesariamente una transición de la servidumbre a la libertad. Los historiadores hace tiempo advirtieron que en las grandes haciendas latinoamericanas, la coerción, la violencia y la intimidación fueron características prominentes de los regímenes laborales no esclavistas. El peonaje, el proceso a través del cual los trabajadores endeudados quedaban atados a las haciendas durante largos periodos, ha sido tradicionalmente considerado una práctica común del siglo XIX. El paternalismo también ha sido con frecuencia mencionado como un método que los hacendados emplearon para dominar a los trabajadores.

Sin embargo, esta imagen de los regímenes laborales viene cambiando. Recientes estudios han demostrado que hubo una gran diversidad en el grado de libertad del que los trabajadores gozaban en las haciendas, incluso en aquellas que cultivaban los mismos productos y empleaban métodos de pago similares. En retrospectiva, semejante diversidad no debiera sorprendernos, dadas las diferencias regionales existentes, entre otros asuntos, en la economía política, la demografía, las necesidades laborales estacionales, la ecología y la cultura.[3]

Este estudio es una contribución a esta ampliación de la imagen que tenemos de las relaciones laborales durante un periodo de transición y cambios. En él se demuestra que en la costa norte peruana, las conexiones que las haciendas tenían con el mundo exterior, así como la dinámica histórica interna de latifundios individuales, afectaron las relaciones sociales de producción. La compleja interacción de estas fuerzas tuvo como resultado un patrón general de relaciones laborales, con ciertas variaciones según el momento y contexto entre haciendas particulares, que podría arrojar puntos de comparación para los estudiosos que investigan la agricultura de hacienda en otras partes del mundo.

Tradicionalmente, la industria azucarera del norte peruano había dependido de la mano de obra servil, y la transición inicial al trabajo asalariado no tuvo nada que ver con el mercado. Ella más bien se debió al fin del tráfico de sirvientes chinos contratados en 1874, y a la falta de disponibilidad de fuentes alternativas de trabajadores no asalariados. Distintos regímenes laborales asalariados se desarrollaron en el transcurso de medio siglo en una serie de etapas, en las cuales los trabajadores fueron adquiriendo cada vez más libertad o, dicho de otro modo, los hacendados perdieron más control sobre ellos.

Esta evolución reflejaba el creciente tamaño y complejidad social de la economía y la comunidad de hacienda, así como la progresiva estabilidad y complejidad política del Perú. Estas fuerzas internas y externas hicieron que la coerción fuera una herramienta de control social menos eficaz, y obligaron a los hacendados a depender más del acomodamiento y la manipulación para conseguir cierto dominio sobre los trabajadores.

Aunque esta tendencia general es claramente discernible, es igualmente cierto que los regímenes laborales jamás fueron del todo homogéneos. Siempre hubo una minoría considerable de trabajadores que gozaba de relativamente más o menos libertad, y que recibía distintos salarios por un mismo trabajo. La distinción básica era la capacidad para comercializar su trabajo, puesto que los trabajadores gozaban de más

---

3. Duncan Kenneth e Ian Rutledge (eds.) 1977. Un artículo provocador que hace muchas preguntas relevantes es el de Bauer 1979.

libertad y de salarios más altos si podían tratar directamente con los hacendados antes que a través de un contratista.

También hubo algunas distinciones importantes entre haciendas individuales. Aunque todos los productores más importantes de la región utilizaron equipos modernos, cultivaban grandes extensiones de tierra y empleaban esencialmente los mismos sistemas laborales, algunos eran más avanzados tecnológicamente que otros. En las haciendas más primitivas, los hacendados podían usar con mayor éxito los métodos paternalistas de control derivados de las relaciones sociales de producción preindustriales. Además de esta importante variación estructural, es igualmente cierto que algunos hacendados eran pacientes, inteligentes y manipuladores, mientras que otros eran petulantes, temperamentales y duros. Estas diferencias de personalidad y carácter a veces influían de modo significativo en las relaciones entre propietarios y trabajadores.

La naturaleza de la documentación disponible determinó en parte el eje de este análisis. La mayoría de los estudios sobre las grandes haciendas en la Latinoamérica moderna no tuvieron sus documentos como base. Esto predeciblemente provocó algunos problemas de interpretación.[4] Cuando el gobierno de Velasco tomó las haciendas de la costa con su programa de reforma agraria, algunos documentos de los antiguos dueños fueron abandonados y recogidos por un emprendedor grupo de investigadores. Eventualmente se los guardó en el Archivo del Fuero Agrario en Lima, donde los consulté para el presente estudio. Parte de la documentación, especialmente la correspondencia de la hacienda, es rica en detalles y percepciones sobre la realidad de las relaciones sociales de producción. Los materiales muestran lógicamente un sesgo a favor de los hacendados. Se discute la mano de obra con gran detenimiento en función de su reclutamiento, control, alojamiento, salud y rutina laboral; en cambio, hay muy poca información sobre la visión y las preocupaciones de los trabajadores, y en especial sobre el desarrollo de su conciencia de clase. Esta falta de datos hace que sea imposible ocuparse sistemática y definitivamente de la formación de un proletariado rural.

---

4. Bauer 1979.

Nada sorprendentemente, la documentación del Archivo del Fuero Agrario es más completa para algunas haciendas que para otras.[5] Se trata simplemente de la suerte de la preservación histórica. Hay fragmentos dispersos de documentación sobre varias haciendas azucareras de la costa norte, y un juego casi completo de correspondencia de la hacienda Cayaltí. Estas circunstancias hicieron que concentrara mi análisis en Cayaltí desde una perspectiva regional.

Cayaltí se encuentra en el valle de Saña, departamento de Lambayeque. La familia Aspíllaga la compró en 1859. Para comienzos del siglo XX, la hacienda era uno de los productores nacionales más grandes de azúcar, y los Aspíllaga habían ascendido hasta ocupar una posición de prominencia social y política. Su historia es representativa de la formación de la oligarquía costeña y de la República Aristocrática, y su control de los trabajadores azucareros es una muestra de los patrones generales que se dieron en la región, salvo por algunas excepciones importantes.

El estudio está dividido en dos secciones generales. La primera, que comprende los capítulos 1 a 3, analiza el desarrollo de la industria azucarera y proporciona algunos antecedentes esenciales para el estudio de la mano de obra. El capítulo 1 abarca el entorno físico e histórico, explica cómo la geografía y el clima influyeron en la naturaleza de la agricultura de hacienda, y examina además brevemente la historia del azúcar en la región hasta 1860. El capítulo 2, que se ocupa de los hacendados y el capital, se concentra en la emergencia de los hacendados azucareros regionales hasta alcanzar una importancia económica, social y política, y explora sus fuentes de capital, tanto extranjeras como locales. El capítulo 3 analiza la consolidación de la tierra y los desarrollos tecnológicos que tuvieron lugar en la costa norte, y examina las importantes diferencias que hubo en el ritmo del crecimiento de la tecnología entre los principales productores de la región.

La segunda parte, que abarca los capítulos 4 al 9, se concentra en los trabajadores. El capítulo 4 analiza la organización de la mano de obra y explica la asignación de los trabajadores a las distintas tareas productivas, así como el impacto del cambio tecnológico. El capítulo 5 examina el reclutamiento de los trabajadores asalariados chinos una vez abolida

---

5. Rodríguez Pastor 1979.

la servidumbre contratada. Luego de una breve historia del tráfico de culíes, se hace un examen detallado de los métodos empleados en Cayaltí para conservar una fuerza laboral durante una época de crisis en la industria. A este capítulo le sigue un análisis de la experiencia china en Cayaltí en función de la cultura y del control social. Se trata de una breve historia social de la comunidad china y de los métodos que los Aspíllaga emplearon para conservar y controlar a trabajadores cuya experiencia se parecía, a veces, a la de los esclavos. El capítulo 7 explora el reclutamiento de trabajadores asalariados peruanos para que reemplazaran a los chinos, que habían envejecido y ya no eran útiles. En él se muestra cómo el mercado y la coerción tuvieron un papel importante en la contratación de la mano de obra, y se ve además el problema del peonaje y la opresión en un contexto comparativo. El siguiente capítulo examina la comunidad de la hacienda entre 1890 y 1933, y muestra cómo creció Cayaltí hasta convertirse en una sociedad más compleja, que le planteaba nuevos problemas de control social a la administración. Una historia social de la hacienda repasa la vivienda, la venta de productos, la salud y su cuidado, así como los esfuerzos realizados por los Aspíllaga para establecer un régimen paternalista. El último capítulo considera el creciente nivel de enfrentamiento entre trabajadores y hacendados, desde la Primera Guerra Mundial hasta comienzos de la década de 1930. En él se identifican las causas generales del conflicto en la región, y se trazan importantes distinciones en el patrón de enfrentamiento en haciendas específicas. Las conclusiones resumen estos hallazgos en el contexto de mi marco teórico.

Primera parte

El desarrollo de la industria azucarera

Capítulo 1

El medio físico e histórico

En la costa norte del Perú, la importancia económica y social de la gran hacienda quedó firmemente establecida en la época colonial a medida que ella fue ganando el control sobre los vitales recursos de tierra, agua y humanos. Los procesos que tuvieron lugar durante la primera mitad del siglo XIX reforzaron los patrones generales de control y sentaron precedentes que facilitaron el posterior dominio de la región por parte de los Aspíllaga y otros hacendados más. En ese sentido, el desarrollo moderno de la industria azucarera y de una élite hacendada hunde sus raíces en una época más temprana.

El medio ambiente

La historia de la agricultura en la región se encuentra estrechamente relacionada con la adaptación al medio ambiente y el control del mismo. La costa peruana presenta unas barreras formidables al desarrollo agrícola, puesto que en promedio recibe menos de 30 milímetros de lluvia al año, lo que la convierte en uno de los desiertos más secos del mundo.[1] La árida franja costera, que se extiende hacia el sur a lo largo de gran

1. Robinson 1964: 157, Fitchett 1962: 147-148.

Mapa 1
La costa norte

parte de Chile, es obra de la fría corriente peruana que baña la costa, y de los Andes, que se elevan abruptamente varios kilómetros tierra adentro. La única forma regular de precipitación que tiene lugar en ella es una densa neblina a la que se conoce como garúa, que tiene poco valor práctico para la agricultura. En efecto, cerca del mar la combinación de neblina y de una densa niebla inhibe a la agricultura, puesto que las plantas quedan ocultas de los rayos del sol y la fuerte humedad fomenta el crecimiento de hongos nocivos.[2]

Lo que hace habitable a esta zona es una serie de ríos que atraviesan el árido paisaje formando valles. Estas corrientes que traen vida bajan de los Andes y fueron usadas ya en tiempos precolombinos para irrigar grandes extensiones de tierra. Lejos del mar, el clima semitropical y los prolongados periodos de intensa luz solar se vuelven aliados del agricultor al acelerar el proceso de crecimiento de las plantas y proporcionar abundantes cosechas.

Para asegurar la producción durante todo el año, el flujo del agua de los ríos debe ser encauzado cuidadosamente a lo largo de una serie de canales de riego que cortan cada valle. Durante la temporada de lluvia (enero a abril) se cuenta en los Andes con suficiente agua con que satisfacer las necesidades de los agricultores; sin embargo, el resto del año se la debe racionar, y quienes cultivan al pie de las montañas tienen una marcada ventaja sobre los que se encuentran en las partes más bajas.[3]

Cada valle cuenta con rasgos únicos que dieron forma a las variantes locales de desarrollo agrícola. En el lado septentrional de la costa, los principales valles productores de azúcar de norte a sur fueron los de Lambayeque, Saña, Chicama y Moche (o Santa Catalina) (véase el mapa 2).

Con su amplio paisaje y suave pendiente, el valle de Chicama resulta idóneo para el riego de grandes extensiones de caña, que alcanzan una altura exuberante en los ricos suelos del piso del valle. El río Chicama es una fuente suficiente de agua, que los hacendados complementaron en tiempos modernos perforando pozos. Los propietarios de las haciendas

2. Ramírez-Horton 1981. La profesora Ramírez gentilmente me permitió leer y citar su manuscrito, el cual promete ser una contribución significativa a la historiografía peruana.

3. Collin Delavaud 1968, Robinson 1964, Romero 1961, Ministerio de Fomento, Perú, 1912.

Mapa 2

Los valles de la costa norte

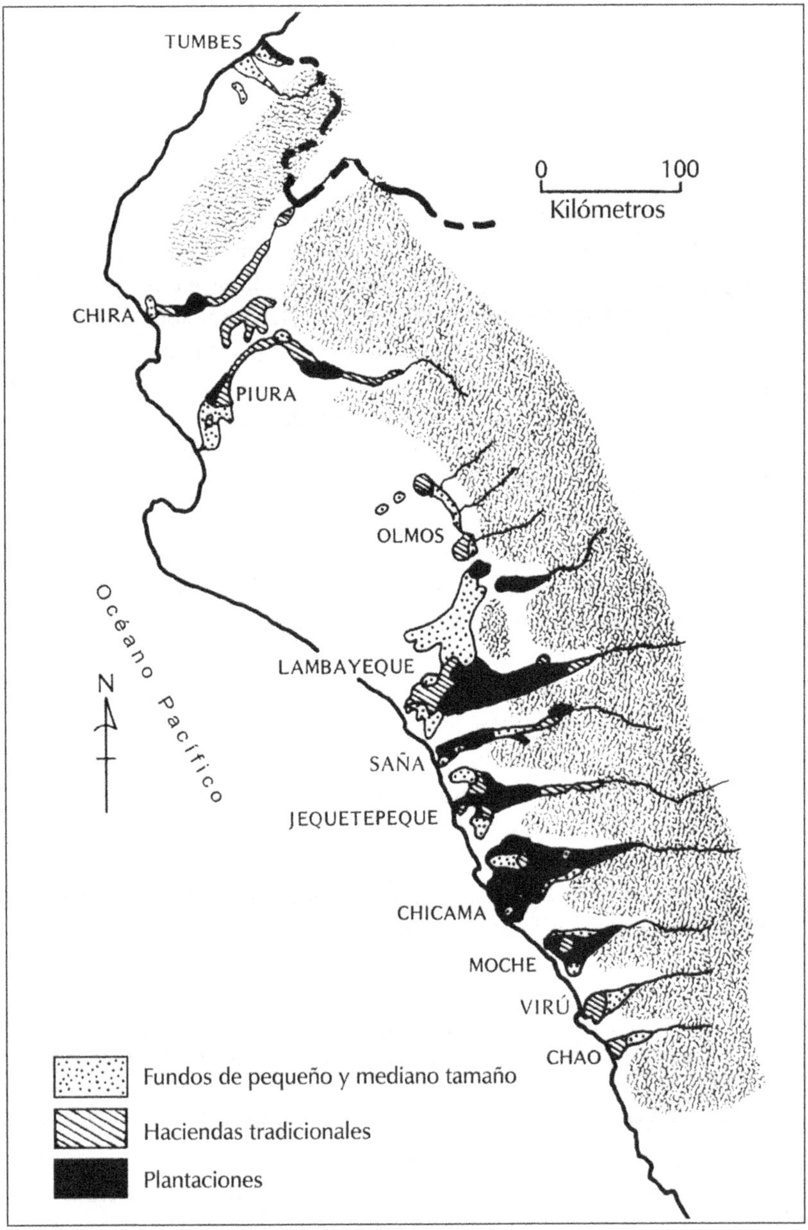

se beneficiaron con la relativamente baja densidad poblacional de este lugar, lo que les permitió expandirse con facilidad y monopolizar los recursos hídricos.[4]

El valle de Lambayeque es también apropiado para el cultivo de la caña de azúcar, en tanto las condiciones del suelo y los recursos hídricos facilitan el surgimiento de haciendas. Este valle tenía una población más densa que el de Chicama debido a la presencia de los pueblos indígenas de Reque, Ferreñafe y Monsefú. Pero a lo largo del periodo colonial, estas comunidades fueron retiradas de las mejores tierras y su condición empobrecida obligó en ocasiones a sus integrantes a buscar trabajo en las haciendas azucareras, proporcionando así una útil fuente de mano de obra. La tendencia era que las haciendas se extendieran tanto hacia la fértil parte alta del valle, lo que les permitía acceder primero a las aguas del río en épocas de escasez, como hacia el valle bajo, donde eventualmente cultivaron la caña hasta las afueras mismas de Chiclayo, la capital del departamento.[5]

Los valles de Saña y Moche eran comparativamente más pequeños y estaban escasamente poblados. Para finales del siglo XIX, una sola hacienda cañera dominaba en cada valle y las comunidades de pequeños agricultores se concentraban alrededor de los mares de caña que competían implacablemente por la tierra y el agua.

El valle de Moche se extiende a partir de la importante ciudad de Trujillo. En él se hallaba el pueblo indígena de Moche, un triste remanente de la antigua cultura mochica. El valle de Saña incluía a la comunidad indígena de Saña, así como al poblado del mismo nombre, que fue un importante centro eclesiástico y administrativo durante la época colonial, en donde la élite local tenía casas de campo. Sin embargo, la historia del valle se vio alterada de modo decisivo en 1720, cuando una inundación destruyó al pueblo por completo. Este solo fue reconstruido en parte y las instituciones gubernativas fueron transferidas a Lambayeque. El poblado libró posteriormente una lucha perdida con la hacienda azucarera de Cayaltí por el control de sus tierras.[6]

---

4. Horton 1973: 6-7.
5. Ibíd., p. 4.
6. Collin Delavaud 1968: 363-367; para un examen de las disputas por la tierra entre Saña y Cayaltí, véase el cap. 3; *Censo de 1876*.

El desarrollo de la agricultura a gran escala

La tierra fue cultivada en la costa norte mucho antes de que Francisco Pizarro y sus hombres llegaran a ella en 1532. Unas sociedades complejas se formaron a partir de los sistemas de riego que unieron a los valles vecinos en unidades económicas, sociales y políticas. Según un estudioso, los Estados más grandes, como el Imperio chimú, se parecieron a lo que Karl Wittfogel llamó las civilizaciones "hidráulicas".[7]

La conquista española de la región desarticuló por completo a la sociedad tradicional y dio inicio a un prolongado periodo de dominio colonial. Sin embargo, la agricultura de riego continuó siendo la principal actividad económica. La primera fase de la colonización ibérica, dominada por conquistadores y encomenderos,[8] pronto cedió lugar a una economía y sociedad más estables, encabezadas por los hacendados. El surgimiento de la gran propiedad en la región estuvo ligado a la decadencia de la encomienda y a la fundación de pueblos españoles en la costa. Estos se convirtieron en mercados de alimentos tradicionales hispanos, tales como pan, carne de res y oveja, vino y azúcar. Las primeras estancias comerciales aparecieron como empresas de mediano tamaño llamadas chacras, y crecieron hasta convertirse en grandes propiedades capaces de exportar productos al norte de Sudamérica y a otras regiones distantes del virreinato del Perú.[9]

En la costa, los españoles adquirieron la tierra de diversas formas, siendo las más comunes las mercedes reales otorgadas por cabildos, virreyes y audiencias, y las compras efectuadas a nobles indígenas y comunidades de indios. Las mercedes de tierras eran bastante fáciles de conseguir y promediaban alrededor de 300 acres, aunque algunas alcanzaban los 2.000. Bajo la legislación hispana, la nobleza indígena y los comuneros indios podían vender las tierras de comunidad, y ello a pesar de que los incas no reconocieron la propiedad privada tal como los europeos la definían. Muchos nativos se vieron obligados a despojarse de sus

---

7. Para un examen de las civilizaciones precolombinas en esta región, consúltese Keith 1976, cap. 1.

8. Los encomenderos tenían la merced real de una encomienda, lo que les permitía extraer bienes y servicios de las comunidades indias designadas.

9. Keith 1976, Ramírez-Horton 1981, cap. 3.

tierras para cumplir con las gravosas obligaciones del tributo impuestas por el rey y los encomenderos. En realidad, el pago del tributo frecuentemente hizo que la agricultura no resultara rentable para los indios, puesto que absorbía su capital excedente.[10]

El valle de Saña pasó a ser el centro de desarrollo agrícola de la región. En 1563, el rey ordenó la fundación del pueblo de Santiago de Miraflores de Saña. Este pronto atrajo tanto a encomenderos como a nuevos colonos ansiosos por formar propiedades agrarias. Resulta significativo que en esta región de frontera, los agricultores encontraron todos los recursos de capital necesarios para tener éxito. Podían conseguir préstamos de la Iglesia, así como de las cajas de comunidad de los indios, o de las cajas fundadas para realizar obras de caridad y otras obras pías. Estos primitivos banqueros consideraban que los bienes inmuebles eran una garantía segura y cobraban una tasa de interés anual de 7,14%.

Los propietarios de fundos también lograron conseguir trabajadores indígenas provenientes de al menos dos fuentes. La mita colonial suministraba con regularidad cuadrillas de varones adultos a los agricultores, quienes solamente estaban obligados a pagarles un modesto jornal. Los hacendados asimismo contrataban a trabajadores asalariados de un grupo cada vez más grande de indios que se fugaba de sus pueblos para escapar de sus obligaciones laborales y tributarias, a los que se conocía como "forasteros".

Las nuevas políticas implementadas por la Corona facilitaron aún más el crecimiento agrícola. A partir de 1569, el virreinato del Perú experimentó una exhaustiva reorganización administrativa bajo el mandato de Francisco de Toledo. Una de sus medidas más importantes fue el reasentamiento de gran parte de la población india en nuevos poblados construidos siguiendo modelos europeos (las reducciones). La lógica de esta política era facilitar el adoctrinamiento religioso, separar a la población indígena de las influencias malignas de los colonos, y hacer posible la recaudación y el control de los impuestos reales. Sin embargo, en la costa norte el reasentamiento también les alejó de las mejores tierras, las cuales quedaron entonces disponibles para los españoles. Estos campos de cultivo que se encontraban a mayor distancia tierra adentro, eran los

---

10. Keith 1976, Ramírez-Horton 1981: 100.

primeros en tener acceso al agua de riego. Varias de las haciendas que fueron formándose a partir de antiguas propiedades indígenas fueron expandiéndose en años posteriores y todavía existían al momento de la reforma agraria de 1969.

Para el tardío siglo XVI, los españoles se dedicaban a diversas actividades. Al norte del río Lambayeque, se especializaron en la ganadería y en la producción de cueros, jabón y otros productos derivados del ganado, en tanto que en el valle de Saña ya estaban cultivando caña de azúcar.

La producción de azúcar marcó un cambio trascendental en la historia de la región. Los que cultivaban trigo y criaban ganado recibieron la mayor parte de la tierra y mano de obra que solicitaron al rey. Ninguna de estas actividades necesitaba de herramientas sofisticadas. Los que se dedicaron al azúcar se beneficiaron con las mismas políticas agrarias, pero tuvieron que efectuar sustanciales inversiones en mano de obra y tecnología, por ejemplo, en ingenios de madera para moler la caña, calderos de cobre donde hervir su jugo y convertirlo en jarabe, herramientas de hierro para sembrar y cosechar, así como bueyes y mulas. La mano de obra pasó a ser un bien costoso debido a la necesidad de comprar esclavos africanos.[11]

Los hacendados azucareros habrían quedado complacidos usando la mano de obra indígena, pero la Corona lo desalentó. Encabezados por Bartolomé de las Casas, quienes criticaban las prácticas laborales hispanas en las Indias convencieron al rey de los peligros inherentes al cultivo y procesamiento de la caña de azúcar, y advirtieron que los accidentes graves eran perturbadoramente comunes. Dado que la finalidad manifiesta de la conquista española había sido convertir a los nativos al cristianismo y no exterminarlos, los esclavos africanos fueron explotados en su lugar; en consecuencia, se importaron a la región negros provenientes del África, así como del Caribe y del norte de Sudamérica.[12] Esta fue una de las pocas áreas en las cuales los indios quedaron bien librados, pues las políticas seguidas por el rey por lo general aceleraban su pérdida de tierra y de derecho al agua.

---

11. Ramírez-Horton 1981: 121-129, 134-137.

12. Ramírez-Horton 1981, Bowser 1974.

Durante la primera mitad del siglo XVII, los terratenientes hispanos consolidaron sus propiedades, principalmente a costa de la población indígena. El componente crucial del proceso fue una revisión de los títulos de tierras en las colonias españolas —una *visita de la tierra*— ordenada por Felipe II en 1589, para ganar dinero con que abastecer a las alicaídas arcas reales. Según esta ley, los españoles podían adquirir legalmente las tierras que habían robado antes a los indios pagándole una suma al rey. La ley asimismo permitía que los funcionarios confiscaran tierras comunales que se consideraba superaban lo que los indios realmente necesitaban. Estas tierras sobrantes eran entonces vendidas en subasta pública. Ambos procedimientos beneficiaron directamente a los terratenientes hispanos y ayudaron a empobrecer a los nativos.[13]

Los títulos de tierra hicieron de la hacienda una institución permanente en la región. Sin embargo, los hacendados se quejaban cada vez más de la escasez de trabajadores, pues los mitayos indios y los trabajadores asalariados locales no satisfacían sus necesidades. Intentaron así reclutar a indios en la sierra vecina, pero no lograron convencer u obligar a un número significativo de ellos de que emigraran. La falta de trabajadores en la costa, que habría de ser un problema recurrente, obligó eventualmente a la Corona a importar más esclavos negros a la región.[14]

Frederick Bowser estudió el tráfico de esclavos al Perú y el papel que los africanos desempeñaron en la sociedad colonial. Su trabajo muestra que los negros cumplieron un rol vital en el desarrollo de la agricultura de la costa, incluida la región septentrional.[15] Allí, la creciente dependencia de los trabajadores esclavos permitió la expansión del cultivo de la caña de azúcar. En los siguientes años, los que cultivaban azúcar tomaron parte en la tendencia general hacia la consolidación de las tierras y la especialización de la producción.

Un resultado de este crecimiento fue la progresiva demanda de agua de riego. El problema no era de cantidad sino de accesibilidad: había suficiente agua para satisfacer las necesidades de todos, pero los canales de riego existentes no bastaban para manejar la mayor demanda. Los

---

13. Ramírez-Horton 1981: 164-172.

14. Ibíd., pp. 176-177.

15. Bowser 1974.

hacendados, en general, encontraron que era más fácil adquirir más tierras y robar el agua de riego a las comunidades indígenas que excavar nuevos canales. Los funcionarios locales, como era usual, apoyaron sus actos o los encubrieron.

Estas medidas sentaron las bases para la expansión sin precedentes de la agricultura a gran escala en los valles de Lambayeque y Saña entre 1650 y 1719. Lo que inicialmente generó el auge fue el alza espectacular del precio del azúcar, que incrementó las ganancias y desató una nueva ola de consolidación de tierras y de inversión de capital. El cultivo de la caña se propagó entonces del valle de Saña al de Lambayeque, donde impuso nuevas demandas sobre los recursos laborales e hídricos.

Para paliar la escasez de mano de obra, la Corona desreguló el tráfico de esclavos, incrementó así el número de africanos que llegaban a Saña y redujo el precio promedio por esclavo. En consecuencia, después de 1650 la población esclava se duplicó o triplicó en varias haciendas. Durante esta época, los hacendados también lograron reclutar a más trabajadores asalariados debido a la gradual recuperación demográfica de indios, mulatos y mestizos, quienes ahora conformaban un grupo laboral complementario.[16] Los hacendados seguían recibiendo pequeños contingentes de mitayos indios, pero esta fuente laboral fue perdiendo importancia a medida que transcurría el siglo, y para 1720 fue abolida en la localidad.

Fue también en este periodo cuando el peonaje pasó a ser un importante método de control en los fundos regionales. Para impedir que los trabajadores temporales se fueran, los hacendados les adelantaban bienes y dinero con la condición de que permanecieran con ellos hasta que hubiesen cancelado su deuda. En una hacienda, las deudas fluctuaban entre 30 y 100 pesos, lo que debe haber sido difícil de saldar, puesto que los salarios oscilaban entre los dos y seis reales al día (12,5 a 13,5 reales el peso).

Una división racial del trabajo comenzó a surgir en muchos fundos a medida que el número de trabajadores asalariados se incrementaba.

---

16. En muchas partes de América Latina, la recuperación de la población india se dio en el siglo XVIII. Sin embargo, el estudio que Ramírez-Horton hiciera de la costa norte peruana muestra que algunas comunidades indias comenzaron a recuperarse después de 1650 (Ramírez-Horton 1981: 244 y apéndice 7).

Los hacendados en general preferían usar esclavos en las tareas técnicamente más difíciles de la refinación de azúcar, las cuales requerían de un entrenamiento especializado, así como para colocar la caña en el ingenio. Preferían, en cambio, utilizar indios y mestizos en las labores pesadas del campo, para así evitar el desgaste de la costosa población esclava.

La experiencia de la hacienda Cayaltí ilustra la expansión del cultivo de caña de azúcar en esta época. Cayaltí ya era una propiedad importante en 1622, que producía azúcar, alfalfa y ganado. Veinte esclavos operaban dos ingenios de madera, en tanto que 500 cabezas de ganado pastaban en los campos que no estaban sembrados con caña de azúcar. Durante la segunda mitad del siglo XVII, los hacendados compraron más esclavos y equipos de procesamiento. Para 1705, 54 esclavos operaban tres ingenios de bronce y diversas herramientas, carros, animales de tiro y otros equipos. Durante los siguientes doce años, la hacienda siguió sembrando más caña e incrementando su producción de azúcar y melaza.

La historia de Cayaltí en esta época ilustra una tendencia más general de la región: la combinación del cultivo de caña con la ganadería. Estas dos actividades se complementaban porque la tierra que quedaba en barbecho después de cosechada la caña, podía usarse como pastizal. El éxito de estas haciendas mixtas llevó a otra ronda de consolidación de la tierra, y gradualmente al fortalecimiento de una élite regional más pequeña y exclusiva.

Al igual que antes, la extensión de la tierra bajo cultivo condujo directamente a una mayor demanda de agua de riego. Esta vez, los hacendados y las comunidades de indios respondieron construyendo reservorios en donde almacenar el agua en épocas de abundancia, cavando nuevos canales de riego y limpiando los sistemas ya existentes. Sin embargo, estas medidas tampoco cubrieron las necesidades de los hacendados.

La forma más segura de adquirir agua adicional era comprando más tierra, puesto que toda propiedad, sin importar cuán productiva fuera, tenía derechos de riego. Había tierras que se adquirían con la única finalidad de obtener ese derecho, y los hacendados nuevamente pretendieron apoderarse de las propiedades de los indios. La real visita de 1711-1712, que reajustó las propiedades de las comunidades indias para adecuarlas a los niveles de población existentes, facilitó enormemente este esfuerzo. En conjunto, el visitador redujo en 30% las tierras propiedad de las comunidades de Lambayeque. Los españoles ya habían ocupado ilegalmente gran parte de ellas, y ahora recibieron su título legal a cambio de un pago. Fue también en esta visita que el rey permitió, por vez primera, que se vendieran los terrenos baldíos. Estas tierras habían sido designadas originalmente para que las usara la comunidad, pero ahora fueron puestas en el mercado como una forma de ganar dinero para el debilitado tesoro real.

Como consecuencia de la composición de tierras, los indios perdieron tanto la tierra como el agua. A lo largo de los años, algunas comunidades fueron privadas literalmente de toda su agua de riego, en tanto que otras quedaron casi al nivel de subsistencia. A medida que la vida se iba haciendo imposible, muchos nativos dejaron su hogar para trabajar como asalariados en las haciendas vecinas. Esto también benefició a los hacendados.[17]

La era de prosperidad agrícola que se inició a mediados del siglo XVII, y que tuvo resultados tan desastrosos para la población india, comenzó a amainar a comienzos del siglo XVIII. El ímpetu inicial lo proporcionó una fuerte caída en el precio del azúcar, generada por el dramático incremento en la producción y la saturación de los mercados locales, regionales e internacionales. Una serie de pequeños productores aparecieron en la región de Lambayeque en el tardío siglo XVII y temprano XVIII, los cuales suministraban a los mercados locales melaza, chancaca y alcohol de caña. Aún más importante es que en esta época se establecieron docenas de haciendas azucareras prácticamente en todos los valles de la costa entre Lambayeque y Lima. Tan solo en el área de Trujillo había 18, y los jesuitas, a quienes se conocía por su eficiencia, operaban 13 haciendas en los valles de Ilo, Pisco, Chincha, Rímac, Chancay, Huaura y Santa. Las haciendas azucareras aparecieron incluso en los valles más templados de la sierra, en Cajamarca y Huamachuco, al norte, y en Abancay, Aymaraes y Urubamba, al sur. El incremento en la producción generado por estos nuevos cultivadores abasteció en exceso a los mercados de la sierra y costa peruanas, e hizo que los precios se derrumbaran.[18]

---

17. Ramírez-Horton 1981, cap. 6.

18. Ramírez-Horton 1981: 316-318, Cushner 1980.

La Sudamérica septentrional fue un importante mercado internacional para los hacendados azucareros de la costa norte, especialmente la región de Panamá. Sin embargo, durante la segunda mitad del siglo XVII, las haciendas azucareras se fueron propagando con rapidez por el Caribe y gradualmente capturaron este lucrativo mercado. Los productores lambayecanos sufrieron un destino similar en la región del Río de la Plata, donde el floreciente puerto de Buenos Aires era abastecido con la más barata azúcar brasileña de contrabando.[19]

Las políticas seguidas por los Borbón hispanos también perjudicaron a los agricultores peruanos. El rey inició una serie de reformas en las Indias, diseñadas para incrementar los ingresos, mejorar las defensas y fortalecer, en general, la presencia imperial. El incremento en la alcabala y el tributo fue planteado expresamente con la intención de perjudicar a los productores azucareros peruanos y favorecer en cambio tanto a su contraparte del sur de España como a los vinateros del Perú, cuyo producto competía con el alcohol de caña. Es más, con Carlos III (1759-1788), la Corona tomó la medida extrema de prohibir la producción de toda bebida alcohólica en el Perú, a excepción del vino, una medida que afectó a quienes cultivaban azúcar hasta que la Constitución de 1812 la derogó.[20]

La creación del virreinato de La Plata en 1776 también dañó temporalmente el tejido de la economía peruana. El nuevo virreinato comprendía las regiones más prósperas del antiguo virreinato peruano, entre ellas el Alto Perú con su riqueza argentífera, así como el animado puerto de Buenos Aires. Además, a medida que el comercio trasatlántico iba ganando importancia, se fue haciendo cada vez más difícil para los hacendados azucareros peruanos conseguir nuevos esclavos y otros suministros.[21] Aunque la economía minera peruana tuvo una significativa recuperación, la agricultura siguió estancada.[22]

Esta situación resultó particularmente gris para la costa norte peruana, en donde las inundaciones arrasaron las haciendas azucareras

---

19. Ramírez-Horton 1981: 319.
20. Jacobsen 1974: 68.
21. Céspedes del Castillo 1946.
22. Fisher 1977.

en dos ocasiones en el temprano siglo XVIII. En 1720, los ríos Saña y Lambayeque se desbordaron y ahogaron al ganado, arrancaron los cañaverales, derribaron construcciones, atoraron los canales de riego con escombros y lodo, y destruyeron íntegramente el pueblo de Saña. Una de las víctimas más graves de esta inundación fue la hacienda Cayaltí, que quedó hecha una ruina.

Para los hacendados azucareros, la recuperación fue un proceso lento, difícil y costoso. Hubo que contratar trabajadores adicionales para efectuar las reparaciones necesarias, lo que les costó una suma considerable en salarios y provisiones. Hubo, además, que sembrar la caña nuevamente y luego permitir que madurara aproximadamente por 18 meses antes de que se la pudiera cosechar, lo que les dejó sin ingreso durante dos temporadas. Asimismo, resultó difícil limpiar los canales de riego, lo que provocó una escasez de agua y la alteración de los cronogramas de siembra. En general, la inundación fue un desastre del cual los hacendados jamás se recuperaron del todo.

Es más, los hacendados apenas si habían vuelto a poner sus haciendas en marcha, cuando una segunda gran inundación se produjo en 1728. Muchos de los residentes de Saña abandonaron entonces el pueblo para siempre, y los hacendados tuvieron que efectuar de nuevo una serie de reparaciones difíciles y costosas.[23]

Esta combinación de desastres naturales, caída del precio del azúcar, depresión agrícola general y alza de los impuestos llevó a muchos hacendados azucareros a incurrir en fuertes deudas y eventualmente a caer en bancarrota. En el siglo XVIII se embargaron varias haciendas, Cayaltí entre ellas en 1785, lo que trajo la ruina financiera a numerosos integrantes de la élite regional. Muchos ambiciosos miembros de los sectores medios de la sociedad colonial, especialmente profesionales, administradores públicos y comerciantes, compraron entonces las antiguas haciendas de la élite y pasaron a ser parte de la aristocracia local.[24]

---

23. Ramírez-Horton 1981: 313-315.

24. Ibíd., pp. 330, 343.

Es más, un patrón similar se produjo en el vecino valle de Jequetepeque, donde la orden agustina arrendó la mayor parte de sus tierras a un grupo de criollos.[25]

En la región lambayecana, los recién llegados tuvieron que enfrentar la formidable tarea de revitalizar sus haciendas. El retorno a la producción de azúcar hacía necesario efectuar una fuerte inversión de capital en equipos de refinamiento y esclavos, en una época en que el dinero era escaso y los mercados estaban saturados. La ganadería parecía ser así una alternativa más viable, puesto que se trataba de una actividad que requería de muy pocos trabajadores y maquinaria, y que brindaba un retorno de capital más seguro debido a la menor elasticidad de la demanda de carne y de los productos derivados del ganado. Por ende, el número de estancias ganaderas creció a lo largo del tardío siglo XVIII y el temprano XIX, en tanto que la producción azucarera languidecía.[26]

La expansión de la industria ganadera hizo que fuera necesario adquirir tierras de pasto adicionales. Los hacendados podrían haber ampliado sus redes de riego y convertido tierras áridas en pastizales, pero ello habría requerido de una inversión de capital. Una vez más, adquirir las tierras y el agua de los indios era una alternativa más barata.

Muchos de los nuevos hacendados aprovecharon aquí su posición como funcionarios públicos: ellos podían ignorar las leyes que protegían a los indígenas y a las propiedades de las comunidades, o interpretarlas de modo tal que favoreciera a sus propios intereses. El corregidor y el protector de indios de la localidad aprobaban por lo general la venta de tierras comunales, lo que iba contra el interés general de la comunidad, cada vez que algún indio se retrasaba en el pago del tributo, o requería dinero para cubrir gastos extraordinarios, como un funeral o un bautismo. También se produjo el robo abierto de sus tierras y aguas, a veces a manos de sacerdotes o del propio protector.

Los indios de vez en cuando acudían a los oficiales reales en Lima para recuperar las tierras y agua usurpadas, pero sus demandas eran por lo general rechazadas o reducidas. La burocracia española se movía con demasiada lentitud e imperfección como para proteger los intereses de

---

25. Burga 1976: 134-143.

26. Ramírez-Horton 1981: 347-348, 374.

personas que técnicamente se hallaban bajo la tutela del rey, y la frustración debida a la pérdida de tierras y agua hizo que los indios de Chiclayo se amotinaran en dos ocasiones en contra de los hacendados locales. Estos actos rebeldes generaban una respuesta más rápida de parte de las autoridades, quienes no perdían tiempo en aplastar a los indios y proteger a los hacendados.[27]

Para finales de la época colonial, los indios de la región de Lambayeque habían perdido gran parte de sus tierras y agua a manos de las grandes haciendas, las cuales se encontraban firmemente arraigadas como las instituciones económicas y sociales dominantes. El cultivo de la caña de azúcar había sido la mayor fuente de riqueza, pero para el temprano siglo XIX la industria ganadera la había superado en importancia. Además, los hacendados habían comenzado a sembrar también tabaco, algodón y arroz. La economía estaba recuperándose y diversificándose lentamente cuando las guerras de independencia expulsaron a los españoles de Sudamérica y dieron inicio a un nuevo periodo de decadencia económica.[28]

El caos económico y político subsiguiente a los combates planteó una nueva serie de problemas a los hacendados azucareros. Su principal preocupación era la pérdida de capital físico y de gran número de esclavos, que fueron reclutados tanto por las fuerzas realistas como por las rebeldes, y a los cuales no se podía sustituir con facilidad. El tráfico de esclavos al Perú —que ya estaba extinguiéndose a finales del siglo XVIII— fue cerrado casi por completo por Gran Bretaña después de 1810, y los esclavos, a pesar de la mejora en las condiciones laborales y de vida, no lograron reproducirse en gran número. La población esclava en consecuencia cayó de 40.337 en 1792 a 25.505 en 1854, el año de la abolición.[29]

La Independencia afectó negativamente a la economía y la estructura política de la región, pero no todos sufrieron por igual. Es posible que los grandes terratenientes hayan perdido dinero durante varios años, pero muchos de ellos contaban al menos con la opción de protegerse reduciendo los costos y aprovechando las alianzas políticas para

---

27. Ibíd., p. 357.
28. Ibíd., pp. 357-376.
29. Jacobsen 1974: 11-12, 20, 32-33, 82.

así mejorar su posición. Durante las primeras décadas después de la Independencia, gran parte de las ganancias de los hacendados azucareros se dieron a expensas de los campesinos y de los grandes terratenientes que apoyaron al bando perdedor. En este contexto, los hacendados le debieron mucho a la ignorancia que Bolívar tenía de la sociedad rural peruana, así como a su descaminado sentido de la justicia social. Durante su breve periodo al mando del Perú, buscó ascender al campesinado peruano y convertirlo en una clase de pequeños agricultores liberalizando las tierras comunales indias. Cegado por una visión liberal de la prosperidad rural basada en un modelo europeo, ayudó a destruir una de las pocas protecciones que los campesinos tenían contra la dominación económica de los grandes hacendados. El grueso de las tierras comunales que fueron subastadas cayó en manos de quienes contaban con el capital necesario para pagar por ellas, esto es los hacendados, quienes a partir de entonces encontraron que era más fácil explotar a un campesinado cada vez más sin tierras.[30] Siguiendo un programa liberal, Bolívar confiscó también todas las propiedades pertenecientes a los conventos que tenían menos de ocho religiosos residentes, así como muchas haciendas de realistas. Los futuros presidentes, y Agustín Gamarra en particular, usaron entonces estas nuevas tierras del Estado como un medio con el cual recompensar a sus aliados políticos y a quienes les apoyaban financieramente. Algunos hacendados azucareros de la costa norte, sobre todo Dionisio y Casimiro Rázuri, del valle de Jequetepeque, se beneficiaron con esta forma de pago político.[31]

La producción de azúcar disminuyó en los años inmediatamente posteriores a la guerra de independencia debido a la destrucción de los cañaverales, la decreciente población esclava y la pérdida de maquinaria. Pero la producción tampoco pudo mantener el ritmo de la demanda a medida que la vida iba normalizándose, de modo tal que el precio del azúcar se quintuplicó entre 1825 y 1829. Esto permitió que los hacendados que aún se hallaban en condiciones de producir lograran tener

30. Burga 1976: 148.

31. Ibíd., pp. 150-151.

ganancias sustanciales, las cuales invirtieron posteriormente en ingenios movidos por el agua y otras mejoras tecnológicas.[32]

Esta época de prosperidad sería, sin embargo, de corta duración. La producción nuevamente volvió a superar la demanda a medida que más haciendas volvían a operar, lo que hizo que el precio del azúcar regresara a su nivel de 1825. Los hacendados asimismo tuvieron que enfrentar la pérdida temporal del mercado chileno y el alza desorbitada de las tasas de interés, dos factores que se combinaron para mantener la industria deprimida hasta la década de 1840.

La importancia del mercado chileno se remontaba al tardío siglo XVII, cuando el Perú encontraba problemas para hallar mercados para su azúcar, así como para cultivar suficiente trigo con que alimentar a su gente. Entonces se desarrolló una relación comercial simbiótica, por la cual Chile intercambiaba su trigo por el azúcar peruana. Pero esta relación se vio perturbada después de la Independencia, cuando el Perú impuso un nuevo arancel al trigo importado de tres pesos por fanega (157 libras), así como nuevas restricciones técnicas a la descarga de trigo en el Callao. Los chilenos respondieron en 1832 imponiéndole un arancel de tres pesos la arroba (25 libras) al azúcar peruana importada, lo cual sacó a los productores peruanos del mercado chileno.[33]

Este mercado no volvió a ser capturado sino hasta tres años más tarde, cuando ambos países dejaron de lado las diversas restricciones al comercio otorgándose mutuamente la condición de nación más favorecida. Sin embargo, la rivalidad geopolítica pronto perturbó el acuerdo al crearse la Confederación Perú-Boliviana y estallar la guerra con Chile. Este país volvió a ser el principal mercado extranjero del azúcar peruana solo después de que la Confederación cayera en 1839.[34]

Durante la década de 1830, los productores también se encontraron atrapados por las altas tasas de interés. En el tardío periodo colonial los hacendados azucareros podían conseguir crédito de diversas maneras,

---

32. *El Comercio* (18 de agosto de 1841), Távara 1855: 12, Tristán 1946: 414, Jacobsen 1974: 70.

33. Jacobsen 1974, cuadro 15: 70-73.

34. Febres Villaroel 1964: 181-182, Távara 1855: 14-15: Levin 1960: 120, *El Comercio* (15 de julio de 1841).

entre ellas préstamos privados —especialmente de la Iglesia—, cuentas comerciales y adelantos de dinero hechos por los comerciantes a cambio de la venta de un cargamento de azúcar. Pero las guerras perturbaron la estructura financiera al expulsar el capital de la región y elevar las tasas de interés. Cuando el gobierno retiró toda restricción a estas tasas en 1832, ellas subieron a 24% al año y así habrían de permanecer durante otra década más.[35]

El renacimiento financiero de la industria azucarera se inició en la década de 1840 como un derivado del auge guanero, el cual inyectó millones de pesos en la languideciente economía. Los agricultores europeos que lidiaban con el agotamiento de los suelos y la escasez de fertilizantes animales, recibieron entusiastamente el descubrimiento de masivas cantidades de guano en las islas frente a la costa peruana. Los comerciantes europeos llegaron a un acuerdo con el gobierno peruano para vender el guano en el extranjero a consignación, lo que generó ganancias sustanciales para ambos a lo largo de los años.[36]

Los principales beneficiarios del auge fueron los comerciantes británicos, quienes sacaron utilidades del país en gran cantidad. Aunque el gobierno peruano ganó más de 250 millones de soles con el guano, la mayor parte del dinero fue destinada a pagar a los acreedores extranjeros y a construir una serie de ferrocarriles que tuvieron comparativamente pocos beneficios de corto plazo para la economía. Con todo, una parte de la renta guanera lo suficientemente grande como para tener impacto en la economía costeña, fue canalizada a manos de los capitalistas locales.[37]

Entre los agricultores peruanos, los hacendados azucareros fueron los que más se beneficiaron con el incremento en las rentas del gobierno. La industria azucarera era una de las mayores esperanzas para el

---

35. Macera 1974: LXVI-LXVIII.

36. Levin 1960, Bonilla 1974, Mathew 1981. Algunos de los primeros contratos de consignación fueron otorgados a peruanos. El gobierno peruano dejó el sistema de consignación en 1869, cuando firmó un acuerdo con Dreyfus Hermanos & Cía. de París, para que vendiera dos millones de toneladas de guano en Europa (Levin 1960: 98-99).

37. Bonilla 1974; Mathew 1981; Yepes del Castillo 1972, cap. 2; Stewart 1946; Hunt 1973. El valor de la moneda peruana fluctuaba. En 1863, el Perú pasó del peso al sol. Este último era de plata y pesaba 25 gramos, 0,900 (puro) (para las cifras de conversión, véase el anexo).

desarrollo de la economía, y los hacendados eran en general miembros respetados de la élite costeña que contaban con útiles alianzas políticas. Por lo tanto, sus pedidos de asistencia gubernamental para ayudar a revivir su industria frecuentemente obtuvieron respuesta. En las décadas de 1840 y 1850, el gobierno ayudó a esta industria, ya fuera directa o indirectamente, consolidando la deuda interna, indemnizando a los propietarios de esclavos luego de la abolición, y pagando primas a los hacendados por haber importado trabajadores que no eran esclavos.

La consolidación de la deuda interna fue un beneficio inesperado para muchos peruanos que tenían buenos contactos políticos. Desde la Independencia, los dirigentes políticos peruanos se habían prestado dinero con regularidad de los caudillos y de las personas más acaudaladas de las distintas regiones, para así financiar revoluciones, sus programas y sus gastos personales. Algunos de estos préstamos fueron pagados antes del auge guanero con tierras del Estado, pero durante el gobierno de José Echenique (1851-1854) se tomó la decisión de cancelar la deuda interna en dinero en efectivo. Echenique rápidamente fue criticado por haber otorgado grandes sumas de dinero a sus amigos y aliados con poca o ninguna prueba de que hubiese un préstamo pendiente de pago. Echenique eventualmente fue derrocado por Ramón Castilla, su antiguo mentor, pero no antes de que hubiese pagado entre 13 y 16 millones de pesos a los tenedores de bonos peruanos y sus secuaces. Según Pablo Macera, alrededor de la tercera parte de estos fondos fueron posteriormente invertidos en la agricultura costeña.[38]

En el transcurso de su campaña para deponer a Echenique, Castilla buscó ganarse el apoyo de los negros a su causa declarando la abolición de la esclavitud. No quería, sin embargo, perder el respaldo de los esclavistas, de modo que acordó indemnizarles con 300 pesos por cada esclavo al que se liberara (liberto).[39] Los propietarios de esclavos recibieron en total más de siete millones de pesos.

---

38. Macera 1974: LXV, Mathew 1968: 575 examina la corrupción durante el gobierno de Echenique.

39. Los libertos eran los hijos de esclavos nacidos después del 28 de julio de 1821, que eran técnicamente libres pero que debían trabajar para el amo de sus padres hasta los 20 años en el caso de las mujeres, y los 24 en el de los varones.

La abolición con indemnización benefició enormemente a los hacendados azucareros, quienes poseían la mayoría de los esclavos. Como ya se indicó, el tráfico esclavista había quedado efectivamente clausurado en 1810 y los esclavos no se habían reproducido en gran número. Los hacendados advirtieron que tendrían que hallar fuentes alternativas de mano de obra, y para la década de 1840 ya habían comenzado a reemplazar a los esclavos con trabajadores contratados chinos y de otras nacionalidades. El gobierno había alentado esta sustitución laboral otorgando una bonificación a los hacendados por cada trabajador importado al país que no fuera esclavo. Entre 1839 y 1851, se pagaron unos 450.000 pesos en bonificaciones.[40] Según Macera, las dos terceras partes del dinero pagado como indemnización, por consolidación y como bonificación fueron invertidas directamente en las haciendas azucareras.[41]

El gobierno peruano no habría podido pagar semejantes sumas, claro está, sin los millones de ingreso generados por el auge guanero. Este gran ingreso de capital también ayudó a los hacendados azucareros al reducir las tasas de interés a 12% al año en 1854, y al ponerles en contacto más estrecho con los comerciantes europeos que posteriormente serían sus socios comerciales y acreedores.[42]

No sorprende que a mediados de siglo, los hacendados azucareros hayan estado dispuestos a invertir tanto dinero en sus haciendas. Para el decenio de 1840 habían vuelto a capturar el mercado chileno, en tanto que la introducción de la navegación de vapor al Perú anunció la apertura de nuevos mercados en ultramar.[43] Además, no se contaban con muchas oportunidades de inversión. El auge minero aún no se había iniciado y la agricultura era una actividad establecida que contaba con una larga asociación con el prestigio social.

El renacimiento de la industria azucarera en la costa norte marcaría un punto de inflexión en la historia peruana. Una nueva clase hacendada, con acceso a mercados y capital extranjero, daría inicio a otra ronda

---

40. Jacobsen 1974: 49, 77-79; Macera: LXV, XXII, y cap. 3.

41. Macera 1974: LXV.

42 Ibíd., pp. LXVII, XXII, cap. 3

43 Macera 1974: LXV, Jacobsen 1974: 77-79.

de consolidación de tierra y mejoras tecnológicas, y emergería como un actor político en el ámbito nacional.

Un patrón de desarrollo agrícola que se remontaba al siglo XVI le abrió el camino a estos cambios. Las grandes haciendas surgieron para abastecer a los mercados en expansión, y con su crecimiento llegó también el control sobre los recursos locales de tierra y agua. Las comunidades indias se vieron obligadas a subsistir en tierras marginales que no contaban con suficiente agua, y en este clima desértico ella era el ingrediente crucial para la prosperidad agrícola.

Las plantaciones crecerían con aun mayor rapidez durante los siglos XIX y XX, y empujarían todavía más cerca del abismo económico a las comunidades de indios, así como a los pequeños agricultores. La verde caña de azúcar cubrió los valles de la costa y las chimeneas de los poderosos ingenios le indicaban al campo circundante el dominio total que las haciendas ejercían.

Capítulo 2

Hacendados y capital, 1860-1933

Durante las décadas de 1860 y 1870 se dieron pasos importantes en la transformación económica y política del Perú. El auge guanero iba ingresando a su fase final y se acercaba la hora en que los capitalistas tendrían que buscar ganancias en otros lugares. A lo largo del siglo XIX, muchos de los comerciantes y especuladores que se habían beneficiado con el comercio guanero decidieron invertir sus utilidades en la agricultura costeña. Algunos de ellos formaban parte de viejas familias coloniales, pero muchos eran inmigrantes recién arribados que combinaban una considerable habilidad empresarial con un fuerte deseo de avanzar económica, social y políticamente. Al convertir sus inversiones en fortunas, eventualmente consiguieron ingresar a la élite nacional y al aristocrático Partido Civil.[1]

1. Dennis Gilbert definió la oligarquía peruana del siguiente modo: "La oligarquía es un grupo de familias de elite en la cima de la clase propietaria peruana, que (a) controla ciertos recursos estratégicos (tierras en la costa y minas orientadas a la producción de exportación, banca comercial y periódicos), (b) se encuentra extensamente vinculada por vínculos de parentesco y de afinidad tanto internamente como con el estrato más prestigioso de la sociedad limeña de clase alta, con la cual se identifica estrechamente, y (c) ha construido su sustancial poder político y económico sobre estas bases" (Gilbert 1977: 340).

El Partido Civil fue fundado en 1871 por los contrariados consignatarios guaneros, encabezados por Manuel Pardo, quienes estaban disgustados por la abolición del sistema de consignaciones por parte del gobierno. La elección de Pardo en 1872 como el primer presidente civil del Perú fue un hito importante en la historia nacional. Sin embargo, su asesinato en 1878 y la subsiguiente derrota peruana a manos de Chile en la Guerra del Pacífico (1879-1883) hundieron al país en el caos y en otra década más de dominio militar.[2]

No sería sino hasta 1895 que el civilismo volvería a ser una fuerza política importante en el ámbito nacional. En dicho año, el partido apoyó la exitosa candidatura presidencial de Nicolás de Piérola, su viejo adversario, quien era el único político civil lo suficientemente popular como para ganar la elección. La estrategia del partido quedó posteriormente vindicada, pues los cuatro años de gobierno de Piérola sirvieron como una importante fase de transición a un periodo más prolongado de control civilista.[3] En el pasado, Piérola y los civilistas habían discrepado en torno a quién habría de gobernar, más que a las políticas mismas. Ambos bandos en general coincidían en el valor de la teoría económica liberal, la administración centralizada y una sociedad ordenada, diseñada para proteger los intereses de la élite de las díscolas masas.[4] En el área de política económica, las medidas más importantes tomadas por Piérola fueron la abolición de los impuestos a la exportación del azúcar y el algodón, así como el impuesto a la importación de bienes industriales. El presidente creó asimismo el Ministerio de Fomento y alentó la fundación de las sociedades nacionales de agricultura, minería e industria, que serían importantes grupos de presión y de recolección de información. Estas políticas beneficiaron directamente a los civilistas, entre cuyos integrantes figuraban grandes hacendados, importantes comerciantes, prominentes abogados, propietarios de inmuebles y bienes raíces urbanos, así como otros prósperos empresarios más.[5]

---

2. Chavarría 1972: 124-129, Cotler 1978, cap. 2.
3. Stein 1980: 27-28.
4. Ibíd.
5. Cotler 1978: 129-130, Chavarría 1972: 134.

En 1899, los civilistas vencieron en la elección presidencial y conservaron el poder hasta 1919, excepción hecha del lapso comprendido entre 1912 y 1915. Los historiadores conocen a este periodo de la historia peruana como la República Aristocrática, dada la importancia que las élites tuvieron en el liderazgo del partido.[6] En esos años, los hacendados azucareros asumieron un papel inusualmente significativo en la historia política peruana, y dos de ellos alcanzaron el cargo más alto del país bajo las banderas civilistas: Eduardo López de Romaña (1899-1903) y José Pardo (1904-1908, 1915-1919). Los Aspíllaga fueron otra familia de hacendados azucareros que proporcionó muchos prominentes políticos civilistas, y su historia posee numerosos rasgos importantes de la historia política, económica y social de este periodo.

Durante la República Aristocrática, los civilistas se encontraron en el cenit de su poder. Sin embargo, jamás conformaron un grupo de políticos del todo homogéneo, puesto que había divisiones entre sus dirigentes, los miembros de grupos de presión con intereses divergentes y los funcionarios en las ramas ejecutiva y legislativa del gobierno. Estas divisiones eventualmente contribuyeron a la disolución del partido y a la dictadura de Augusto B. Leguía, el jefe de una de las facciones del partido y expresidente.[7]

Leguía logró tomar nuevamente la Presidencia en 1919 y establecer una base política independiente, que le permitió permanecer en el poder hasta 1930, cuando la Gran Depresión lo sacó del cargo. Durante estos once años, a los que usualmente se conoce como el Oncenio, los civilistas fueron relegados de los cargos políticos, pero se les permitió en cambio conservar sus amplios intereses económicos. La lucha de Leguía con la oligarquía costeña, de cuyas filas provenía, era más personal y política que filosófica. Al igual que sus predecesores, le dio la bienvenida a la inversión extranjera, favoreció al sector exportador y suprimió la participación popular en el gobierno y los sindicatos.[8]

---

6. Chavarría 1972, Burga y Flores Galindo 1979: 88-94.
7. Miller 1982: 97-120.
8. Gilbert 1977: 20-89; Stein 1980: 40-48. En 1919, Leguía ganó las elecciones pero tomó la presidencia en un golpe de Estado antes de asumir el mando. Esto le permitió disolver el Congreso y posteriormente levantar la infraestructura de su dictadura.

La transformación económica del Perú durante la República Aristocrática y el Oncenio estuvo estrechamente asociada con el desarrollo de la agricultura costeña, en particular con la industria de la caña de azúcar. La naturaleza del negocio lógicamente ligaba a los hacendados azucareros con el capital extranjero y los mercados extranjeros. El Perú se integró de modo más pleno a la economía capitalista mundial durante el auge guanero, y posteriormente tuvo a su disposición las redes comerciales y el capital mercantil con que manejar nuevos productos. Durante la segunda mitad del siglo XIX, la demanda de azúcar creció enormemente en Europa occidental y Estados Unidos; tan solo en el Reino Unido, el consumo per cápita subió de 16,32 libras en el periodo que corre de 1840 a 1844, a 82,05 libras en 1895-1899.[9] Esto produjo un tremendo incremento de la producción azucarera mundial, lo que transformó las economías locales dondequiera que se cultivase azúcar.

Los productores peruanos tuvieron éxito en poner pie en el gran mercado británico, conservando al mismo tiempo su virtual monopolio sobre el mercado chileno en expansión. El azúcar peruana era comerciada en el extranjero fundamentalmente por casas británicas de importación y exportación, que la vendían a los refinadores en Liverpool y Chile, ganando una comisión sobre la venta total. Los comerciantes británicos también ayudaron a financiar la industria azucarera extendiéndole crédito a los hacendados, especialmente en tiempos de convulsión política y financiera, cuando las fuentes domésticas de capital escaseaban. Sin embargo, los hacendados peruanos distaban de depender para su subsistencia de los comerciantes extranjeros. Ellos contaban con sus propias y considerables habilidades gerenciales y políticas, y con el cambio de siglo pudieron recurrir más a las fuentes domésticas de crédito, así como a sus ganancias.

Los hacendados

El periodo de mediados del siglo XIX fue una época en que hombres ambiciosos podían amasar fortunas en el Perú. Grandes cantidades de capital entraban y salían del país en beneficio de comerciantes, financistas,

---

9. Albert 1976: 6a, cuadro 1.

políticos y otros personajes que no tenían nada más que buenas relaciones sociales y políticas. Esto condujo a la especulación y a un gasto nada cauteloso por parte del gobierno —particularmente en la construcción de ferrocarriles—, así como a vidas ostentosas de aquellos que podían importar lujos de Europa. Los más ambiciosos, sin embargo, se proyectaban al futuro e invertían su dinero prudentemente. En este grupo se encontraban varios que posteriormente serían hacendados azucareros.

En la costa norte, un número sorprendente de estos nuevos hacendados eran inmigrantes. Entre las familias más importantes figuraban los Larco y los Gildemeister, quienes adquirieron vastas posesiones en el valle de Chicama. En 1862, Andrés y Rafael Larco dejaron Italia para unirse a su hermano, quien había abierto un próspero negocio minorista en Lima. En tres años, los hermanos habían acumulado suficiente capital para comprar la hacienda San Ildefonso en el valle de Virú, donde producían cochinilla. Tuvieron ganancias durante varios años, pero en 1879 vendieron al aparecer los tintes químicos en el mercado, y comenzaron a comprar tierras en el valle de Chicama con miras a producir azúcar.[10]

Entre 1872 y 1878, los Larco arrendaron las haciendas Chiquitoy y Mocollope y compraron Tulape —a la que llamaron Roma—, así como Cepeda. Los miembros de la familia continuaron adquiriendo haciendas en el valle, y poco antes del estallido de la Primera Guerra Mundial, Víctor, el hijo de Rafael, se convirtió en el hacendado más grande del área.[11] Al igual que otros hacendados azucareros de la costa norte, los miembros de esta familia fueron parlamentarios civilistas e ingresaron a la élite nacional.[12] Los Larco seguirían siendo hacendados prominentes en el valle hasta que su propiedad les fue expropiada durante la reforma agraria de 1969.

Juan Gildemeister fue otro hacendado importante en el valle de Chicama. Gildemeister era un inmigrante alemán que llegó al Perú a través del Brasil a mediados del siglo XIX. Comenzó como importador en Lima, pero pronto invirtió fuertemente en nitratos en el sur, y para

---

10. Larco Herrera 1947: 9-10.

11. Klarén 1973: 6-7; Larco Herrera 1947: 10, 12, 15; Valdizán 1934: 21. Para un examen de la consolidación de la tierra en el valle de Chicama, véase el cap. 3.

12. Gilbert 1977: 55, 77-79.

la década de 1870 se había convertido en uno de los más importantes productores de nitrato en Tarapacá. Permaneció allí hasta 1899, cuando, juzgando que la industria podía ingresar en una fase descendente, le vendió sus propiedades a una firma inglesa en un millón de libras esterlinas.[13]

En esta coyuntura, Gildemeister comenzó a comprar propiedades en el valle de Chicama, comenzando con Casa Grande y Sausal, que adquirió de su paisano Luis Albrecht. Para cuando falleció, en 1898, había adquirido ya otras seis haciendas adicionales, lo que lo convirtió en el segundo terrateniente más grande del valle después de los Larco. Un año después, sus herederos formaron la Sociedad Agrícola Casa Grande Ltd., con acciones de capital valorizadas en 270.000 libras esterlinas. Entre 1903 y 1910, la empresa adquirió cuatro haciendas más en el valle, y en 1910 se fusionó con una corporación alemana para formar Casa Grande Zuckerplantagen A. G.[14] Los Gildemeister posteriormente superaron a los Larco como los mayores hacendados del valle, posición esta que conservarían hasta la reforma agraria de 1969.[15]

A diferencia de los Larco, los Gildemeister no se incorporaron íntegramente a la sociedad peruana, ni tampoco limitaron sus inversiones al Perú. Esto hizo que Ernesto Yepes del Castillo los caracterizara como extranjeros y los agrupara junto con las corporaciones estadounidenses y británicas que tenían propiedades en el Perú.[16] Peter Klarén, de otro lado, fue más cauteloso y llamó a Casa Grande una empresa germano-peruana.[17] La familia claramente une las categorías simples de nacional y extranjero, pues muestra algunas características de una empresa multinacional, pero tuvo la mayor parte de sus inversiones e influencia en el Perú. Casa Grande Zuckerplantagen A. G. fue constituida en Alemania y la mayoría de sus accionistas residían en Bremen, el lugar de nacimiento de Juan Gildemeister. Los miembros de la familia hablaban tanto

13. Albert 1976: 48a.

14. Klarén 1973: 9, 15; Albert 1976: 49a.

15. Véase el cap. 3.

16. Yepes del Castillo 1972: 127-128. I. G. Bertram, sostiene que los Gildemeister eran peruanos (Bertram 1974: 72).

17. Klarén 1973: 81.

alemán como español, rara vez se casaban con peruanos, y mantuvieron considerables intereses empresariales en Europa y Chile. Ello no obstante, después de la Primera Guerra Mundial la compañía alemana fue disuelta y la reemplazó la Empresa Agrícola Chicama Ltda., una firma registrada en el Perú con acciones que sumaban 14.760.000 dólares. La familia posteriormente diversificó sus inversiones en el Perú comprando grandes extensiones de tierra en la sierra norte para criar ganado. Los Gildemeister asimismo labraron estrechos lazos con miembros de la élite nacional, y si bien ellos mismos jamás participaron en la política, sí apoyaron activamente a organizaciones políticas, grupos de presión y diarios que favorecían los intereses de los exportadores.[18]

W. R. Grace & Co. de Estados Unidos, el tercer gran terrateniente en el valle de Chicama, era claramente una empresa extranjera. Grace se convirtió en una de las corporaciones más importantes del Perú, y adquirió líneas de barcos a vapor, fábricas textiles y haciendas azucareras en otros valles. El fundador de este gigante corporativo fue William R. Grace, un inmigrante irlandés que comenzó en Lima como comerciante. Para 1862, Grace había ampliado el ámbito de sus operaciones fundando una casa de exportación e importación en la ciudad de Nueva York, la cual pasó a ser la sede de la corporación. En 1882, W. R. Grace entró al negocio del azúcar cuando recibió la hacienda Cartavio como pago por una deuda pendiente que le debía Guillermo Alzamora. Nueve años más tarde, la compañía constituyó la Cartavio Sugar Co. en Londres, con acciones de 200.000 libras esterlinas.[19] A diferencia de otros hacendados

---

18. Gilbert 1977: 41, n.° 7; *El Economista* (Lima, 30 de septiembre de 1910); dosier Gildemeister, AFA; Malpica 1974: 99-103.

19. Klarén 1973: 9, Bollinger 1971. Bill Albert señala que "una característica interesante de Cartavio es que si bien la hacienda era administrada por Grace, ella fue operada entre 1889 y la Primera Guerra Mundial por una empresa peruana, el Ingenio Central de Cartavio. Esta compañía fue fundada en Lima en 1899 con un capital de 110.000 libras esterlinas y bajo la dirección de Ántero Aspíllaga, el [co]propietario de Cayaltí. No queda inmediatamente en claro por qué razón Grace aceptó este acuerdo, pero sí resulta significativo porque muestra que los empresarios y capitales peruanos estuvieron involucrados en el desarrollo de la que generalmente ha sido considerada una empresa de propiedad extranjera. En 1914, Grace inició la construcción de un nuevo ingenio y parecería que la compañía peruana llegó a su fin alrededor de esta

de la costa norte, los miembros de la familia Grace jamás se involucraron activamente en la política peruana o la sociedad limeña.[20] La corporación retuvo la propiedad de Cartavio y de otras haciendas hasta la reforma agraria.

En el vecino valle de Moche, el terrateniente más importante era Manuel A. Chopitea, un inmigrante vasco y antiguo arriero. Para 1876, había comprado ya las haciendas Laredo —que se convirtió en el centro de las posesiones de la familia—, Santo Domingo y Huambos. En 1881, Manuel arrendó Laredo a su hijo José Ignacio, quien efectuó mejoras y compró y arrendó otras haciendas en el valle. La familia Chopitea siguió siendo el terrateniente más importante de la zona hasta 1937, cuando vendió sus tierras a los Gildemeister.[21] Siguiendo el patrón general, José Ignacio Chopitea fue parlamentario civilista y la familia ingresó al peldaño más alto de la sociedad limeña.[22]

Más al norte, en el valle de Lambayeque, los hacendados tenían antecedentes igualmente variados. La hacienda Tumán fue adquirida por Manuel Pardo en 1872, el mismo año en que fuera elegido presidente del Perú siendo el candidato civilista. Pardo y Felipe Barreda y Aguilar, su suegro, habían sido dos de las figuras más prominentes de la Compañía Nacional de Consignación del Guano y del Banco de Lima. Los Pardo se interesaron en el manejo de la hacienda, pero delegaron las responsabilidades administrativas a empleados de confianza con mayor frecuencia que otros hacendados del norte.[23] La familia Pardo fue uno de los miembros más respetados de la élite nacional y produjo dos presidentes,

---

época, siendo entonces reemplazada por la Compañía Agrícola Carabayllo, íntegramente de propiedad de la Grace" (1976: 50a).

20. Gilbert 1977: p. 41, n.° 7.

21. Véase el cap. 3; Collin Delavaud 1968: 319; Macera 1974: CLXIII; Gilbert 1977: 77, cuadro I-1.

22. Gilbert 1977: 55, 77, cuadro I-1.

23. Manuel Pardo mismo jamás administró Tumán. En el siglo XX, Alfredo Ferreyros, un tecnócrata altamente calificado, manejó la hacienda en algunas ocasiones. Hay cierto desacuerdo sobre cómo fue exactamente que la familia Pardo adquirió Tumán. Algunos sostienen que el gobierno se la entregó a Manuel Pardo, pero los propio Pardo indican que Felipe Barreda y Aguilar la compró en 1872 para su hija, Mariana Barreda, la esposa de Manuel (Basadre 1971: 409-410).

Manuel (1872-1876) y José (1904-1908; 1915-1919). Al igual que otros hacendados, los Pardo perdieron su hacienda con la reforma agraria.

El español Vicente Gutiérrez adquirió la hacienda Pomalca-Collud en 1869 y sus herederos la conservaron hasta 1920, cuando la vendieron a la familia De la Piedra. Los De la Piedra provenían de Ecuador y estuvieron involucrados en diversos negocios en la zona de Chiclayo desde mediados del siglo XIX. Sus propiedades incluían una casa exportadora e importadora, el molino de pilar arroz Santa Rosa y la fábrica de chocolate del mismo nombre. También fueron importantes accionistas de la Compañía del Ferrocarril y Muelle de Pimentel. Su compra de Pomalca-Collud en 3.672.000 dólares coincidió con su ingreso a la política nacional y a la élite. Tanto Enrique como Julio de la Piedra Castillo fueron senadores por Lambayeque durante el Oncenio, y Enrique fue un importante asesor de Leguía.[24] Los De la Piedra también conservaron la propiedad de Pomalca-Collud hasta la reforma agraria.

Pátapo fue otra importante hacienda azucarera en el valle de Lambayeque. El chileno Tomás Ramos Font la compró en 1861. Ramos Font falleció en 1891, y 15 años más tarde, sus herederos formaron la Compañía Azucarera de Chiclayo en Chile con un capital accionario de 125.000 libras esterlinas. Juan Pardo y Miguel, un primo de los propietarios de Tumán, adquirió Pátapo en algún momento entre 1925 y 1930.

En 1850, José María Izaga compró Pucalá, la otra hacienda azucarera importante del valle, y la familia la conservó hasta la reforma agraria. Los Izaga fueron por lo general reconocidos como miembros de la élite nacional.[25]

Uno de los ejemplos más llamativos de inversión directa de las fortunas adquiridas durante el auge guanero en las haciendas azucareras, tuvo lugar en el valle de Jequetepeque. En el siglo XIX, la hacienda más importante en el valle era Lurifico. En 1866, el coronel José Balta —Presidente, 1868-1872— la compró en 150.000 pesos. Cinco años más tarde, la vendió a Henry Meiggs, el constructor ferroviario estadounidense, en 300.000 soles. Meiggs efectuó varias mejoras en la hacienda, pero dado

---

24. Horton 1973: 8; Miranda Romero 1959: 10-19, 27-29; Gilbert 1977.

25. Bachmann 1921: 179; Barahona 1915: 19-22; *El Peruano* (Lima, 16 de octubre de 1874); Macera 1974: CLXI; Espinoza 1905: 78; Klarén 1973: 21; Gilbert 1977.

su descalabro político y financiero, se la vendió en 1874 a Federico Ford, un socio de Auguste Dreyfus, el célebre comerciante guanero. En 1895, los propietarios formaron la Peruvian Sugar Estates Company Limited en Londres con un capital accionario de 500.000 libras esterlinas. La compañía puso la hacienda a cultivar arroz luego de la drástica caída del precio del azúcar en 1902.[26]

Al igual que muchos prominentes hacendados de la costa norte, los Aspíllaga también eran de origen extranjero. Catalina Ferrebú de Aspíllaga dejó Chile y se dirigió al Perú en la década de 1820, aparentemente después de haber sido abandonada por su esposo. Llevaba consigo a Ramón, un hijo pequeño, y a poco de su arribo dio a luz a otro niño, Antonio.[27]

Para cuando Ramón se hizo adulto, la familia vivía bien transportando carga entre Lima y el Callao. A comienzos del decenio de 1850, Ramón Aspíllaga Ferrebú amplió el ámbito de las inversiones familiares comprando una nave de 85 toneladas con licencia para dedicarse a la navegación comercial,[28] y adquiriendo la pequeña hacienda algodonera de Palto, cerca de Pisco, al sur de Lima.[29]

Al estallar la guerra en 1866, Ramón se sentía lo suficientemente acaudalado como para efectuar un donativo de 2000 pesos, acompañado por una garantía de otros 200 pesos en crédito cada mes hasta el final de las hostilidades. Lo explicó así en una carta que le dirigiera al ministro de Gobierno: "He amasado una pequeña fortuna en el Perú y habiendo pasado mi juventud [aquí] desde que se declaró la independencia, y teniendo una esposa e hijos nacidos en este suelo, no puedo hacer lo suficiente por Perú [en esta hora de peligro]".[30]

---

26. Burga 1976: 175-192. Burga da el precio de compra en pesos. Aunque la moneda cambió de pesos a soles en 1863, los primeros siguieron circulando y algunas transacciones tuvieron lugar con este medio de cambio.

27. *La Prensa* (12 de marzo de 1951); Gilbert 1977: 162.

28. "Patente de navegación", 13 de octubre de 1852, archivo privado, Lima, cortesía de Dennis Gilbert.

29. Gilbert 1977: 162. La correspondencia de Aspíllaga correspondiente a Palto se encuentra en el AFA.

30. *El Peruano* (16 de febrero de 1886), citado en Gilbert 1977: 163. Gilbert también da la cifra en pesos antes que en soles.

A pesar de su éxito financiero, el estatus social de Aspíllaga aparentemente aún se veía trabado por haber sido un carretero. En mayo de 1862, al responder a la crítica realizada al nombramiento de un antiguo platero en un cargo diplomático, *El Comercio* hizo la siguiente observación: "Hace apenas unos años le dijeron al valioso y honorable don Ramón Aspíllaga, 'Eres un carretero y por ello no vales nada'".[31]

Los tratos financieros de Ramón lo asociaron con Julián de Zaracóndegui, "uno de los representantes más sobresalientes del capitalismo de ese entonces" y una persona con "grandes conexiones políticas". Zaracóndegui poseía una de las más importantes casas de exportación-importación de Lima y había sido consignatario guanero, director general del Banco de Lima, diputado, prior del Tribunal del Consulado y miembro de la Beneficencia de Lima.[32] En 1859, Zaracóndegui y Aspíllaga compraron la hacienda Cayaltí como socios iguales, poniendo el primero 119.860 dólares por Aspíllaga (se desconoce el precio exacto de compra). Ramón acordó pagar el préstamo a 12% de interés y administró la hacienda a cambio de un salario.[33]

A lo largo de los siguientes 15 años, las finanzas de Aspíllaga se entrelazaron cada vez más con las de Zaracóndegui. En septiembre de 1871, Aspíllaga le debía unos 60.000 pesos. Pero a medida que Zaracóndegui comenzó a invertir con mayor fuerza en nitratos, se prestó hasta 120.000 soles de Aspíllaga. El destino financiero del uno se vio afectado por el del otro, y ambos sufrieron enormemente con el colapso de 1873. A finales de dicho año sacaron una hipoteca de 338.700 dólares por Cayaltí. Aspíllaga aceptó pagarla entera a cambio de la parte de Zaracóndegui. Poco después, este último se declaró en bancarrota y se suicidó, un suceso que sorprendió a la educada sociedad limeña y que fue motivo de una tradición de Ricardo Palma.[34]

---

31. *El Comercio* (21 de mayo de 1862), citado en Gilbert 1977: 163.

32. Camprubí 1957: 3; 52, n.° 106; 53; 212.

33. Gilbert 1977: 164, presenta los detalles del acuerdo comercial. La fecha de compra en el memorando es el 12 de febrero de 1946, AFA.

34. RAF a RAB, 11 de septiembre de 1871, archivo privado, Lima, cortesía de Dennis Gilbert; Gilbert 1977: 165; Bermúdez 1963: 261-264. Véase la tradición "María Abascal" en la cual, según Camprubí, el comerciante es Zaracóndegui.

Ramón Aspíllaga Ferrebú falleció en 1875 y dejó Cayaltí a sus cuatro hijos, Ántero, Ramón, Baldomero e Ismael. Ántero y Ramón, que tenían 26 y 25 años, respectivamente, habían estado activamente involucrados en la administración de la hacienda durante varios años. Con la hacienda también heredaron las deudas de su padre. Durante los siguientes 24 años fueron continuamente perseguidos por sus acreedores y se vieron amenazados con pleitos judiciales y con la pérdida inminente de Cayaltí mediante una subasta pública forzosa. Es un homenaje a su tenacidad, su sentido empresarial y tacto político que en 1899 consiguieran finalmente limpiar el título de propiedad de la hacienda.[35]

Cuadro 1

Los acreedores de Cayaltí, 1879

Acreedor	Tipo de compañía	Nacionalidad	Deuda (soles)
Prevost & Co.	Importación/ Exportación	EE.UU.	170.000
Manuel Elguera	Importación/ Exportación	Peruana	97.000
Vda. de Figuerola	Préstamo privado	Peruana	16.000
Menchaca & Cía.	Importación/ Exportación	Peruana	10.000
No especificado			5.000
Total			298.000

Fuente: AH a AH, 18 de noviembre de 1879, AFA. Elguera y Menchaca & Cía. fueron identificados como agentes de casas comerciales en Yepes del Castillo (pp. 161-162). No hallé ninguna conversión de soles a dólares para 1879; sin embargo, en 1873 la tasa de cambio era de 1.044 dólar por sol (Gilbert 1977, apéndice A).

Cayaltí fue fundamentalmente administrada por Ántero y Ramón Aspíllaga Barrera entre 1875 y la década de 1920. En esos años amasaron una fortuna que les valió, a ellos y a sus parientes, el ingreso a la

35. Memorando, 12 de febrero de 1946, AFA; RAB a AAB, 27 de agosto de 1875, AFA; RAB a AAB, 30 de diciembre de 1875, AFA; AH a AH, 4 de marzo de 1886, AFA.

oligarquía nacional, y a Ántero, un prominente lugar en la política.[36] Ambos hermanos se impusieron desde el principio unas metas muy altas, pues habían heredado de su padre la idea de que con el trabajo duro podían convertirse en héroes nacionales. Así, en septiembre de 1875, Ramón le recordaba a Ántero las palabras de su progenitor: "Economía, queridos hijos, solo con economía podemos pagar nuestras deudas y convertirnos en héroes".[37] Tres años más tarde, uno de los hermanos rechazó la crítica según la cual sus trabajadores chinos se encontraban sometidos a una virtual esclavitud:

> No hay que pensar en esclavitud pues no existe sino por momentos, no somos los únicos, aunque digan que mal de muchos es consuelo de tontos, pero unos necesitan de otros [...] esto nos sucede adelante para vivir eternamente en las páginas de la Historia.[38]

En los difíciles años que median entre el decenio de 1870 y el de 1890, los jóvenes Aspíllaga superaron muchos problemas que habrían abrumado a cualquier persona menos ambiciosa e inteligente. En esta época Ántero fue el cabecilla. Él leía detenidamente las revistas dedicadas a la industria azucarera, se mantenía al tanto de la tecnología, escogía personalmente un nuevo ingenio para Cayaltí, y en una ocasión hasta fabricó azúcar con sus propias manos. Esto impresionó en particular a Ramón, quien le escribió a Ismael: "Ántero con su carácter tenaz y su clara inteligencia ha conseguido hacer por sus propias manos y dirección azúcar en la bandeja de vacío [vacuum pan], lo que debe ser justo orgullo y satisfacción para nosotros, yo también aprenderé".[39]

Al igual que muchos otros hacendados, los Aspíllaga se vieron amenazados con la pérdida total de su hacienda durante la Guerra del Pacífico. El ejército chileno de ocupación, encabezado por el general Lynch, quemó muchas haciendas e impuso cupos a todos los productores. La

---

36. Gilbert 1977: cap. 3.

37. RAB a AAB, 21 de septiembre de 1875, AFA.

38. AH a AH, 28 de mayo de 1878, AFA.

39. RAB a IAB, 26 de julio de 1881, AFA; AH a AH, 30 de febrero [sic] de 1885, AFA; AH a AH, 6 de julio de 1889, AFA. La tecnología azucarera se examina en el capítulo 3.

mayoría de las haciendas perdieron a todos o a casi todos sus trabajadores chinos, quienes en algunos casos recibieron a los chilenos como libertadores y les ayudaron a destruir las propiedades.[40] En Cayaltí, sin embargo, los Aspíllaga impidieron que hubiese una pérdida significativa de propiedad y de trabajadores, fundamentalmente gracias a la capacidad organizativa y previsora de Ántero. A medida que los chilenos avanzaban por los valles norteños, Ántero advirtió que tendían a infligir menos daños en las haciendas que eran propiedad de extranjeros. Rápidamente dispuso que se preparara un documento que mostraba que Cayaltí era propiedad de Prevost & Co. de Estados Unidos, un importante acreedor. Escondió, además, todo el alcohol de caña y gran parte de los alimentos, artículos estos que los chilenos con seguridad requerirían. Entonces, para conservar el orden en la hacienda, pagó a los chinos por adelantado y reforzó la seguridad. Gracias a estas precauciones, los daños fueron mínimos cuando un centenar de jinetes chilenos ocupó Cayaltí en octubre de 1880. Los chilenos robaron algo de alimentos y algunos bueyes, tres chinos huyeron y se exigió a los Aspíllaga pagar un cupo, pero la producción continuó y Cayaltí sobrevivió sin daños físicos.[41]

Hacia el final de las hostilidades, los Aspíllaga estaban comenzando a alcanzar su anhelado ascenso político y social:

> En los años posteriores a la Guerra del Pacífico, los hermanos Aspíllaga Barrera fueron participantes conspicuos de la elite social, económica y política que estaba emergiendo en Lima. Habían sido educados en las mejores escuelas privadas de la capital, como La Recoleta, donde pudieron codearse con los hijos de familias tan prestigiosas como los Pardo, los Beltrán, Riva Agüero y Ortiz de Zevallos. Para 1890 los cuatro hermanos habían sido admitidos en el Club Nacional de Lima [el centro social de la élite nacional].[42]

---

40. Véase el cap. 5.

41. RAB a IAB, 26 de julio de 1881, AFA; AH a AH, 4 de octubre de 1880, AFA; AH a AH, 6 de julio de 1889, AFA; AAB a AH, 1 de noviembre de 1880, AFA. Los Aspíllaga tuvieron que pagar un tributo de unos 4.000 a 6.000 soles en billetes mensuales [N. del E.: los soles billetes valían menos que los soles de plata, pero estos casi no circulaban]. Para la venta de las haciendas de la costa norte después de la Guerra del Pacífico, véase el cap. 3.

42. Gilbert 1977: 165.

El interés que los Aspíllaga Barrera sentían por la política probablemente les venía de su padre, quien participó activamente en muchas de las luchas políticas de su tiempo. Él, por ejemplo, se opuso al levantamiento contra el general Vivanco en 1854, apoyó la revolución de 1867 y la exitosa candidatura presidencial de Manuel Pardo en 1872.[43] Ello no obstante, Aspíllaga Ferrebú jamás fue un político importante, distinción que quedó reservada para sus hijos.

Los cuatro hermanos Aspíllaga Barrera fueron en un momento u otro parlamentarios civilistas durante la llamada República Aristocrática. Sin embargo, Ántero fue el político de la familia. En el transcurso de su carrera fue ministro de Hacienda —con el general Cáceres—, cuatro veces presidente del Senado, e infructuoso candidato presidencial civilista en 1912 y 1919, perdiendo en esta segunda ocasión con Leguía.[44]

Además, en 1896 tanto Ántero como Ramón contribuyeron decisivamente a la fundación de la Sociedad Nacional Agraria (SNA), un importante grupo de interés del sector agrario latifundista. Durante la República Aristocrática, la SNA tuvo un papel fundamental en la formulación de una política agraria. Los miembros de la familia Aspíllaga participaron activamente en la organización y frecuentemente ocuparon cargos o tomaron parte en la junta directiva, hasta su forzosa disolución durante el gobierno de Velasco.[45]

La carrera política de Ántero y Ramón Aspíllaga Barrera no les impidió tener un papel activo en el manejo de Cayaltí. Pero cuando Leguía ordenó la deportación de Ántero en 1923, este vendió su parte de la hacienda a Ramón, quien gradualmente fue pasando el manejo de la hacienda a sus hijos, los Aspíllaga Anderson.[46]

En 1928, se fundó una nueva empresa familiar para que manejara Cayaltí y Palto bajo el nombre de Aspíllaga Anderson Hermanos, S. A., la cual tenía un capital total de 2,64 millones de dólares. Ramón, el hijo mayor, asumió el puesto de presidente. El manejo cotidiano de Cayaltí fue en general encargado ya fuera a Luis o a Ismael, por separado o

43. Ibíd., pp.168-169.

44. Ibíd., pp.170-171.

45. Ibíd.

46. Ibíd., pp. 174-175.

juntos, y Ramón manejaba la compañía desde Lima. Aunque ocasionalmente ocuparon cargos en la junta directiva, los demás hermanos jamás tuvieron puestos de responsabilidad operativa por lapsos significativos y, siguiendo la tradicional práctica empresarial, tampoco los tuvo ninguna de las hermanas.[47] Los Aspíllaga Anderson retuvieron la propiedad de Cayaltí hasta 1968, cuando se la vendieron a un exiliado cubano poco antes de la reforma agraria.[48]

El capital

El éxito de los Aspíllaga y de otros hacendados de la costa norte dependía de una serie de variables, pero ninguna de ellas fue más importante que el capital. El desarrollo de la industria azucarera tuvo como base la era del guano y contó con el sustento del capital extranjero y de las utilidades acumuladas. En general, la industria dependió más del crédito extranjero durante las épocas de convulsión económica y política, y se benefició de los recursos domésticos durante las épocas de prosperidad y estabilidad.

La fundación de los primeros bancos peruanos fue un derivado importante del auge guanero. El país experimentó una suerte de auge bancario entre 1862 y 1873 gracias al incremento de los recursos de capital. Durante esos años se fundaron muchos tipos distintos de instituciones bancarias, entre ellas la primera oficina del británico Banco de Londres, México y Sudamérica (1863) y el Banco del Perú, constituido localmente y asociado con la Compañía Nacional del Guano y la familia Pardo. También se crearon varios bancos que se especializaron en industrias específicas, como ferrocarriles, nitratos o gas. Para la industria azucarera fueron de importancia particular los dos primeros bancos hipotecarios peruanos, el Banco de Crédito Hipotecario (1866) y el Banco Territorial Hipotecario (1870), el cual otorgaba préstamos de corto plazo a una tasa de interés de 6 a 8%, y de largo plazo a 10,5-12%.[49] Los Aspíllaga figuraron entre los hacendados que tomaron préstamos

---

47. Ibíd., pp. 175-176.
48. Ibíd., pp. 207-208.
49. Camprubí 1957: 61-63, 85, 91, 119-120.

bancarios, y así, en agosto de 1875 le debían 45.000 soles al Banco de Lima.[50]

La pervivencia de los bancos recién creados dependía de la viabilidad de la economía exportadora, la fortaleza del sol y la confianza pública. Infortunadamente, el fin del auge guanero, el pánico de 1873 y la Guerra del Pacífico minaron todo. Para comienzos de la década de 1870, los depósitos de guano se habían prácticamente agotado y el gobierno peruano había acumulado una deuda sustancial.[51] Cuando la depresión mundial de 1873 golpeó al Perú, las exportaciones cayeron con mucha más rapidez que las importaciones. Según Carlos Camprubí, la principal autoridad sobre la banca peruana, el resultado fue un alza de la tasa de cambio, una escasez de metálico y la depreciación del papel moneda.[52]

La economía, que ya venía tambaleándose, colapsó. Se perdió el control de la inflación, las rentas gubernamentales cayeron con tanta rapidez que los empleados públicos quedaron impagos durante tres o cuatro meses, las casas comerciales quebraron (v. g., Zaracóndegui), y las acciones perdieron drásticamente valor. La banca recibió un alivio temporal cuando el gobierno asumió el control de toda la moneda durante un año. Pero al año siguiente todos los bancos quebraron, excepción hecha del Banco de Londres, México y Sudamérica y el Banco del Callao.[53]

No obstante, la economía peruana aún no había tocado fondo. Eso llegó en los siguientes años a consecuencia de la Guerra del Pacífico. Las rentas del gobierno, que podrían haberse usado para ayudar a restaurar la economía, se dirigieron más bien a equipar a un ejército que sufrió una derrota total. Aún más, el ejército de ocupación chileno destruyó un considerable capital físico, lo que incluía líneas férreas y haciendas azucareras, y obligó a los capitalistas a pagar cupos. Las finanzas públicas colapsaron, pues las rentas gubernamentales cayeron de 35.190.169,96 soles en 1879 a 1.197.546,08 soles en 1883.[54]

---

50. RAB a AAB, 27 de agosto de 1875, AFA.

51. Bonilla 1974: 100-108, 146.

52. Camprubí 1957: 169-171.

53. Camprubí 1957: 169-211, Yepes del Castillo 1972: 134.

54 Yepes del Castillo 1972: 131, Bertram 1974: 25.

Le tomó al Perú varios años recuperarse de su derrota, y durante dicho interludio muchos hacendados azucareros dependieron del capital extranjero para seguir operando. Sin embargo, para finales de siglo, la economía mostraba claras señales de recuperación. En el área financiera se fundaron tres nuevos bancos, Italiano, Internacional y Popular. Varios otros bancos fueron constituidos en los siguientes años y muchos de ellos hicieron préstamos a los hacendados.[55] Esto no llama la atención, puesto que los terratenientes frecuentemente formaban parte de las juntas de directores de los principales bancos. Ántero e Ismael Aspíllaga Barrera fueron directores del Banco Internacional, y Carlos Gildemeister y Juan Pardo del Banco Popular, este último aparentemente entre 1908 y 1923.[56] Es más, en 1927 el 70% de la sustancial cartera de inversiones de Ramón Aspíllaga Barrera era en bancos y compañías de seguros.[57] No hay forma de calcular cuánto crédito recibieron los hacendados de la banca peruana. Sin embargo, entre 1906 y 1914, el dinero prestado por los cinco bancos hipotecarios creció diez veces, de 423.720 dólares a 4.149.790 dólares, y parte de esto indudablemente se dirigió a la industria azucarera.[58]

Las casas importadoras y exportadoras, la mayoría de las cuales eran extranjeras, fueron otra importante fuente de crédito de los hacendados azucareros. El número de casas comerciales, tanto extranjeras como domésticas, creció significativamente durante el auge guanero, y una vez que este recurso se agotó, los comerciantes buscaron otros productos que exportar.[59] En algunos casos reclutaron posibles clientes agresivamente, como en agosto de 1876, cuando un representante de Graham, Rowe & Co. de Inglaterra se apareció inesperadamente en Cayaltí con una oferta para comercializar su azúcar. Los Aspíllaga no aceptaron,

---

55. Bertram 1974: 26; Yepes del Castillo 1972: 163-165, 175; para un examen general de la banca en el Perú, véase Gerbi 1941: 333-385.

56. Yepes del Castillo 1972: 175.

57. Gilbert 1977: 169.

58. *Extracto estadístico* 1929: 36.

59. La firma británica de Gibbs & Co. ya había experimentado con la importación de azúcar peruana a Gran Bretaña en la década de 1830.

pero solo porque habían alcanzado ya un acuerdo satisfactorio con Prevost & Co. de Estados Unidos.[60]

No sorprende que durante el periodo de crisis que corre entre mediados del decenio de 1870 y la década de 1890, las casas comerciales se hayan convertido en importantes acreedoras. Ellas fueron una fuente significativa de crédito en el Perú antes del desarrollo de la banca (véase el cuadro 1),[61] y cuando la mayoría de los bancos colapsó en la década de 1870, fueron quienes llenaron el vacío. Prestaron dinero a los hacendados para ganar con los intereses y también porque gran parte de sus ingresos provenía de la comercialización de los productos de las haciendas. De este modo, le convenía a las propias casas mantener en funcionamiento a estos latifundios.

Los comerciantes británicos, en particular, hicieron grandes préstamos a los hacendados azucareros de la costa norte. En 1859, los Larco le debían a Graham, Rowe, & Co. unas 200.000 libras esterlinas.[62] Es más, en la década de 1880, los Aspíllaga habían dispuesto comercializar su azúcar a través de la firma de Henry Kendall & Sons de Liverpool, Inglaterra, y Kendall rápidamente se convirtió en el acreedor más importante de Cayaltí, garantizando así tres hipotecas sobre la hacienda entre 1884 y 1910.[63] Durante esos años, los Aspíllaga también trabajaron de cerca con Kendall & Sons en otros asuntos, recibiendo a menudo asesoría de la firma británica en cuestiones gerenciales y de desarrollo tecnológico. Los consejos a veces se convertían en críticas, que los Aspíllaga aceptaban:

> Ellos [Kendall & Sons] tienen razón, porque lo dicen muy claro; su negocio no se presta a cálculo ni a previsión, y un negocio de ciegos, no puede menos que afectar y mucho la confianza que se debe tener en la negociación [...] Ellos tienen pues mucha razón, nos dan su dinero, su crédito, sus capitales, y nuestro deber es corresponder removiendo toda mala impresión y dando buenos [...] resultados.[64]

---

60. AH a AH, 7 de agosto de 1876, AFA; AH a AH, 11 de agosto de 1876, AFA.

61. Camprubí 1957: 3.

62. AH a AH, 27 de agosto de 1895, AFA.

63. AAB a RAB, 30 de enero de 1917, AFA. Las tres hipotecas ya habían sido canceladas para 1917.

64. AH a AH, 7 de abril de 1887 (a), AFA.

En el área de las finanzas, las haciendas propiedad de conglomerados internacionales, como Casa Grande y Cartavio, podían, claro está, recurrir a sus propios recursos en el extranjero. Cuando Casa Grande se fusionó con una corporación alemana en 1910, recibió el capital necesario para su expansión y modernización, así como los servicios de técnicos alemanes con que mejorar la administración de la hacienda.[65] En adelante los Gildemeister siguieron manteniendo fuertes inversiones en Europa y Chile, con lo cual en los siguientes años pudieron recurrir a sus utilidades en el extranjero para desarrollar Casa Grande.[66] W. R. Grace & Co. se encontraba en una posición similar. La firma neoyorkina tenía una próspera línea naviera en Sudamérica y poseía varios negocios en el Perú, entre ellos una importante fábrica textil, la cual tal vez proporcionó capital para el desarrollo de Cartavio.[67]

Cuadro 2

Precio del azúcar sin refinar en Londres (chelines por quintal)

Año	Precio	Año	Precio	Año	Precio	Año	Precio
1860	24/0	1879	19/0	1898	9/6	1917	31/6
1861	22/0	1880	20/6	1899	10/6	1918	33/0
1862	20/0	1881	21/3	1900	11/3	1919	38/5
1863	21/0	1882	20/0	1901	9/3	1920	58/0
1864	26/0	1883	19/0	1902	7/3	1921	18/3
1865	22/0	1884	13/3	1903	8/6	1922	15/3
1866	21/0	1885	13/6	1904	10/3	1923	25/9
1867	22/0	1886	11/9	1905	11/0	1924	21/9

65. Klarén 1973: 15.

66. Véase el cap. 2, p. 27.

67. Bollinger 1971. Por supuesto que después de 1900, muchos hacendados peruanos comenzaron a invertir en finanzas y en propiedades urbanas dentro del Perú, y las utilidades provenientes de estas empresas tal vez fueron invertidas en sus haciendas. Sin embargo, sus fortunas no eran tan grandes como las de las corporaciones extranjeras y se las consideraría más vulnerables, puesto que estaban concentradas en un solo país. Consúltese en Gilbert 1977 un examen de las inversiones hechas por los hacendados de la costa norte.

Año	Precio	Año	Precio	Año	Precio	Año	Precio
1868	22/0	1887	11/9	1906	8/6	1925	12/9
1869	24/0	1888	13/0	1907	9/3	1926	12/3
1870	23/0	1889	16/0	1908	9/9	1927	13/9
1871	25/6	1890	13/0	1909	10/3	1928	11/7
1872	25/6	1891	13/6	1910	11/0	1929	9/0
1873	22/6	1892	13/6	1911	11/6	1930	6/7
1874	21/6	1893	14/3	1912	11/0	1931	6/4
1875	20/0	1894	11/3	1913	9/6	1932	5/9
1876	21/6	1895	10/0	1914	11/7	1933	5/3
1877	24/6	1896	10/9	1915	14/4		
1878	20/0	1897	9/3	1916	24/3		

Fuente: Deerr 1949: 531.
Nota: el precio incluye el costo, el seguro y el flete.

Las haciendas, claro está, no siempre tuvieron que depender de fuentes de crédito externas. Una vez iniciado el siglo XX, las utilidades comenzaron a acumularse, liberando así a los hacendados de su dependencia del capital extranjero y permitiendo que algunos de ellos invirtieran en otros sectores de la economía nacional.[68]

La rentabilidad del azúcar en el Perú dependía de varias variables, entre ellas el costo de la mano de obra, el ritmo de las mejoras tecnológicas y la seguridad de los mercados.[69] Pero la variable más importante era su precio (véase el cuadro 2).

En ausencia de controles de precios y sistemas de cuotas, el precio del azúcar reflejaba fundamentalmente la oferta y la demanda existente en el mercado mundial. Durante las décadas de 1860 y 1870, la producción mundial fue creciendo lentamente —4% al año en promedio en 1860-1880—, en tanto que la demanda aumentaba en Gran Bretaña y en

---

68. Bertram 1974: 26-27, citado en Albert 1976: 84a.

69. Examino la organización de los trabajadores en el cap. 4, la oferta de mano de obra en los caps. 5 y 7, y la tecnología y los mercados en el cap. 3.

otros lugares; en consecuencia, los precios se mantuvieron relativamente altos y estables.[70]

Esta situación cambió significativamente en la década de 1880, cuando la producción comenzó a superar la demanda. La producción creció de modo más dramático en Europa (azúcar de remolacha) y Cuba, lo que tuvo como resultado la caída del precio hasta el estallido de la Primera Guerra Mundial.

Sin embargo, la producción de azúcar de remolacha se detuvo por completo con el comienzo de las hostilidades en Europa. El suministro mundial del azúcar cayó por debajo del grado de la demanda, lo que hizo que los precios alcanzaran un nivel récord y que los hacendados peruanos tuviesen unas utilidades jamás antes vistas.

Las utilidades siguieron siendo altas hasta comienzos de la década de 1920, cuando los productores europeos de azúcar de remolacha volvieron a entrar al mercado, incrementando la oferta y forzando la caída de los precios hasta que estos alcanzaron un mínimo récord con el advenimiento de la Gran Depresión.[71]

Las utilidades y pérdidas de las haciendas reflejaban el alza y baja del precio del azúcar en el mercado mundial. El monto de la utilidad o de la pérdida de las haciendas individuales variaba, claro está, debido a las diferencias de escala, eficiencia global y otros intangibles, tales como inundaciones, huelgas y consideraciones políticas.[72] Aunque no tenemos los balances anuales de todas las principales haciendas azucareras de la costa norte, los datos de los cuadros 3 a 6 muestran que el azúcar fue en general rentable en el Perú, especialmente entre 1914 y 1921.

Las grandes utilidades de Casa Grande merecen una explicación especial (cuadro 5). Debido a su origen y sus conexiones alemanas, durante la Primera Guerra Mundial, Gran Bretaña puso a los Gildemeister en la lista negra. Aunque esto causó algunos problemas temporales, también les permitió acumular una cantidad tremenda de azúcar, la

---

70. Albert 1976: 5a. Los mercados más importantes del azúcar peruana eran Gran Bretaña y Chile.

71. Ibíd.: 16a, 117a-126a.

72. Examino las diferencias en tamaño y tecnología en el cap. 3.

cual pudieron vender al precio tope de mercado después de la guerra.[73] Esto da cuenta de las enormes ganancias del periodo 1919-1922. De otro lado, las ganancias de Casa Grande durante la difícil etapa de 1927-1934 tuvieron como resultado cortes en el costo de la producción y ventajas especiales en la comercialización. Es de notar que los Gildemeister redujeron el costo de producción de un quintal de azúcar (FOB) de 14.11.15 libras esterlinas en 1924 a 4.1.80 libras en 1932. Según los Aspíllaga, como los Gildemeister tenían acciones en el ingenio azucarero Viña del Mar, también contaban con una ventaja de comercialización sobre su competencia peruana en el importante mercado chileno. Esto les resultó particularmente ventajoso durante la Depresión.[74]

Cuadro 3
UTILIDAD Y PÉRDIDA EN LAREDO, POMALCA Y CARTAVIO, AÑOS DISPONIBLES
(cifras en dólares EE. UU.)

HACIENDA	AÑO	UTILIDAD	PÉRDIDA
Cartavio	1904	50.194,50	
Laredo	1932		202.349,39
Pomalca	1926		81.250,27
Pomalca	1930		No especificadas

Fuente: *Cartavio*: Bollinger 1971: 128.
Laredo: Deloitte, Plender, Sydney-Merrit & Co., *Informe sobre los libros y cuentas por el año terminado el 30 de junio de 1932*, 14 de diciembre de 1932, AFA.
Pomalca: Gerencia a Administración de Contabilidad, 11 de febrero de 1928, Cartas Pomalca, AFA; Gerencia a Oficina en Chiclayo, 11 de febrero de 1931, AFA.

73. Scott 1974: 16, n.° 1. Scott obtuvo su información a través de una comunicación personal con R. J. Lockett en agosto de 1972. Los Lockett tuvieron una larga asociación con la industria azucarera peruana.

74. Con respecto a la reducción del costo de la producción, véase el balance de julio de 1941 en el dosier Gildemeister, AFA. En ella hay también bastante información sobre sus propiedades en Chile. El control que los Gildemeister tenían sobre el mercado

Cuadro 4

UTILIDAD Y PÉRDIDA EN CHICLÍN

AÑO	UTILIDAD	AÑO	UTILIDAD
1909	$ 26.667,24	1916	$ 312.882,10
1910	28.487,76	1917	339.220,59
1911	26.161,74	1918	364.388,33
1912	50.680,01	1919	575.311,54
1913	73.729,22	1920	901.414,17
1914	51.385,75	1921	s. d.
1915	283.645,14	1922	88.665,65

Fuente: Albert 1976: 126a.
Nota: Chiclín era propiedad de Rafael Larco.

Cuadro 5

UTILIDAD Y PÉRDIDA EN CASA GRANDE

AÑO	SALDO ANTERIOR	GANANCIA ANUAL	TOTAL	DIVIDENDOS	BALANCE
1919-1922		$4.024.612,10	$4.024.612,10	$3.712.187,50	$312.424,60
1923-1927	312.424,60	992.124,80	1.304.549,40	588.300,00	716.249,40
1927-1934	692.647,35	1.194.641,30	1.887.288,65		1.871.570,75

Fuente: expediente Gildemeister, AFA; de un balance preparado en julio de 1941.

chileno se examina en RAA a Señores Aspíllaga Anderson Hermanos, S. A., 24 de agosto de 1929, AFA. También se mencionó en una entrevista entre William Albert y Gustavo Aspíllaga Anderson el 26 de marzo de 1974 en Lima. El profesor Albert gentilmente compartió esta información conmigo.

Cuadro 6
UTILIDAD Y PÉRDIDA EN CAYALTÍ

AÑO	UTILIDAD	PÉRDIDA	COMENTARIO
1877			Saldo [*balance*] de 200.000 soles
1879			Utilidad anual de 20.000 soles para octubre
1891			Pérdida de dinero luego de la Guerra del Pacífico
1893	$ 73.420,20		
1894	21.182,32		
1897	96.608,52		Retorno de 13% sobre el capital invertido
1898			Obtención de utilidades
1907	5.876,77		
1911	195.031,47		Nuevo ingenio
1912	240.138,93		
1913		$ 75.557,05	Cierre inusualmente largo del ingenio
1914	338.485,81		Se inicia la Primera Guerra Mundial
1915	322.801,40		
1921	360.840,16		
1922	219.936,40		
1923	774.569,90		
1924	441.068,97		
1925		111.899,90	Inundación
1926	20.832,00		
1927			Aproximadamente la misma utilidad que en 1926
1928		133.848,04	Cierre de seis meses, azúcar de mala calidad
1931			Ligera utilidad
1932		93.014,33	Depresión

Fuente: correspondencia de Cayaltí, 1877-1933.

Resulta más fácil explicar las ganancias y pérdidas en Cayaltí, porque ellas siguieron de cerca la subida y caída del valor del azúcar en el mercado mundial (cuadro 6). De este modo, las mayores utilidades se obtuvieron en el periodo que corre de 1914 a 1924, y las pérdidas más severas entre 1928 y 1932. Hubo, sin embargo, algunas variables adicionales. La pérdida sufrida en 1925 fue el resultado directo de una desastrosa inundación que tuvo lugar en dicho año, y que también afectó a otros productores de la costa norte. Es más, los datos con que contamos para 1911, 1913 y 1928 también muestran la importancia que tuvieron el desarrollo tecnológico y la eficiencia. Queda claro que aquellos productores que mayor capacidad de producción y mejor administración tenían, se beneficiaron más durante los periodos de precios altos. En este punto, los Aspíllaga tuvieron resultados mixtos, por razones que examinaremos en el siguiente capítulo.

Conclusiones

En la década de 1920, el célebre marxista peruano José Carlos Mariátegui caracterizó a la industria azucarera como un rubro dominado por el capital extranjero, y a los hacendados peruanos como personas carentes de iniciativa capitalista.[75] En términos generales, Peter Klarén acepta esta interpretación. Klarén considera que el capital extranjero fue la "fuerza motriz" detrás del desarrollo de la industria azucarera, y agrupó al azúcar junto con otras industrias de exportación, como las del cobre y el petróleo, que se encontraban bajo el control directo de corporaciones multinacionales extranjeras.[76]

Ello no obstante, peruanos de considerable habilidad empresarial, como los Aspíllaga, los Pardo, los Chopitea, los Izaga y los De la Piedra, poseían y operaban la inmensa mayoría de las haciendas de la costa norte. W. R. Grace & Co. fue la única corporación incuestionablemente extranjera que tuvo una hacienda azucarera importante. Es cierto que todos los hacendados dependían del mercado exterior y recibían un crédito considerable de las casas de exportación británicas, sin embargo,

75. Mariátegui 1971: 17, 20, 21.

76. Klarén 1973: 142-143.

ellos también tomaron prestado de la banca y de los comerciantes peruanos, y acumularon sus propias reservas de capital. A diferencia de la imagen tradicional de los países del Tercer Mundo, el Perú generó una parte sustancial del capital necesario para el desarrollo de su industria azucarera.

La mayoría de estas familias del azúcar adquirieron sus propiedades durante una época de convulsiones políticas y económicas. Para sobrevivir a estas condiciones y convertirse en exportadores prósperos, necesitaron tener una considerable capacidad administrativa. Ellas se fijaron altas metas y su espíritu queda muy bien captado con la heroica imagen que los jóvenes hermanos Aspíllaga tenían de sí mismos.

Los hacendados de la costa norte usaron su éxito empresarial como un trampolín que les llevó a la prominencia política y social. Casi todos fueron importantes políticos civilistas en la República Aristocrática. El éxito llegó rápidamente para aquellos que combinaron la agricultura de hacienda con el poder político para así implementar medidas que favorecían la inversión extranjera, los bajos impuestos a las exportaciones e importaciones, un gobierno centralizado y la supresión de la participación popular en la política. Esto no cambió ni siquiera con el ascenso al poder del dictador Augusto B. Leguía en 1919, quien también creía en la importancia de la agricultura de exportación y de un gobierno centralizado.

Igualmente sorprendente fue la capacidad que muchas familias de reciente origen inmigrante, como los Aspíllaga, tuvieron para ganar rápida aceptación en la élite nacional. Parece estar en claro que luego de un periodo de colapso económico y humillación militar, el Perú experimentó una suerte de regeneración nacional bajo la dirección de una burguesía mayormente nueva.

Capítulo 3

Tierra y tecnología, 1860-1933

Gracias a sus importantes recursos, los hacendados azucareros estaban en posición de convertirse en prominentes capitalistas y no solo en los clásicos hacendados aristocráticos. El camino al éxito económico pasaba por alcanzar una escala de operaciones lo suficientemente grande y eficiente como para producir vastas cantidades de azúcar sin refinar a un precio aceptable. El ritmo y el alcance del desarrollo tecnológico eran la variable crucial, puesto que la extensión continua del área cultivada con caña de azúcar resultaba inútil si no se contaba con los medios con que procesarla y convertirla en azúcar.

Todas las principales haciendas de la costa comenzaron a efectuar grandes mejoras tecnológicas durante el tardío siglo XIX. Esto no solamente inició su conversión esencial en empresas modernas, sino que además, al automatizarse la producción, les permitió luchar contra el bajo precio del azúcar y la periódica escasez de mano de obra. Estas haciendas también expandieron su tamaño en esta época, y frecuentemente cultivaron más de lo necesario para abastecer a los ingenios. El deseo de acceder a agua de riego adicional y de eliminar la competencia tal vez explica esta expansión aparentemente injustificada.

Los hacendados de la costa norte compraron tecnología y tierra a distinto ritmo, dependiendo de sus recursos de capital y de sus estrategias individuales de desarrollo. A medida que avanzaba el siglo XX, los Gildemeister en Casa Grande y W. R. Grace & Co. en Cartavio tomaron la delantera tecnológica. Ambos contaban con grandes recursos de capital externo y con administradores progresistas dedicados a convertir sus haciendas en factorías modelo en el campo. Según peruanos entendidos en el tema, Casa Grande alcanzó una escala de desarrollo sin parangón en el mundo antes de que fuera expropiada por el Estado en 1969.

Bajo la dirección de Ántero y Ramón Aspíllaga Barrera, Cayaltí mantuvo el ritmo de otros importantes productores durante muchos años. Se hicieron así grandes innovaciones en el cultivo, el transporte y la refinación. Sin embargo, esta hacienda comenzó a rezagarse en la década de 1920, cuando sufrió la mala administración de los Aspíllaga Anderson, los hijos de Ramón Aspíllaga Barrera.

Como veremos en capítulos posteriores, los distintos niveles de desarrollo tecnológico alcanzados por las haciendas afectaron directamente las relaciones entre hacendados y trabajadores, así como el ritmo relativo de organización y grado de agitación de la clase trabajadora. Por lo tanto, los cambios económicos aquí examinados tendrán un papel crucial en el análisis posterior del desarrollo social y político.

La tierra

Muchas haciendas azucareras de la costa norte se formaron durante el periodo colonial gracias a mercedes de tierra o comprándolas a las comunidades nativas. Algunas de ellas crecieron durante el temprano siglo XIX consiguiendo mercedes de tierra adicionales, otorgadas a cambio de favores políticos y financieros, o mediante otras adquisiciones más de propiedades comunales indias.[1]

En la década de 1870, el fin del auge guanero hizo que muchos comerciantes buscaran inversiones alternativas en la agricultura de la costa, y al menos algunos de ellos se toparon con verdaderas gangas al hallar hacendados dispuestos a vender luego de la tumultuosa Guerra del Pacífico. Para el inicio del siglo XX, un nuevo grupo de hacendados azucareros se había formado en la costa norte y muchos de ellos

1. Véase el cap. 1.

comenzaron a ampliar sus haciendas comprando las de productores más pequeños. Esto fue posible gracias a la fortaleza de sus recursos financieros, así como a su influencia política, en particular el control que tenían de los distritos de riego locales.

A lo largo del periodo colonial, los hacendados de la región adquirieron el agua de riego mediante diversos medios legales e ilegales, casi siempre en detrimento de las comunidades de indios locales. La demanda de agua se incrementó significativamente en el siglo XIX debido a la expansión de la caña de azúcar, la cual requiere de riego intensivo, así como al crecimiento de la población. Sin embargo, el gobierno central, abrumado como estaba con los problemas de las finanzas y la guerra, no hizo nada durante décadas por resolver el problema. En 1902, finalmente se preparó una nueva ley de aguas durante el gobierno de Eduardo López de Romaña, el propietario de Chucarapi, la mayor hacienda azucarera del sur peruano. No sorprende por ello que la ley no haya puesto en peligro los intereses de estos hacendados.

Según la nueva norma, la autoridad final sobre el derecho al agua recaía en el Ministerio de Fomento. Sin embargo, los distritos de riego conformados por no menos de tres propietarios ejercían el poder en el ámbito local. Cada distrito elegía a un administrador para asegurar que se respetara la ley, una junta ejecutiva de tres personas para que supervisara al administrador y castigara a los infractores, y un presidente que tenía la autoridad exclusiva de convocar asambleas y presidirlas. Un juez especial nombrado por el gobierno central resolvía todas las disputas legales en torno al derecho sobre el agua de riego.[2]

Si bien todos los cargos importantes en los distritos de riego locales eran elegidos, los votos recibían un peso determinado según la cantidad de tierra poseída y el agua que se recibía. De este modo, los grandes hacendados controlaban las elecciones y se elegían a sí mismos y a sus secuaces para los cargos clave. Su control del manejo del agua de riego a veces facilitó la adquisición de tierras.[3]

El Comité Interamericano de Desarrollo Agrícola (CIDA) de la OEA efectuó una extensa compilación sobre la consolidación de la tierra en

---

2. Pasapera (ed.) 1902.

3. Pasapera (ed.) 1902; Klarén 1973: 56-57; VAT a AH, 30 de agosto de 1907, AFA.

el valle de Chicama, a la que Peter Klarén puso en perspectiva histórica. Klarén nos relata la historia de cómo tres haciendas —Casa Grande, Cartavio y Roma— llegaron a controlar la mayor parte del valle absorbiendo a otras haciendas y pequeños fundos (véase el cuadro 7). Su examen lógicamente se concentra en Casa Grande, puesto que ella se convirtió en la hacienda azucarera más grande del departamento.[4]

Cuadro 7
La consolidación de la tierra en el valle de Chicama (hectáreas)

Hacienda	1850	1918	1927
Mocán	3478		
Comunidad (tierra de)	2579		
Facalá	2174		
Gasñape	1730		
Sausal	1687		
Santa Clara	1130		
Chicamita	1101		
Licapa	869		
Santa Rosa	869		
Casa Grande	725		
Lache	580		
Pampas	562		
Vizcaíno	464	Casa Grande	
La Viña	435	(21.071)	
Cañal	406		
La Pampa	406		
Churín y Estancia	377		
Potrero	290		
Cereaga	232		
Mayal, Bazarrate y Terraplán	232		
Veracruz	232		
Ingenio Lazo	229		
Aljovín	145		Casa Grande
Lucas González	116		(40.848)
Chacarilla	23		

4. Klarén 1973, cap. 1.

Hacienda	1850	1918	1927
Mocollope	4376		
La Fortuna	1449		
Roma (Tulape)	1449		
San José Alto	1159		
Bazán	1043		
La Constancia	869		
San José Bajo (I)	869		
San José Bajo (II)	869		
Tesoro	869		
Molino Galindo	623		
Molino Larco	614		
Cajenleque	580		
Palmillo	522		
Las Gavidias	464	Roma	
Montejo	435	(19.777)	
La Viñita	435		
Cepeda	348		
Las Viudas	348		
La Comunidad (Ascope)	319		
Farías	290		
Pampas de Ventura	290		
El Porvenir	290		
Troche	290		
Tutumal	290		
La Libertad	261		
Garrapón	232		
La Virgen	162		
La Victoria	32		
Cartavio Viejo, Yacutinamo y Nepén	1942		
Sonolipe	1159		
Cartavio	1043		Cartavio
Sintuco	869		(5610)
Hacienda Arribe	336		
Comunidad	261		
Chiquitoy	3623		
Salamanca	2898		Chiclín
Chiclín	1942		(8941)
Molino de Bracamonte	348		
Toquen	130		

Adaptado de: Klarén 1973: 17-18.

Mapa 3
El valle de Chicama

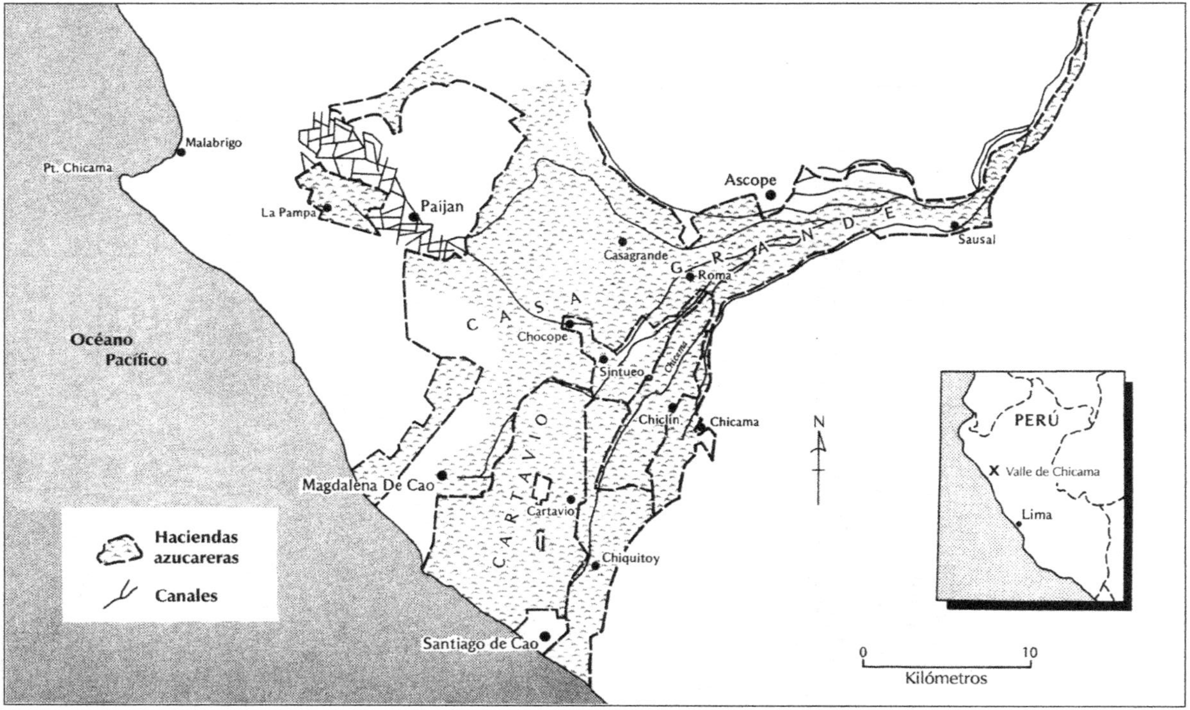

Casa Grande creció a un ritmo frenético durante las tres primeras décadas del siglo XX, adquiriendo tanto pequeñas chacras como haciendas vecinas. La fase más intensa de su consolidación tuvo lugar entre 1910 y 1927, cuando los Gildemeister compraron 25 haciendas en el valle gracias a la expansión del capital generada mediante una fusión con una poderosa corporación alemana. Los propietarios de Casa Grande estuvieron asimismo ocupados adquiriendo numerosas parcelas, algunas de ellas a miembros de comunidades de indios. En esto les benefició el cargo que ejercían como funcionarios en las juntas de riego locales. Por ejemplo, una petición firmada por 600 comuneros de la comunidad local de Paiján, que fuera publicada en el diario trujillano *La Reforma*, sostenía que los Gildemeister obligaron a muchos de ellos a vender negándoles el agua.[5]

Casa Grande se expandió hasta alcanzar un tamaño asombroso, de unas modestas 724,50 hectáreas en 1850 a 40.848 hectáreas en 1927. Es más, en 1937 los Gildemeister compraron la hacienda azucarera Laredo en el valle de Moche, y después de 1940 comenzaron a adquirir numerosas haciendas en la sierra norte. Según Carlos Malpica, para 1964 la familia poseía 557.344 hectáreas en el Perú.[6]

Hasta finales de la década de 1920, la hacienda Roma, propiedad de Víctor Larco, tenía casi el mismo tamaño que Casa Grande. Víctor era uno de los herederos de Andrés y Rafael Larco, quienes originalmente compraron una serie de haciendas en el valle de Chicama a mediados del siglo XIX. Los miembros de la familia también poseían las haciendas Chiclín y Chiquitoy, pero Roma era la más grande. Entre 1850 y 1927, ella creció de 1449 a 19.777 hectáreas gracias a la adquisición de 27 haciendas vecinas.[7]

Sin embargo, Víctor Larco dejó de ser un gran hacendado azucarero en 1927 cuando vendió sus tierras a los Gildemeister. Larco se vio forzado a hacerlo debido a sus problemas financieros provocados por las huelgas, los graves daños causados por las inundaciones y la caída del precio del azúcar. Con la compra de Roma, los Gildemeister alcanzaron una incuestionable preeminencia agrícola en el valle de Chicama.[8]

---

5. Klarén 1973; *La Reforma* (22 de agosto de 1917).
6. Klarén 1973, cap. 1; Malpica 1974: 99-102.
7. Klarén 1973, cap. 1.
8. Ibíd.

La hacienda Cartavio era otra gran productora del valle. W. R. Grace & Co. de Nueva York la compró en 1882. La corporación Grace adquirió posteriormente varias haciendas vecinas, pero jamás emprendió un programa de ampliación semejante al de los Gildemeister o los Larco. Cartavio creció de 1.043 a 5.610 hectáreas entre 1850 y 1927.[9]

Cuadro 8

HACIENDAS DEL VALLE DE MOCHE PROPIEDAD DE LA FAMILIA CHOPITEA

HACIENDA	TAMAÑO (HECTÁREAS)	FECHA DE ADQUISICIÓN	PRECIO DE COMPRA
Laredo		Antes de 1881	
Bambas	580	1888	$ 8.730
Menochuco	710	1895	129.417
Galindo	1884	1903	44.014
Quirihuac	435	1910	72.750
San Blas		Antes de 1926	
La Esperancita		Antes de 1926	
El Cortijo (El Deán)	3.063	1927	194.000
La Pampa	290	Antes de 1926	
La Merced	464	Antes de 1926	
Huambos		Antes de 1926	
Santo Domingo		Antes de 1926	

Fuente: testimonio de la escritura, constitución de sociedad anónima, otorgada por la Negociación Azucarera Laredo Ltda., Lima, 9 de enero de 1926, AFA; Sesión de directorio celebrada el catorce de mayo de mil novecientos veinte i ocho, AFA; Fundos y propietarios en el valle de Santa Catalina, 1943, Documentos Sueltos, Negociación Laredo Ltda., AFA.

Directamente al sur del valle de Chicama se encuentra el de Moche o Santa Catalina, que es el más pequeño de la zona azucarera. Trujillo, la capital del departamento de La Libertad, se encuentra en el extremo occidental de este valle, pero más allá de sus confines, el valle se convierte en un mar de caña de azúcar. La mayor parte de esta zona cayó bajo el control de la hacienda Laredo después de la Guerra del Pacífico. José

9. Klarén 1973: 17-18; Albert 1976: 50a, n.° 5, y cuadro 1.

Ignacio Chopitea, quien compró o arrendó sistemáticamente la mayoría de las haciendas en el valle, dirigió su expansión y llegó a un acuerdo para procesar la caña cultivada por los demás productores.

Los dos otros valles productores de azúcar de la región se encuentran en el departamento de Lambayeque. El más grande de ellos es el valle de Lambayeque, donde se encuentra Chiclayo, la capital departamental y el centro comercial. Varias haciendas azucareras de gran extensión surgieron en este valle durante el periodo colonial, compitiendo favorablemente por la tierra y el agua con comunidades indias relativamente grandes. Aunque la información disponible sobre la consolidación de la tierra durante los siglos XIX y XX es escasa, queda claro que el tamaño de los principales productores creció después de la Independencia.

Cuadro 9

Haciendas del valle de Moche arrendadas por la familia Chopitea

Hacienda	Tamaño (hectáreas)
La Compañía	162
Sacachique	122
Trapiche	417
El Conde y Santa Rosa	522
Palomar	206
Total	1429

Fuente: testimonio de la escritura, constitución de sociedad anónima, otorgada por la Negociación Azucarera Laredo Ltda., Lima, 9 de enero de 1926, AFA; sesión de directorio celebrada el catorce de mayo de mil novecientos veinte i ocho, AFA; Fundos y propietarios en el valle de Santa Catalina, 1943, Documentos Sueltos, Negociación Laredo Ltda., AFA.

Cuadro 10

El crecimiento de las haciendas azucareras del valle de Lambayeque (hectáreas)

Hacienda	Año	Tamaño	Año	Tamaño	Año	Tamaño
Pomalca	1869-1877	2.300-2.465	1896	1.912	1924	7.267
Pucalá			1903	1.124		
Tumán			1907	3.734	1924	6.632

Fuente: comunicación personal de Susan E. Ramírez.

Mapa 4

El valle de Moche

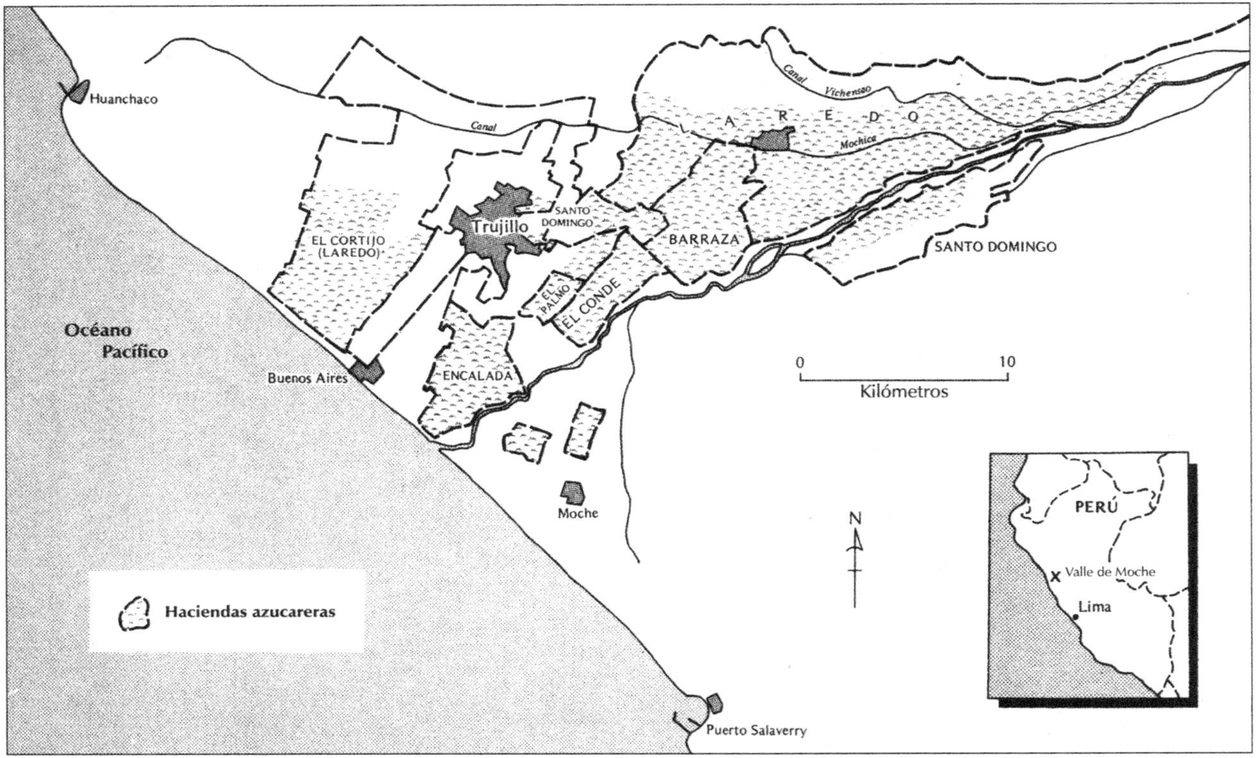

Mapa 5

Las haciendas de Lambayeque: los valles de La Leche, Lambayeque y Saña

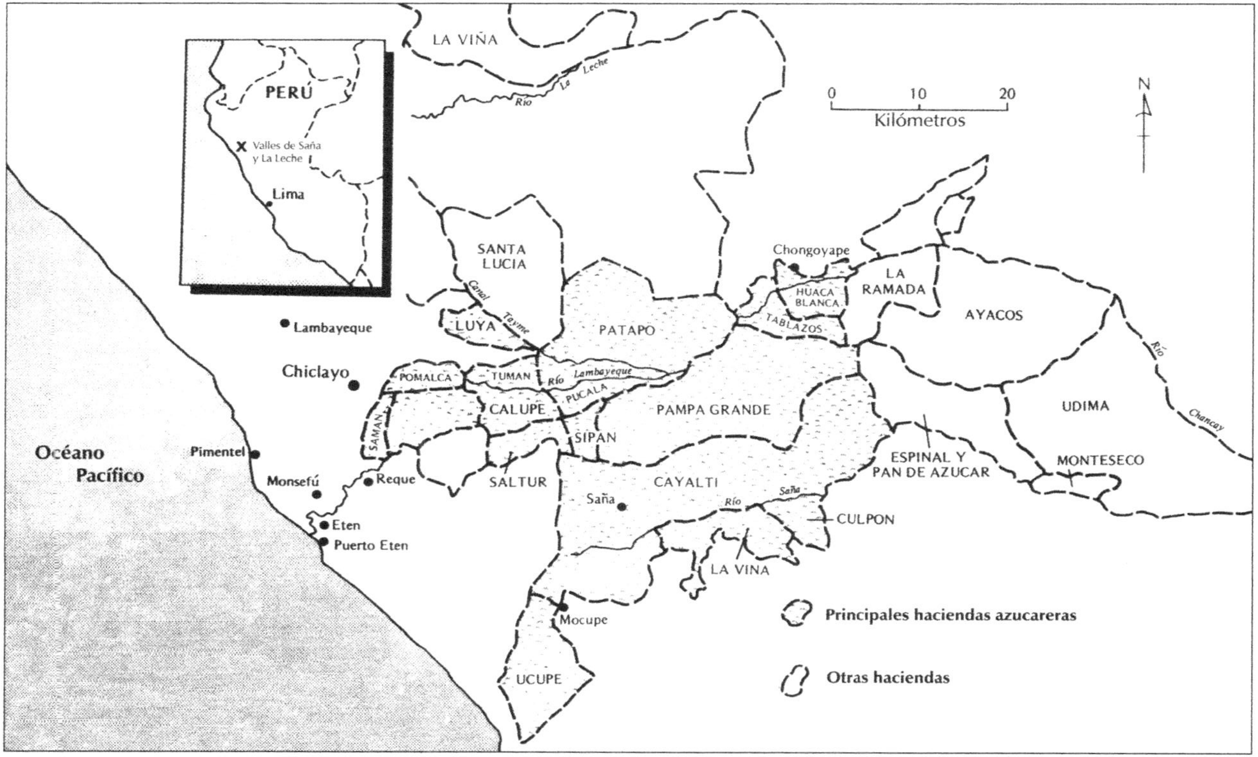

El valle de Saña se encuentra al sur del de Lambayeque, cerca de la frontera entre este departamento y el de La Libertad (mapa 5). Durante el tardío siglo XIX y temprano XX, esta fértil región cayó cada vez más bajo el control de la hacienda azucarera Cayaltí, cuyos dueños, los Aspíllaga, siguieron la política de comprar haciendas vecinas y de ocupar tierras antes controladas por el pueblo de Saña.

Está claro que para adquirir tierras, los Aspíllaga aprovecharon su influencia política. Al igual que los Gildemeister en el valle de Chicama, estaban en posición de usar su puesto como funcionarios en la junta de riego local para obligar a los agricultores vecinos a vender sus tierras.[10] Es más, las conexiones políticas que los Aspíllaga tenían en el ámbito nacional resultaron útiles para solucionar disputas por la propiedad de la tierra. El mejor ejemplo de ello es un incidente que estalló en 1913, después de que Cayaltí venciera en un viejo juicio que mantenía con el pueblo de Saña en torno al título sobre ciertas tierras. Los vecinos de Saña quedaron tan enfurecidos con el veredicto que se amotinaron, atacaron las propiedades que los Aspíllaga tenían en el pueblo y quemaron parte de las tierras en disputa. Los propietarios de Cayaltí respondieron solicitando la presencia del ejército, el cual aplastó brutalmente el motín, dio muerte a dos vecinos e hirió a varios más. Las tropas ocuparon el pueblo, impusieron el toque de queda, prohibieron las reuniones públicas e impidieron la venta de licor y la posesión de armas de fuego.[11] Pero tácticas tan violentas como estas preocuparon a los funcionarios locales, quienes no se hallaban bajo el control de los Aspíllaga. El prefecto de Lambayeque informó a Lima que las haciendas vecinas, y principalmente Cayaltí, habían usurpado todos los cerros que rodean Saña, y que al aplastar el motín el ejército había cometido lo que solamente podía ser tipificado como una "masacre". Una copia de este informe llegó al escritorio de

10. VAT a AH, 30 de agosto de 1907, AFA; cap. 2.

11. La primera mención de la disputa por la tierra aparece en AH a AH, 3 de noviembre de 1876, AFA. Con respecto al motín y lo que le siguió, consúltese BAB a AH, 8 de mayo de 1913, AFA; AAB a AH, 10 de julio de 1913, AFA; VAT a AH, 29 de agosto de 1913, AFA; Samuel Alva, Gobernador Comisario del distrito de Saña a AH, 4 de mayo de 1913, AFA.

Ántero Aspíllaga Barrera, quien hizo que cesaran al prefecto y que se lo reemplazara con alguien más de su agrado en menos de una semana.[12]

Semejante poder político indudablemente hizo que a los poblados locales, así como a los pequeños agricultores y haciendas, les resultara difícil competir con Cayaltí por la tierra o el agua. Los Aspíllaga tenían asimismo la ventaja de contar con grandes reservas de capital, las cuales usaron a lo largo de los años para comprar y arrendar varios fundos.

Cuadro 11

LAS HACIENDAS DEL VALLE DE SAÑA POSEÍDAS O ARRENDADAS POR LA FAMILIA ASPÍLLAGA

HACIENDA	ESTATUS	FECHA DE ADQUISICIÓN
Cayaltí	Poseída	1859
La Viña	Arrendada	1911
Chumbenique	Poseída	1928
Otra Banda	Poseída	Después de 1920
Songoy	Poseída	Antes de 1920
Cojal	Poseída	Antes de 1920
San Cristóbal	Poseída	Antes de 1920
San Juan	Poseída	Antes de 1920
Corbacho	Poseída	Antes de 1920
Chacarilla	Poseída	Antes de 1920
San Nicolás	Poseída	Antes de 1920
Popancillo	Poseída	Antes de 1920
Popán	Poseída	Antes de 1920

Fuente: certificación de los títulos de la hacienda Cayaltí con sus anexos, 17 de noviembre de 1920, AFA; Enrique Espinoza, "Estadística agro-pecuaria de la República – Informe relativo al departamento de Lambayeque", Boletín del Ministerio de Fomento 3, n.° 9 (septiembre de 1905): 52; VAT a AH, 17 de enero de 1912, AFA; IAA a RAB ("Muy Querido Papá"), 21 de agosto de 1928, AFA; IAA a Señor Ing. Administrador del Río de Zaña, 10 de agosto de 1931, AFA.
Nota: Cayaltí comprendía 11.113 hectáreas.

12. AAB a RAB y BAB, 23 de octubre de 1913, AFA; AAB a RAB y BAB, 30 de octubre de 1913, AFA. Los prefectos eran nombrados por el presidente.

Al ampliar el tamaño de sus haciendas, los Aspíllaga y otros hacendados de la costa norte se aseguraron el control de la mayor parte de la tierra y del agua de los fértiles valles que se extienden entre los centros comerciales y administrativos de Trujillo y Chiclayo. Esto les dio capacidad para cultivar miles de acres adicionales de caña de azúcar y eliminó a muchos competidores.

La tecnología

Con todo, lo que determinaba la capacidad productiva una vez que una hacienda había crecido hasta alcanzar varios miles de hectáreas y una provisión adecuada de agua de riego, era su nivel de desarrollo tecnológico. Todos los hacendados advirtieron esto, pero desarrollaron sus haciendas a distinto ritmo debido a sus diferencias de capital y de iniciativa empresarial.

Gracias fundamentalmente a la fortaleza del capital extranjero, los hacendados comenzaron a efectuar mejoras tecnológicas durante el tardío siglo XIX. Innovaciones tales como ingenios más grandes, tractores a vapor y líneas férreas incrementaron la producción en una época de periódica escasez de mano de obra y de precios descendentes del azúcar.

Las recuas de mulas fueron una forma de transporte común en toda Latinoamérica desde el siglo XVI. Sin embargo, para el tardío siglo XIX ya no eran adecuadas para las necesidades de la economía en expansión de las haciendas. Esto tuvo como resultado la construcción de ferrocarriles en muchos países, entre ellos Cuba, México, Brasil y el Perú.

Los Aspíllaga brindan un amplio testimonio de la insatisfacción que los hacendados azucareros del norte peruano sentían con las recuas de mulas. Los propietarios de Cayaltí consideraban que los arrieros eran poco menos que ladrones, a quienes acusaban de cobrar precios exorbitantes y robar el azúcar, y se quejaban a menudo de que no siempre podían contar con ellos cuando los necesitaban, en especial durante la cosecha del arroz en los fundos vecinos. También se sabía que los arrieros se rehusaban a transportar cargas particularmente pesadas y voluminosas, como maquinarias, lo que obligaba a los hacendados a organizar sus propios convoyes con los inexpertos trabajadores azucareros. Pero el problema más serio con las recuas de mulas era que ellas limitaban la capacidad de exportación.[13] Uno de los Aspíllaga explicó dicho inconveniente de este modo en 1896:

> Sé que ellos [los importadores] nos dirán que si transportan 100,000 qq [quintales], se pueden transportar 20,000 más, pero esto no es del todo cierto porque hay años que tenemos más borriqueros que otros, y es necesario ver las condiciones en que queda el ganado que transporta tan fuerte cantidad de producto, sin contar [el peso del] alcohol y los gastos consiguientes a reemplazo de toros que mueren [...] Es [por lo tanto] necesario abandonar este sistema de transporte inseguro.[14]

Para cuando se escribió esta carta, los hacendados del valle de Lambayeque ya habían encargado la construcción de una serie de ferrocarriles que unirían las haciendas Pátapo, Pucalá, Tumán y Pomalca con los puertos de Pimentel y Éten. Hacia el cambio de siglo, los Aspíllaga asimismo financiaron la construcción de una línea que unió a Cayaltí con Éten, y para 1905 se habían construido líneas que unían las haciendas Casa Grande, Cartavio y Laredo con el puerto de Salaverry, y a Roma y Chiquitoy con el de Huanchaco. Todos estos ferrocarriles eran de propiedad y manejo privados, excepción hecha de la línea Casa Grande-Cartavio.[15]

En 1915, el gobierno de Benavides concedió a los Gildemeister el derecho a construir un ferrocarril que uniese a Casa Grande con el vecino puerto de Malabrigo, aparentemente a cambio de un préstamo de 44.000 libras esterlinas. El gobierno también les dio permiso para renovar las instalaciones del muelle e importar grandes cantidades de artículos para su venta en el bazar de la hacienda. Los hacendados y comerciantes rivales del valle de Chicama se quejaron entonces al gobierno y en la prensa de que estas concesiones proporcionaban a los Gildemeister una ventaja injusta en la exportación del azúcar, así como en la comercialización de

---

13. AH a AH, 30 de mayo de 1893, AFA; AH a AH, 12 de mayo de 1896, AFA.

14. AH a AH, 12 de mayo de 1896, AFA.

15. Costa y Laurent 1908: 28; Garland 1906: 24; BAB a AAB, octubre de 1900, AFA, sin fecha.

bienes en el departamento. Sin embargo, ni el gobierno de Benavides, ni tampoco los que le siguieron, revocaron estos permisos.[16]

La construcción de ingenios más grandes y mejor equipados en todas las haciendas importantes de la costa norte coincidió con la mejora de las redes de transporte. Esto no solo incrementó la capacidad de producción, sino que además redujo potencialmente los costos laborales y mejoró la eficiencia global de las haciendas. En muchos casos, los nuevos ingenios fueron construidos durante una época en la que el precio del azúcar caía, en especial alrededor de comienzos del siglo XX y durante la década de 1920.

La construcción de trapiches modernos se inició en la década de 1860 con la instalación de un ingenio a vapor en Facalá, en el valle de Chicama.[17] En la siguiente década se inició la construcción de nuevos ingenios en Pomalca (1873) y Cayaltí (1877).[18] La mayoría de las haciendas tal vez habría comenzado a construir ingenios en este momento, de no haber sido por la adhesión del Perú al patrón plata, que elevaba los costos de las maquinarias fabricadas en las naciones industriales que usaban el patrón oro. Además, como los hacendados peruanos vendían gran parte de su azúcar a estas mismas naciones, resultaba que sus utilidades se estiraban, lo que aliviaba la urgencia que había de efectuar mejoras tecnológicas. El ritmo de la construcción de los ingenios se aceleró significativamente solo cuando el Perú pasó al patrón oro en 1897.[19]

Víctor Aspíllaga hizo una gira por varias de las haciendas azucareras de los valles de Chicama y Moche durante el tardío siglo XIX y comienzos del XX. En 1899, comparó favorablemente el ingenio de Cartavio con el de Cayaltí, y en 1907 apuntó que el año anterior Casa Grande había instalado un nuevo ingenio de tres cilindros.[20] En 1908, Thomas Colston, el ingeniero en jefe de Cayaltí, visitó Laredo y juzgó

---

16. *Memorial* 1917; Klarén 1973: 71-78.

17. Raimondi 1965, vol. 1: 323.

18. Fitz-Roy Cole 1884: 129; RAB a AAB, 21 de septiembre de 1875, AFA; AH a AH, 7 de octubre de 1887, AFA. El ingenio de Cayaltí tenía las más recientes mejoras tecnológicas: véase Deerr 1949, vol. 1: 559-560.

19. Albert 1976: 65a, pássim.

20. AH a AH, 26 de abril de 1889, AFA; VAT a AH, 23 de agosto de 1915, AFA.

que su ingenio era superior a cualquier otro en el valle de Chicama. Sostuvo así que si bien este era más pequeño que el de Casa Grande, estaba mejor administrado.[21] Pero, para 1915, tanto Casa Grande como Cartavio habían construido ingenios de cuatro cilindros, que tenían la más grande capacidad productiva de todo el Perú. Víctor Aspíllaga consideraba que el de Casa Grande era "el más importante del Perú, puesto que fue diseñado para producir un millón de quintales al año",[22] pero también quedó impresionado con las instalaciones de Cartavio. Su capacidad de producción equivalía al 80% de la de Casa Grande, refinaba el azúcar de más alta calidad del Perú y era igual en diseño y eficiencia a cualquier ingenio de Java o Hawái.[23] Aspíllaga también alabó el nuevo ingenio de Laredo, que si bien no era tan grande como las gigantescas instalaciones del valle de Chicama, producía la segunda azúcar de mayor calidad del país.[24]

En 1925, Víctor Aspíllaga tuvo la oportunidad de inspeccionar los ingenios azucareros del valle de Lambayeque. Observó así que tanto Pomalca como Tumán estaban operando ingenios de tres cilindros con las mismas dimensiones que los de Cayaltí, pero sus instalaciones estaban más completas y tenían por ende una mayor capacidad de producción.[25]

La hacienda de los Aspíllaga estaba rezagándose con respecto a los demás grandes productores de la costa norte en lo que a su capacidad de refinamiento respecta, tal como se desprende de estas observaciones. Pero esto no siempre había sido así. Ántero Aspíllaga Barrera juzgaba que el ingenio a vapor construido en Cayaltí a finales de la década de 1870 era el más fino del país, parecer este compartido en 1887 por un grupo de dignatarios que acababan de visitar la mayoría de las haciendas azucareras de la costa.[26]

---

21. Thomas Colston a los Aspíllaga, 3 de enero de 1908, en Macera (ed.) 1973.

22. VAT a AH, 23 de febrero de 1915, AFA.

23. AAB a RAB y BAB, 3 de enero de 1917, AFA; AAB a RAB y BAB, 6 de marzo de 1917, AFA.

24. VAT a AH, 23 de febrero de 1915, AFA.

25. AAB a RAB y BAB ("Queridos Hermanos"), 23 de mayo de 1917, AFA; AAB a RAB y BAB, 26 de mayo de 1917, AFA.

26. RAB a AAB, 21 de septiembre de 1875, AFA; AH a AH, 7 de octubre de 1887, AFA

Los Aspíllaga siguieron efectuando mejoras tecnológicas en el ingenio durante todo el temprano siglo XX. Entre 1889 y 1901, incrementaron la capacidad de carga del sistema de cinta transportadora que alimentaba de caña al ingenio. Esto permitía triturar cantidades más grandes de caña y llevó directamente a un incremento del 30% en la producción, así como a la reducción en el número de trabajadores necesarios en esta área.[27] En 1906, los cilindros que trituraban la caña fueron modificados para aumentar la capacidad de extracción del jugo de 57 a 68% lo que elevó la cantidad de azúcar producida por hectárea sembrada con caña.[28] Cinco años más tarde, los Aspíllaga reconstruyeron sistemáticamente todo el ingenio con dinero prestado por Kendall. Las renovadas instalaciones contaban con tres cilindros que tenían la capacidad de extraer un 78% de jugo. En su primer día de funcionamiento, el nuevo ingenio produjo 18% más azúcar con 22% menos de caña. Esto le permitió a la gerencia cesar a 20 trabajadores del ingenio y reducir el número de manos necesarias en el campo. De este modo, para producir 480 quintales de azúcar ahora era necesario contar con 60 trabajadores menos de los que cortaban la caña y con 20 menos de los que la cargaban.[29]

Estos eran beneficios reales y de largo plazo para los Aspíllaga. Sin embargo, la instalación de las nuevas máquinas causaba ocasionalmente algunos problemas. Los fabricantes a veces enviaban las partes equivocadas, o bien la maquinaria quedaba dañada en el viaje o se la instalaba incorrectamente. Si las nuevas piezas debían ser enviadas a Europa o a Estados Unidos, se producían largas demoras en la producción, las cuales solamente podían evitarse recurriendo a improvisaciones mecánicas. Estas catástrofes menores eran lo que los hacendados debían soportar por estar operando tan lejos de los países que producían sus equipos.[30]

---

27. AH a AH, 22 de mayo de 1889, AFA; AH a AH, 10 de junio de 1901, AFA.
28. AH a AH, 31 de enero de 1906, AFA.
29. AH a AH, 12 de mayo de 1911, AFA; BAB a RAB, 12 de mayo de 1911, AFA.
30. AH a AH, 30 de diciembre de 1887, AFA; AH a AH, 30 de agosto de 1888, AFA; AH a AH, 12 de mayo de 1911, AFA; AH a AH, 16 de mayo de 1911, AFA.

Con la mayor capacidad de trituración se produjo la necesidad simultánea de cultivar más caña y de hacer que el ingenio operara a mayor velocidad. Esto hizo necesario efectuar una serie de mejoras tecnológicas en el campo, en especial la instalación de los ferrocarriles portátiles y un mayor uso de tractores a vapor y a gasolina.

Antes de instalar los ferrocarriles portátiles, la caña era transportada al ingenio en carros tirados por bueyes. Esta forma de transporte le planteaba varios problemas a la gerencia. A medida que se sembraba caña en áreas periféricas, la distancia del ingenio se alargaba y más tiempo pasaba entre la cosecha y el procesamiento. Esto originaba un menor contenido de sacarosa, la variable clave a la hora de determinar la calidad del azúcar sin refinar. Es más, la caña cosechada se dañaba durante su recorrido repleto de baches hasta el ingenio, lo que reducía la producción de azúcar producida por hectárea de caña sembrada. Su transporte era asimismo extremadamente arduo y peligroso, y en ocasiones producía accidentes fatales cuando los conductores tropezaban o chocaban entre sí, quedando entonces aplastados debajo de sus carros de tres toneladas de peso. Al menos once trabajadores fallecieron en Cayaltí entre 1878 y 1889 mientras transportaban la caña, y muchos más quedaron seriamente heridos. Esto provocaba demoras en el campo y hacía que a la gerencia le resultara difícil encontrar trabajadores dispuestos a efectuar esta labor.[31]

Los ferrocarriles portátiles aliviaron muchos de estos problemas. Este sistema, que tenía como base el principio de pasar los rieles de un campo cosechado al otro, redujo gran parte del retraso involucrado en el transporte de la caña al ingenio. También permitió que se usaran carros más grandes, incrementando así la capacidad de acarreo y, al usarse una superficie más segura, eliminó prácticamente por completo los accidentes graves.[32]

31. AAB a AH, 2 de enero de 1882, AFA; AH a AH, 4 de noviembre de 1887, AFA; AAB a RAB e IAB, 10 de octubre de 1884, AFA; AH a AH, 4 de agosto de 1887, AFA.

32. Thomas Colston a RAB, agosto de 1886, AFA, sin fecha; BAB a AAB, octubre de 1900, AFA. No se indica el día.

Cuadro 12
EXPORTACIONES DE MAQUINARIA DE GRAN BRETAÑA Y ESTADOS UNIDOS AL PERÚ

	GRAN BRETAÑA		ESTADOS UNIDOS
Año	Maquinaria y trabajo de ingenio (libras esterlinas)	Maquinaria de fabricación y refinamiento de azúcar (no incluye centrífugas)	Maquinaria del ingenio azucarero (dólares)
1911	138.121		11.144
1912	121.877		16.652
1913	153.503		20.531
1914	146.051		19.004
1915	61.637		13.154
1916	118.952		12.419
1917	97.210		49.400
1918	91.849		77.999
1919	136.504		187.358
1920	321.195	46.504	238.097
1921	368.569	88.614	493.882
1922	118.243	19.459	66.445
1923	210.890	52.756	211.333

Fuente: Albert 1976, cuadro 36: 141a.

Para finales de la década de 1880, los ferrocarriles portátiles eran algo común en las haciendas azucareras de la costa norte.[33] El sistema fue introducido en Cayaltí en 1888, y podemos ver un ejemplo del ahorro que generó a partir del siguiente experimento que los Aspíllaga llevaron a cabo:

> Hemos pesado un carro de caña [jalado por] una yunta [de bueyes] del Campo de Los Ángeles [...] [y] comparado esto con lo que hacen los carros de los [ferrocarriles portátiles]. Verán Uds. que hacen mucho más y con

33. Ibíd.

menos gasto porque si bien se ocupan quince yuntas [de bueyes], treinta y siete hombres y doce mulas, en cambio traen 1,680 quintales de caña [...] Esto convertido en el acarreo antiguo [daría] 500 quintales [...] y dos hombres más [...].[34]

El nuevo sistema también representó un ahorro considerable de mano de obra, pues a lo largo del año siguiente los Aspíllaga lograron retirar a 120 hombres del transporte de caña.[35]

Pero la instalación de nueva tecnología en el campo provocó inicialmente algunos problemas en lo que al ingenio respecta. Con la introducción de los ferrocarriles portátiles, la labor de coordinar la cosecha, la carga y el transporte se hizo más compleja. Al principio no se cortaba suficiente caña con que operar el sistema a toda capacidad. Pero al asignar más trabajadores a la cosecha, se cortó más de la que se podía procesar. Para desembrollar este lío, los Aspíllaga finalmente contrataron a una persona experimentada en el manejo de ferrocarriles portátiles. Esta logró hacer que las operaciones se llevaran a cabo con mayor fluidez asignando más capataces de transporte, y ordenando que se colocaran rieles adicionales.[36]

La capacidad para transportar y procesar grandes cantidades de caña presionó a los Aspíllaga y otros hacendados más a mejorar las técnicas de cultivo. La principal innovación en esta área fue el arado mecanizado. Si bien en esta época dicha labor jamás quedó mecanizada del todo, sí se introdujeron distintos tipos de tractores a vapor y gasolina, en Cayaltí y en otros lugares, desde modelos pesados hasta otros "cubanos" más ligeros. Con estos tractores se podía arar con mayor rapidez y eficiencia, empleando además menos trabajadores. Arar un campo en Cayaltí con bueyes requería 30 hombres, pero solamente 18 con tractores.[37] Esta era una consideración particularmente importante a tener en cuenta, pues en el tardío siglo XIX los experimentados trabajadores chinos

34. AH a AH, 18 de enero de 1889, AFA.

35. AH a AH, 5 de junio de 1889, AFA; AH a AH, 3 de octubre de 1889, AFA.

36. AH a AH,16 de mayo de 1889, AFA; AH a AH, 22 de mayo de 1889, AFA; AH a AH, 22 de junio de 1889, AFA; AH a AH, 8 de agosto de 1889, AFA; AH a AH, 3 de octubre de 1889, AFA; AH a AH, 1 de mayo de 1890, AFA.

37. AH a AH, 21 de septiembre de 1879, AFA.

estaban siendo reemplazados por necesidad con peruanos inexpertos. En Cayaltí se podían encontrar suficientes hombres para que operaran los tractores, pero no así los arados jalados por bueyes:

> En lo que respecta al tractor, saben cuán rentable sería su uso, pero su importancia es aún mayor debido a un cultivo mejor y más rápido [...] El sistema de arar con bueyes se hace más difícil y doloroso cada día porque los bueyes no son diestros, porque hay escasez de chinos, porque el peón de la sierra no sabe cómo arar, y porque el peón de la costa es insufrible cuando ara la caña. Todo esto hace que arar con tractores sea mucho más importante.[38]

Además de mecanizar sus operaciones en el ingenio y el campo, los hacendados comenzaron también a prestar mayor atención a la elección de semillas, fertilizantes, a usar aguas subterráneas para el riego, y técnicas con las cuales simplificar la cosecha. Parte del proceso comprendió la contratación de agrónomos a los cuales se les equiparon laboratorios en las haciendas. El gobierno central también resultó útil en este punto al autorizar al Ministerio de Fomento a crear estaciones agrícolas de prueba y publicar los resultados de sus experimentos.[39]

Una innovación controvertida fue la quema de la caña antes de la cosecha. Los hacendados del valle de Cañete introdujeron esta práctica a finales del siglo XIX y los de la costa norte pronto la adoptaron. Inicialmente se pensó que se trataba de un gran medio con el cual ahorrar bastante en mano de obra, pues era posible cosechar la caña de azúcar con mayor rapidez y en mayor cantidad una vez que se retiraba el follaje del tallo.[40] Los Aspíllaga manifestaron su entusiasmo por esta práctica en 1898:

> Hemos apreciado en hecho, las ventajas de quemar antes de cortar. Los cortadores que apenas cortaban 70 brazas de un surco, cortan ahora 150

38. AH a AH, 27 de enero de 1879, AFA.

39. Klarén 1973: 15; *Boletín del Ministerio de Fomento*, varios años; BAB a AH, 26 de octubre de 1908, AFA; AAB a RAB y BAB, 6 de julio de 1908, AFA; AAB a RAB y BAB, 2 de febrero de 1917, AFA.

40. VAT a AH, 23 de febrero de 1915, AFA.

brazas, y los llenadores de carros esperamos que haya 8 carros en vez de 5. Los linieros andan más aprisa y en general todo va representando una economía de brazos que no bajará del 40%; con la ventaja de poder moler más y con regularidad.[41]

Sin embargo, los hacendados pronto descubrieron que la caña quemada rendía entre 3 y 5% menos azúcar y que tendía a atascar la maquinaria del ingenio, lo que obligaba a parar las máquinas para limpiarlas y repararlas. Para los Aspíllaga y otros hacendados esto no compensaba lo que ahorraban en mano de obra, razón por la cual dejaron de lado esta práctica. Pero no había un consenso entre los hacendados en lo que a este punto respecta,[42] de lo que da fe el hecho de que todavía en 1975 algunas cooperativas azucareras del valle de Lambayeque seguían quemando la caña antes de cosecharla.

La serie de innovaciones tecnológicas que acabamos de examinar fueron enormemente beneficiosas para que los Aspíllaga y otros hacendados incrementaran la producción. En efecto, las diferencias en los niveles de producción seguían de cerca el grado de desarrollo tecnológico que una hacienda había alcanzado. Es, por ello, importante explicar por qué los Aspíllaga decidieron invertir menos en mejoras tecnológicas después de la última gran renovación de su ingenio en 1911.

Esta no es una pregunta fácil de responder, pero hay varias razones posibles. Los Aspíllaga Barrera parecen haber perdido algo del dinamismo empresarial que tan evidente fuera en el tardío siglo XIX, cuando resolvieron los problemas financieros heredados de su padre y guiaron el desarrollo tecnológico de Cayaltí. Ántero, el mayor, dedicaba más tiempo a su carrera política, de modo tal que si bien Cayaltí continuó siendo una hacienda administrada por la familia, lo cierto es que su miembro más capaz fue invirtiendo cada vez menos tiempo en su manejo.[43]

---

41. AH a AH, 21 de enero de 1898, AFA.

42. AH a AH, 11 de febrero de 1898, AFA; VAT a AH, marzo de 1907, AFA, no se indica el día; AH a AH, 11 de febrero de 1898, AFA; AAB a RAB y BAB, 6 de marzo de 1917, AFA.

43. Para un breve examen de la carrera política de Ántero Aspíllaga Barrera, véase el cap. 2. En la correspondencia de la hacienda, cada vez menos cartas fueron escritas por Ántero a medida que pasaba el tiempo.

Es más, la Primera Guerra Mundial creó condiciones por las cuales las innovaciones tecnológicas fueron temporalmente menos esenciales y más difíciles de efectuar. Los combates habían sacado a los productores europeos de azúcar de remolacha del mercado, disminuyendo así la oferta y elevando el precio hasta cotas nunca antes vistas. Esto tuvo como resultado elevadas utilidades para los productores de azúcar, lo cual indudablemente alivió la presión que había para innovar. Además, los hacendados probablemente encontraron que era más difícil adquirir maquinaria agrícola ahora que las fábricas europeas se habían reestructurado para producir armamentos. Por último, los agricultores tuvieron que tener en cuenta el riesgo de importar costosos equipos cuando las naves estaban siendo atacadas en alta mar.

Sin embargo, el fin de las hostilidades abrió las vías de navegación y las fábricas europeas retomaron su producción normal. Los productores europeos de azúcar de remolacha también pudieron reiniciar la producción, incrementando así la oferta de azúcar y empujando los precios y los márgenes de ganancia hacia abajo. Estos cambios alentaron aún más innovaciones tecnológicas en muchas de las haciendas azucareras peruanas, pero no así en Cayaltí.[44]

La atrofia gerencial generó la incapacidad de Cayaltí para innovar en la década de 1920. Fue en esta época cuando la dirección de la hacienda pasó a los Aspíllaga Anderson, los hijos de Ramón Aspíllaga Barrera. Algunos de los hermanos, sobre todo Ismael y Luis, mostraron cierto entusiasmo por la administración, pero jamás tuvieron el empuje empresarial de su padre y de su tío. Todos los hermanos habían sido criados en Lima en medio de lujos; estaban acostumbrados a gastar y no a hacer dinero. Su falta de personalidad quedó de manifiesto en las peleas familiares, la falta de liderazgo y la incertidumbre financiera. Dennis Gilbert, un experto en la familia Aspíllaga, desarrolló este punto:

> Es posible que la administración de la hacienda también se haya visto afectada por la profunda enemistad personal existente entre algunos de los hermanos, problemas de salud mental y una falta de liderazgo en la familia. Ismael, tal vez el más talentoso de su generación, sufrió una severa depresión durante años y finalmente se suicidó. No fue el único miembro

44. Véanse los cuadros 6 y 10.

de su generación que tuvo problemas psicológicos. Ramón no brindó el liderazgo familiar que su padre tuvo. En Lima se le consideraba una suerte de sibarita.

Este tipo de problema sucesorio se observa frecuentemente en las familias acaudaladas. A una generación nacida en medio de una gran riqueza le resulta difícil duplicar las ambiciones y actitudes de quienes crearon la fortuna familiar. A partir del estudio de empresas en cuatro países europeos, Granick concluyó que las firmas familiares enfrentan severos problemas sucesorios y que relativamente pocas son capaces de sobrevivir las tres generaciones.[45]

La producción

A pesar de su decadencia, Cayaltí siguió siendo una de las haciendas azucareras más grandes de la región hasta la reforma agraria. Además, tuvo un papel importante en el desarrollo sin precedentes de la industria azucarera durante el tardío siglo XIX y el temprano XX. En esos años, los hacendados de la costa norte consolidaron sus haciendas e introdujeron innovaciones tecnológicas que transformaron a los departamentos de Lambayeque y La Libertad en la principal región productora de azúcar del país, y convirtieron a este producto en una de las más importantes exportaciones peruanas (véanse los cuadros 13 y 14).

Cuadro 13

Distribución regional de la producción de azúcar, años escogidos (porcentajes)

Año	Costa norte	Costa central	Costa sur	Sierra
1894	49,9	41,5	5,9	2,8
1912	66,8	29,4	1,1	2,7
1916	70,0	27,2	1,2	1,6
1922	73,4	23,7	1,6	1,3
1927	76,8	20,3	1,8	1,2
1937	88,4	6,9	2,1	2,6
1941	90,0	5,6	1,7	2,6

Fuente: Thorp y Bertram 1978, cuadro 4.2: 44.

45. Gilbert 1977: 219-220.

Cuadro 14
PARTICIPACIÓN PORCENTUAL DE ALGUNAS DE LAS PRINCIPALES EXPORTACIONES PERUANAS

AÑO	AZÚCAR	ALGODÓN	CAUCHO	LANA	PETRÓLEO	COBRE
1900	32	7	s. d.	7	—	14
1901	24	9	s. d.	6	—	22
1902	33	8	10	6	—	8
1903	27	8	11	11	1	7
1904	25	7	16	8	—	9
1905	32	7	16	8	—	10
1906	25	8	17	9	—	14
1907	14	8	17	7	1	31
1908	19	15	11	5	2	22
1909	18	19	17	6	2	19
1910	20	14	18	7	2	13
1911	20	14	8	5	5	22
1912	15	11	14	4	8	25
1913	15	16	9	6	10	22
1914	30	16	5	6	10	19
1915	26	11	5	5	10	29
1916	24	10	4	6	8	36
1917	22	15	3	9	6	34
1918	21	19	2	14	7	19
1919	31	25	2	6	9	18
1920	42	30	1	2	5	12
1921	29	22	—	2	17	21
1922	24	25	1	3	18	17
1923	27	22	1	3	18	17
1924	21	22	1	4	23	14
1925	11	32	1	4	24	18
1926	17	22	1	3	28	16
1927	16	23	1	3	27	18
1928	13	21	—	4	28	20
1929	12	18	—	4	30	23
1930	11	18	—	3	30	19

Fuente: Bertram 1974: 31.
Nota: s. d. significa datos no disponibles; — quiere decir que no hay participación.

Cuadro 15

PRODUCCIÓN DE AZÚCAR EN LOS VALLES DE LA COSTA NORTE (TONELADAS MÉTRICAS)

AÑO	VALLE				TOTAL
	CHICAMA	LAMBAYEQUE	MOCHE	SAÑA	
1912	73.148	23.385	9.978	9.317	115.828
1913	70.919	22.438	13.440	5.170	111.967
1914	75.882	32.749	19.642	11.408	139.681
1915	96.348	33.500	18.012	11.803	159.663
1916	109.505	36.414	20.486	12.510	178.915
1917	99.531	34.774	20.234	12.000	166.539
1918	122.505	38.448	18.744	14.260	193.957
1919	105.966	38.017	22.642	14.650	181.275
1920	126.097	43.770	26.164	16.923	212.954
1921	97.334	39.272	19.393	13.804	169.803
1922	129.906	44.657	23.958	18.658	217.179
1923	114.143	50.586	23.276	20.449	208.454
1924	115.866	42.100	22.108	18.775	198.849
1925	101.136	37.387	22.359	9.385	170.267
1926	162.728	47.478	29.620	14.373	254.199
1927	164.673	55.833	24.598	16.611	261.715
1928	163.009	62.377	23.155	11.477	260.018

Fuente: Perú, Ministerio de Fomento, Estadística de la industria azucarera en el Perú (Lima, 1912-1917); Perú, Ministerio de Fomento, Estadística de la producción de caña de azúcar en el Perú (Lima, 1918-1929).

Nota: no se encontraron datos de la producción por valle anteriores a 1912 o posteriores a 1928.

Cuadro 16

Producción de azúcar en las haciendas del valle de Chicama, años disponibles (quintales)

Hacienda	Año	Producción
Cartavio	1898	175.000
	1916	800.000
Chiquitoy	1896	100.000
	1900	250.000
Roma	1927	400.000

Fuente: la producción de Roma fue estimada a partir del incremento en la producción de Casa Grande en 1928. Los totales restantes son de AH a AH, 26 de febrero de 1898, AFA; AAB a RAB y BAB, 6 de marzo de 1917, AFA; BAB a AAB, octubre de 1900 (no se indica el día). Un quintal equivale a 100 libras.

Las diferencias en la producción entre los valles norteños reflejaban fundamentalmente la superficie y el nivel de desarrollo tecnológico de cada una de las haciendas (cuadro 15). Otras variables adicionales fueron la disponibilidad del agua de los ríos, las condiciones de los suelos y algunos factores intangibles, tales como inundaciones, desperfectos mecánicos, severa escasez de mano de obra y huelgas.

El valle de Chicama fue la franja de tierra costeña que producía la mayor parte del azúcar en el Perú. Este valle, el más grande de los del norte, contenía a Casa Grande y Cartavio, las haciendas tecnológicamente más avanzadas (cuadros 16 y 17). Le seguía en tamaño y producción total el valle de Lambayeque, que contaba con cuatro grandes haciendas: Tumán, Pomalca, Pátapo y Pucalá (cuadros 18 y 19). A continuación venían los valles significativamente más pequeños de Moche y Saña, dominados ambos por una sola hacienda, Laredo en el primero y Cayaltí en el segundo (cuadro 20).

Cuadro 17

PRODUCCIÓN DE AZÚCAR EN CASA GRANDE

AÑO	PRODUCCIÓN (QUINTALES)	TONELADAS MÉTRICAS/ HECTÁREA
1916	1.000.000,000	s. d.
1923	1.185.802,420	112.847
1924	1.465.324,355	97.523
1925	1.371.273,198	113.690
1926	1.528.482,199	117.272
1927	1.829.283,471	97.397
1928	2.241.347,430*	121.101
1929	2.697.747,830	126.461
1930	2.481.770,345	112.011
1931	2.660.926,735	106.048
1932	3.037.167,850	111.383
1933	3.040.439,675	107.773

Fuente: balance de julio de 1941, expediente Gildemeister, AFA; BAB a ABB, RAB y su madre ("Querida Mamá y Hermanos"), 10 de abril de 1916, AFA.
* Roma fue comprada por Casa Grande en 1927.

Cuadro 18

PRODUCCIÓN DE AZÚCAR EN TUMÁN

AÑO	PRODUCCIÓN TOTAL (QUINTALES)
1916	200.000
1919	350.000*
1920	396.737
1923	443.000
1924	359.637*
1925	298.468*
1926	350.000

va...

Año	Producción total (quintales)
1927	468.683
1928	472.823
1929	558.963
1930	549.963
1931	600.861

Fuente: AAB a RAB y BAB, 23 de diciembre de 1916, AFA; Administrador General a Gerente 26 de noviembre de 1919, Correspondencia Tumán, AFA; Administrador General a Gerente, 24 de diciembre de 1925, Correspondencia Tumán, AFA; Administrador General a Gerente, 31 de diciembre de 1925, Correspondencia Tumán, AFA; Administrador General a Gerente, 24 de diciembre de 1926, Correspondencia Tumán, AFA
* En 1917 Tumán construyó un nuevo ingenio. En 1924 hubo una sequía, a la que siguió una inundación al año siguiente.

Cuadro 19

Producción de azúcar en Pomalca

Año	Producción total (quintales)
1914	168.962
1915	166.917
1921	231.000
1923	390.000*
1924	300.000
1929	572.286
1930	585.000

Fuente: Horton 1973: 21; Libro de contabilidad de la Hacienda Pomalca, 1914-1917, AFA; Gerente a Administrador, 7 de enero de 1930, Cartas Pomalca, AFA; IAA a RAA, 20 de diciembre de 1924, AFA.
* El total dado es "casi 400.000 qq".

Cuadro 20

PRODUCCIÓN DE AZÚCAR Y ALCOHOL EN CAYALTÍ

AÑO	ÁREA EN CAÑA (FANEGADAS)*	PRODUCCIÓN (QUINTALES)	QUINTALES/ FANEGADA	ALCOHOL (GALONES)
1880	s. d	23.203		s. d.
1881	107	36.437	341	34.090
1882	120	50.054	417	57.155
1883	153	39.145	256	49.319
1884	125	37.010	296	56.236
1885	s. d.	s. d.		s. d.
1886	s. d.	s. d.		s. d.
1887	211	31.168	148	36.649
1888	s. d.	34.409		55.055
1889	s. d.	52.000		60.000
1890	s. d.	50.000		84.000
1891	s. d.	50.513		96.170
1892	212	58.000	274	97.500
1893	246	78.000	317	96.023
1894	370	67.000	181	s. d.
1895	540	100.000	185	111.775
1896	s. d.	106.560		130.775
1897	s. d.	123.000		121.566
1898	s. d.	118.016		134.251
1899		113.911	249	94.833
1900	588	102.198		80.689
1901	s. d.	s. d.		s. d.
1902	s. d.	108.000		s. d.
1903	s. d.	123.000		s. d.
1904	s. d.	116.000		50.000
1905	620	104.791	169	s. d.

va...

Año	Área en caña (fanegadas)*	Producción (quintales)	Quintales/ fanegada	Alcohol (galones)
1906	s. d.	s. d.		s. d.
1907	516	89.000	172	74.000
1908	s. d.	161.000		s. d.
1909	s. d.	151.332		63.852
1910	s. d.	126.408		s. d.
1911	s. d.	150.310		s. d.
1912	s. d.	202.539		s. d.
1913	556	112.495	202	s. d.
1914	857	248.309	289	80.780
1915	463	256.595	569	s. d.
1916	472	271.685	576	s. d.
1917	s. d.	258.016		s. d.
1918	s. d.	305.211		s. d.
1919	s. d.	323.395		s. d.
1920	s. d.	367.000		s. d.
1921	655	300.000	458	s. d.
1922	695	370.000	532	s. d.
1923		331.000	648	s. d.
1924		303.000	488	s. d.
1925		203.000	553	s. d.
1926	695	305.000	439	s. d.
1927	664	361.000	543	s. d.
1928	s. d.	249.504		s. d.
1929	s. d.	314.658		s. d.
1930	s. d.	388.780		s. d.
1931	s. d.	s. d.		s. d.
1932	s. d.	305.000		s. d.

Fuente: correspondencia de Cayaltí, 1880-1933, AFA.
* Una fanegada equivale a 2.898 hectáreas.

Cuadro 21

Exportaciones peruanas de azúcar a Chile, el Reino Unido y Estados Unidos (toneladas métricas)

Año	A Chile	Al Reino Unido	A Estados Unidos
1868		969	
1869		840	
1870		2.552	
1871		4.420	
1872		6.651	
1873		16.215	
1874	7.367	24.017	
1875	9.180	46.024	
1876	9.082	46.033	
1877	7.408	56.312	
1878	8.361	56.351	
1879	12.322		
1880	5.798		
1881	11.838	32.632	
1882	11.283	33.057	
1883	10.997	23.517	
1884	15.225	19.038	
1885	14.754	31.084	
1886	19.553	24.407	
1887	13.916	22.302	
1888	15.194	25.270	
1889	17.113	35.383	
1890	8.217	30.842	
1891	16.756	21.448	
1892	11.486	36.489	
1893	17.796	26.572	

va...

...viene

Año	A Chile	Al Reino Unido	A Estados Unidos
1894	17.613	16.841	
1895	21.954	37.226	
1896	22.353	42.535	
1897	28.511	43.061	1.299
1898	40.497	50.912	3.876
1899	35.479	16.734	22.716
1900	48.235	12.197	34.091
1901	33.602	4.893	58.731
1902	41.537	8.173	46.561
1903	51.238	19.555	40.301
1904	55.454	51.706	22.077
1905	32.117	57.797	21.677
1906	43.645	27.322	16.498
1907	49.686	30.057	15.967
1908	s. d.	54.789	8.496
1909	62.291	40.244	9.238
1910	64.915	46.972	8.850
1911	66.637	27.611	4.145
1912	61.631	63.190	5.968
1913	74.972	27.926	6.202
1914	72.503	47.627	4.074
1915	69.063	33.089	32.258
1916	74.684	56.503	37.556
1917	87.541	51.708	36.427
1918	87.259	42.363	2.504
1919	88.117	78.818	7.695

Fuente: Albert 1976: 20a, 22a, 24a.

Cuadro 22

Destino de las exportaciones peruanas de azúcar, tardío siglo XVIII

Destino	Monto (arrobas)
Chile	80.000-100.000
Buenos Aires	35.000-40.000
Guayaquil	10.000
Total	150.000

Fuente: Scott 1974: 2. Una arroba equivale a 25 libras.

Las exportaciones

La mayoría de los millones de toneladas de azúcar producidas durante el tardío siglo XIX y temprano XX fue exportada para endulzar la dieta de británicos, norteamericanos y chilenos (cuadro 21). La industria azucarera tuvo un papel fundamental en el desarrollo global de la economía exportadora del Perú, al suministrar capital de inversión a otras áreas, además de crear fortunas familiares y dinastías políticas.

Chile fue el mercado más importante del azúcar peruana durante la tardía época colonial y el temprano periodo republicano (véase el cuadro 22). Sin embargo, para la década de 1870, el Reino Unido había pasado a ser el principal importador en respuesta a un fuerte incremento en el consumo del azúcar. Gran Bretaña siguió siendo el primer mercado peruano hasta el cambio de siglo, momento en el cual quedó saturada con el azúcar importada de todas partes del globo. Más exportaciones fueron desviadas entonces a Chile y a Estados Unidos. Su exportación a Norte América se incrementó durante la Primera Guerra Mundial, pero cayó dramáticamente con el fin de las hostilidades (véase el cuadro 21).

El crecimiento de la industria azucarera, ilustrado con tanta claridad por las estadísticas de producción y exportación, fue un importante capítulo en el desarrollo histórico del Perú moderno. Un pequeño grupo de hacendados utilizó los sustanciales recursos con que contaba, junto con el capital extranjero, para transformar sus haciendas en empresas agrícolas grandes y eficientes. En el curso del proceso de consolidación, los medianos productores y las comunidades de indios fueron absorbidos, continuando así un proceso histórico que se inició poco después del arribo de los conquistadores españoles.

Pero más que el tamaño de las haciendas, lo que dictó su capacidad de producción fue el nivel tecnológico. Aquellas haciendas con la maquinaria más sofisticada, como Casa Grande y Cartavio, produjeron una mayor cantidad de azúcar de modo más eficiente, y por ende tuvieron ganancias más grandes. La historia de Cayaltí, una hacienda que se rezagó tecnológicamente, muestra la importancia que tuvo el liderazgo gerencial. La decisión de los Aspíllaga de invertir menos en maquinaria después de 1911 condenó a Cayaltí a contar con un sistema de producción más arcaico, y por ende, a tener niveles productivos y márgenes de ganancia inferiores. Ello no obstante, Cayaltí continuó siendo una hacienda sumamente mecanizada que siguió produciendo enormes cantidades de azúcar.

Podemos generalizar y decir que todas las haciendas regionales se convirtieron en lo que se puede denominar plantaciones modernas. Esto afectó significativamente otros aspectos de la vida en ellas, en especial los patrones de organización de la mano de obra y la textura de las relaciones laborales.

Segunda parte

La organización, el reclutamiento y el control de la mano de obra

Capítulo 4

La organización de la mano de obra en Cayaltí

La producción de azúcar en haciendas modernas requiere de los servicios de un gran número de trabajadores dedicados a una serie de tareas relacionadas entre sí. Debido al tamaño y complejidad de la operación, la organización del trabajo se parece más al modelo de una fábrica que a la agricultura campesina. Aún más importante es que los trabajadores azucareros laboran por un salario en grupos supervisados detenidamente, en lugar de cultivar para un mercado y pagar renta por la tierra. Además, varios puestos están sumamente mecanizados, especialmente en el ingenio, y otros se encuentran directamente ligados a los procesos mecánicos.

La organización y control de los trabajadores eran responsabilidad de varios supervisores y administradores. En la cima se hallaba el administrador general, a quien asistían el jefe de campo y el primer mecánico, responsables respectivamente por todas las labores en el campo y en el ingenio. Sus principales lugartenientes eran los mayordomos y mecánicos que supervisaban a los peones y trabajadores del ingenio, y que eran el vínculo principal entre la administración y los trabajadores.

La organización de la mano de obra es un tema particularmente importante porque ayuda a definir los parámetros de las relaciones existentes entre trabajador y hacendado. La rutina laboral regimentada, necesaria para una operación de esta escala, creaba un entorno semejante al de una fábrica, lo que podía generar tensiones entre los trabajadores y la administración por el salario y otros asuntos. Esto presionaba a los hacendados a diseñar métodos con los cuales evitar los enfrentamientos.

El personal administrativo y de supervisión

Gran parte del trabajo involucrado en la administración de Cayaltí concernía a la organización y supervisión de la mano de obra. Además de resolver el problema de la oferta laboral y de controlar a la comunidad de la hacienda, la gerencia debía organizar a los trabajadores para producir un flujo constante de caña que procesar. Esto implicaba tanto la asignación de recursos humanos en el largo plazo, como la formación diaria de cuadrillas de trabajo.

La responsabilidad final por la política laboral y la administración la tenía el administrador general, quien casi siempre era un Aspíllaga. Él tenía mando sobre el desembolso de dinero —los salarios inclusive— y era la fuente de toda la autoridad ejercida por el restante personal administrativo. Si era un administrador activo y capaz, como Ántero y Ramón Aspíllaga Barrera, vigilaba de cerca el manejo de la hacienda hasta en su más mínimo detalle. Pero en las grandes decisiones de política, el administrador general siempre consultaba con el gerente del negocio familiar —también un Aspíllaga— en Lima, con quien se escribía diariamente.[1]

Dada la complejidad del manejo de una hacienda tan grande como Cayaltí, que al comenzar el siglo XX tenía una fuerza laboral de más de 1.000 hombres, el administrador general necesitaba contar con un gran personal. En abril de 1882, sumaban 41 personas entre oficinistas, mecánicos, ingenieros, capataces y asistentes administrativos. Todos los empleados vivían en la hacienda y se esperaba que acataran un código de ética especial llamado "Dirección general para los empleados de esta Hacienda, en las oficinas y en el campo". Debían además mantener

1. Correspondencia de Cayaltí.

"dignidad y compostura, de modo tal que la superioridad que debiera existir sobre los trabajadores no se diluya".[2]

El jefe de campo y el primer mecánico figuraban entre los empleados más importantes. Ellos eran la mano derecha del administrador general y tenían amplia responsabilidad administrativa sobre las labores en sus respectivas áreas. Si eran competentes, el administrador general podía delegarles gran parte de la responsabilidad por el manejo cotidiano de la hacienda y preocuparse por los problemas más grandes. El jefe de campo durante la mayor parte de la fase final del siglo XIX fue un español llamado Pedro Leivas y Rodríguez. Leivas era un buen administrador que se ganaba a menudo los elogios de los Aspíllaga. Su retiro en 1896 dejó un gran vacío en el aparato administrativo de Cayaltí, y durante un tiempo los dueños experimentaron con un complicado sistema que constaba de un coordinador de mayordomos y seis mayordomos en jefe. Sin embargo, después de seis meses volvieron a una burocracia más simple y el trabajo de campo funcionó mejor, aunque no tan bien como lo hacía con Leivas.[3]

El primer mecánico durante la mayor parte del tardío siglo XIX y el temprano XX fue Thomas Colston, un súbdito británico. A lo largo de su carrera, Colston resultó un elemento importante para el manejo eficiente de Cayaltí. Él inició la mayoría de las mejoras tecnológicas sustanciales y tenía la asombrosa habilidad de mantener al ingenio funcionando en épocas en las cuales no se contaba con las piezas apropiadas. Oficialmente era directamente responsable por todas las operaciones del ingenio, la destilería, los talleres, los ferrocarriles, tanto los portátiles como los permanentes, y el arado mecanizado.[4]

---

2. Presupuesto de los gastos mensuales de la Hacienda Cayaltí, 1 de abril de 1882, AFA; Dirección general para los empleados de esta hacienda, en las oficinas y en el campo, enero de 1882, AFA.

3. Las mismas fuentes que las de la nota 2; AH a AH, 5 de abril de 1890, AFA; AH a AH, 26 de febrero de 1896, AFA; AH a AH, 18 de marzo de 1896, AFA; AH a AH, 28 de julio de 1896, AFA.

4. Correspondencia de Cayaltí; AH a Thomas Colston, 26 de junio de 1890, AFA.

En el ingenio, Colston era asistido por varios mecánicos, 13 en 1882 —más adelante con seguridad fueron más—, los que tenían responsabilidades tanto técnicas como de supervisión. La mayoría de los mecánicos parece haber sido peruana, pero 13 de los 15 que fueron contratados temporalmente cuando se construyó el nuevo ingenio en 1877 eran extranjeros, sobre todo británicos y estadounidenses.[5]

No cabe duda de que el personal de supervisión más importante eran los mayordomos, que supervisaban a todos los trabajadores de campo. Ellos eran el vínculo entre la administración y dichos trabajadores, y eran responsables por el mantenimiento del orden y la disciplina en el campo, así como por la compleción del trabajo asignado cada día. Había tres mayordomos que eran específicamente responsables por todas las labores de desherbaje y uno cada uno por la cosecha, la siembra, el riego y el transporte de la caña al ingenio. Otros cuatro mayordomos más tenían responsabilidades generales sobre la organización del trabajo en campos específicos. Todos los mayordomos respondían directamente al jefe de campo.[6]

Los Aspíllaga siempre vigilaban de cerca a los mayordomos porque eran un vínculo crucial en la organización de los trabajadores.[7] En efecto, el código de ética del personal general se ocupaba fundamentalmente de las responsabilidades de los mayordomos. El código demuestra el respeto y la disciplina que los Aspíllaga exigían de sus empleados y asimismo elucida la regimentación del trabajo en Cayaltí (véase el cuadro 23).

---

5. Presupuesto de los gastos mensuales de la Hacienda Cayaltí, 1 de abril de 1882, AFA; Direcciones para el empleado a cuyo cuidado se encarga la sección Centrífugas, enero de 1882, AFA.

6. Presupuesto de los gastos mensuales de la Hacienda Cayaltí, 1 de abril de 1882, AFA; Obligaciones de mayordomos, corte de caña, 18 de abril de 1882, AFA; Obligaciones principales de los mayordomos de las carretas de cañas, 29 de marzo de 1882, AFA; Instrucciones para el servicio de don Gregorio Ugaz, mayordomo del Ganado del Trabajo en esta hacienda, 6 de octubre de 1882, AFA; Obligaciones de los mayordomos, sembrío de caña, 17 de abril de 1882, AFA; Obligaciones de los mayordomos, del riego de la Hacienda Cayaltí, 18 de abril de 1882, AFA.

7. AH a AH, 2 de junio de 1896, AFA; AH a AH, 3 de mayo de 1893, AFA.

Cuadro 23

INSTRUCCIONES DADAS AL PERSONAL EN CAYALTÍ, ENERO DE 1882

- Asegúrese de que todos los trabajadores inicien las labores exactamente a tiempo y que lleven a cabo sus tareas precisamente como se les dio.
- Muestre un orden y respeto óptimos en sus obligaciones y asegúrese de que los trabajadores hagan lo mismo.
- Jamás maltrate a los trabajadores, ya sea verbal o físicamente, y reporte cualquier problema a un superior de inmediato.
- Jamás deje su puesto hasta que la jornada laboral haya llegado a su fin.
- Prohíba que todo desconocido ingrese a la hacienda durante las horas de trabajo.
- Tome el máximo de precauciones para evitar todo daño o pérdida para los intereses de la hacienda.
- Interceda de inmediato en toda discusión o pelea entre trabajadores, y de ser necesario busque la ayuda de otros empleados y de los dueños.
- Reporte la cantidad de trabajo efectuada cada día ya sea al administrador general o a uno de sus asistentes, y reciba instrucciones para el siguiente día de uno de estos superiores.
- Presente un informe separado al final del día, mostrando cuánto ha completado cada trabajador.
- Mantenga una planilla que muestre cuánto ha completado cada trabajador en un lapso de dos semanas.
- Asuma la responsabilidad por todas las pérdidas o daños a las herramientas de hierro repartidas a los trabajadores bajo su supervisión.
- Informe al administrador general toda ausencia no autorizada de un trabajador.
- Sea voluntarioso, enérgico y vigilante en la obediencia de las órdenes de la hacienda.
- Jamás se ausente de su puesto sin el permiso especial del administrador general.
- Esté preparado para perder la paga debido a enfermedades causadas por su descuido.
- Pague todo daño a, o pérdida de, artículos prestados por la hacienda.
- Acepte sin preguntar toda tarea que la hacienda le dé.
- Lleve a cabo todas las órdenes o será despedido.
- Acepte hacer cumplir todas las instrucciones anteriores.

Fuente: Dirección general para los empleados de esta hacienda, en las oficinas y en el campo, enero de 1882, AFA.

Los salarios

Los salarios reflejaban por lo general la importancia del cargo, siendo los más altos los del administrador general, el primer mecánico y el jefe de campo (véase el cuadro 24). Sin embargo, con los datos con que contamos resulta imposible calcular los sueldos reales. A modo de generalización, como esta fue una época de inflación, la mayoría de los incrementos salariales simplemente servían para alcanzar el alza en los precios. El salario incluía no solo la remuneración en efectivo sino también la vivienda y una modesta pensión de cinco a siete soles al mes, calculada en 1882.[8] El único atisbo que aquí tenemos del poder de compra del salario de los empleados es el precio de los alimentos, el rubro más importante en su presupuesto. Nótese en el cuadro 25 el incremento en el precio del arroz, el producto principal de la dieta costeña.

Cuadro 24

SALARIOS MENSUALES EN CAYALTÍ, AÑOS DISPONIBLES (SOLES)

EMPLEADO	SALARIO MENSUAL			
	1882	1889	1912	1917
Administrador general	100		600	800
Primer mecánico	280	267		
Jefe de campo	100		200	
Contador en jefe	100			
Tesorero	60	95		
Empleado	60			
Mecánico	20-35	70 (con ración) 75 (sin ración)		
Supervisor de mayordomos		90		
Mayordomos	15-30	15-30		45
Guardia de tractor	60	40		
Guardia de herramientas	70	75		
Carnicero	50	60		

Fuente: presupuesto de los gastos mensuales de la Hacienda Cayaltí, 1 de abril de 1882, AFA; AH a AH, 11 de julio de 1889 (a), AFA; AAB a AH, 26 de diciembre de 1912, AFA; AAB a RAB y BAB, 15 de mayo de 1917, AFA; RAB a AAB, 18 de agosto de 1917, AFA.

Notas: Colston, quien pasó a ser primer mecánico en 1889, siempre recibió su salario en libras esterlinas. Las diferencias salariales entre los mayordomos probablemente reflejan la antigüedad en el cargo y el número de hombres que supervisaban.

8. Presupuesto de los gastos mensuales de la Hacienda Cayaltí, 1 de abril de 1882, AFA.

Cuadro 25
PRECIOS DE ALGUNOS PRODUCTOS ALIMENTICIOS, AÑOS DISPONIBLES

ARTÍCULO	AÑO	SOLES X LIBRA
Carne	1882	0,06
Arroz	1882	0,05
Arroz	1922-23	0,10
Harina	1882	0,07
Mantequilla	1882	0,40
Manteca	1922-23	0,55
Papas	1922-23	0,08-0,10

Fuente: presupuesto de los gastos mensuales de la Hacienda Cayaltí, 1 de abril de 1882, AFA; VAT a Señor Gerente Negociaciones Agrícolas Cayaltí y Palto, 27 de enero de 1923, AFA; IAA a RAB, 22 de octubre de 1923, AFA.

Los trabajadores

Los mayordomos reunían a los trabajadores de campo cada mañana antes del amanecer y les asignaban sus tareas. Casi toda labor en el campo era por tareas, que teóricamente bastaban para mantener a los trabajadores ocupados durante una jornada de diez a doce horas, que comenzaba a las seis de la mañana y se extendía hasta la puesta del sol, con una pausa de una hora para almorzar a las once de la mañana.[9] El administrador general determinaba el tamaño de la tarea y era deber de los mayordomos asegurarse de que todos las completaran. A los trabajadores se les incentivaba para que las terminaran, pues si no lo hacían, se les retenía la mitad de su paga. Algunos trabajadores, generalmente los de mayor edad, adolescentes o tullidos, solamente recibían medias tareas con media paga.[10] El personal del ingenio tenía jornadas de doce horas, que era el máximo que la mayoría era físicamente capaz de realizar.[11] Pero

9. AH a AH, 6 de julio de 1889, AFA.

10. AH a AH, 18 de agosto de 1891, AFA; AH a AH, 10 de mayo de 1892, AFA.

11. AH a AH, 22 de junio de 1889, AFA; AH a AH, 26 de marzo de 1892, AFA; AH a AH, 22 de septiembre de 1896, AFA; AH a AH, 7 de julio de 1897, AFA; AH a AH, 17 de junio de 1901, AFA.

se esperaba que los trabajadores completaran una semana de seis días, independientemente de la tarea que tuvieran que realizar (cuadro 26).[12]

Cuadro 26
División del trabajo en Cayaltí

Empleo	N.° de trabajadores 1877	% total de fuerza de trabajo	N.° de trabajadores 1892	% total de fuerza de trabajo
Ingenio	81	19,1	94	19,2
Cosechado	89	21,0	115	23,5
Irrigación	19	4,5	41	8,3
Arado y siembra	15	3,5	44	8,8
Desherbado	36	8,5	40	8,1
Ferrocarril portátil			30	6,0
Cargado	s. d.		40	8,1
Arrastre	s. d.		17	3,4
Arriero	14	3,3	25	5,8
Cuidador de ganado	2	0,5	14	2,8
Cultivo de grano para el ganado	15	3,5	16	3,3
Artesano	25	5,9	12	2,5
Quema de la caña			1	0,2
Construcción del ingenio	110	26,0		
Cortado de madera	4	0,9		
Sirviente	10	2,4	s. d.	
Miscelánea	4	0,9		
Total	424		489	

Fuente: AH a AH, 11 de septiembre de 1877, AFA; AH a AH, 27 de septiembre de 1892, AFA.

12. AH a AH, 18 de agosto de 1891, AFA; AH a AH, 7 de enero de 1891 (a), AFA; AH a AH, 9 de abril de 1892, AFA.

En la mayoría de las labores en el campo había poca especialización del trabajo. En otras palabras, casi todos los trabajadores podían pasar del desherbaje a la siembra o la cosecha sin mayor dificultad. Había excepciones, claro está. Ciertos empleos requerían de más fuerza que otros, lo que hacía que no se tuviera en cuenta a los trabajadores débiles, en tanto que otras labores requerían destreza. En esos casos, se prefería a los adolescentes o a otros trabajadores ágiles. En las labores de riego se solía preferir a los trabajadores de la costa, simplemente porque tenían más experiencia. Los operarios de los tractores y del ingenio requerían una capacitación especial que recibían de Colston.[13]

Un ingenio azucarero no era muy distinto de una planta industrial. La mayoría de los trabajadores laboraba directamente con la maquinaria, hayan operado una cinta transportadora o un complicado equipo de procesamiento. La división del trabajo estaba calculada para que produjera un producto terminado con la máxima productividad de la mano de obra (cuadro 27). El ingenio habitualmente operaba entre diez y once meses al año, programándose que dejara de hacerlo para limpiarlo y efectuar reparaciones durante el verano, cuando el agua era escasa y resultaba más difícil reclutar la mano de obra debido al calor extremo y a la increíble incidencia de enfermedades transmisibles.[14]

Cuadro 27

División del trabajo en el ingenio de Cayaltí, abril de 1890

Empleo	N.° de trabajadores
Conductor	18
Desperdicios	26
Interior	26
Centrífugas y depósito	3
Alambique	5
Total	78

Fuente: AH a AH, 1 de mayo de 1890, AFA.

Notas: los datos de mayo de 1890 y septiembre de 1892 muestran aproximadamente el mismo número de trabajadores en cada posición. Hubo, sin embargo, una excepción en las centrífugas y el depósito, donde trabajaban hasta 13 personas: AH a AH, 15 de mayo de 1890, AFA; AH a AH, 27 de septiembre de 1892, AFA.

13. Véase AH a Thomas Colston, 26 de junio de 1890, AFA.

14. AH a AH, 30 de diciembre de 1887, AFA; AH a AH, 4 de noviembre de 1898, AFA; AH a AH, 1 de febrero de 1899, AFA; AH a AH, 20 de febrero de 1890, AFA.

El cultivo de la caña de azúcar era un proceso intensivo en mano de obra. El 70% o más de los trabajadores eran asignados al campo mientras se llevaba a cabo la molienda, y cuando el ingenio dejaba de operar, muchos de sus trabajadores tomaban palas y machetes.[15]

Todas las tareas en el campo debían coordinarse para suministrar al ingenio un flujo constante de caña madura. La caña se sembraba en parcelas de 215 por 285 acres llamadas "suertes", las que se subdividían aún más en "cuarteles". Antes de iniciar la siembra, se abrían surcos dentro de cada cuartel y se les interconectaba entre sí con una red de canales de riego.[16]

La arada la llevaban a cabo arados jalados por bueyes o tractores. De estos últimos, los primeros llegaron a Cayaltí en 1878 y fueron modificados a lo largo de los años para que cortaran el suelo a mayor profundidad, a medida que se iban agotando o compactando. A comienzos del siglo XX, la hacienda también compró algunos tractores ligeros —"tractores cubanos"— que eran más fáciles de manejar. Ello no obstante, Cayaltí jamás dependió exclusivamente de estas máquinas, cuya compra y reparación eran costosas.[17]

La siembra podía comenzar una vez que los surcos y los canales de riego estaban listos. Todas las haciendas usaban cogollos como semillas, que se sembraban cuidadosamente a ocho pulgadas de distancia entre sí, con el borde afilado mirando hacia el flujo del agua. Cada siembra bastaba para tres cosechas, puesto que por lo general se permitía que las cañas volvieran a crecer dos veces antes de arrancarlas. Para sembrar cada cuartel se asignaban seis trabajadores y, como era una labor que no requería de mucha fuerza, a veces se usaban adolescentes, personas mayores y trabajadores lesionados.[18]

---

15. Véase el cuadro 26. AH a AH, 20 de febrero de 1890, AFA; AH a AH, 11 de julio de 1889 (b), AFA; AH a AH, 14 de mayo de 1886, AFA.

16. Instrucciones para el mayordomo encargado del sembrío de caña, 17 de abril de 1882, AFA.

17. Thomas Colston a AH, 19 de marzo de 1912, AFA; AH a AH, 7 de abril de 1887 (a), AFA; AH a AH, 12 de abril de 1889, AFA; AH a AH, 19 de octubre de 1889, AFA; AH a AH, 23 de enero de 1890 (a), AFA; AH a AH, 17 de enero de 1893, AFA.

18. Instrucciones para el mayordomo encargado del sembrío de caña, 17 de abril de 1882, AFA; AH a AH, 29 de abril de 1879, AFA; AH a AH, 3 de noviembre de 1887, AFA; AH a AH, 4 de noviembre de 1887, AFA.

Una vez que los nuevos cogollos habían quedado sembrados, debía regárseles a intervalos regulares hasta que maduraran. Los trabajadores de riego también eran responsables por el mantenimiento de los canales y por el cierre de las compuertas antes de la quema de un cuartel que antecedía a la cosecha. Eran, además, los únicos trabajadores a los cuales se les exigía que trabajaran los domingos, sin compensación alguna, entre las seis y las diez de la mañana.[19]

Todos los agricultores de la costa norte extraían el agua de riego de unos inmensos canales llamados "acequias madre", los cuales estaban regulados por los distritos de agua locales.[20] Se daba permiso para tomar montos fijos de agua de estos canales y conducirlos hacia una serie de acequias más pequeñas en las haciendas, a las que se conocía como "jirones", las cuales a su vez alimentaban con agua a los cuarteles.[21]

Todos los usuarios eran responsables por la limpieza de las acequias madre aproximadamente una vez cada dos años. Cada granja debía contribuir con un número de trabajadores proporcional a la cantidad de agua que consumía, razón por la cual eran las haciendas las que tenían la obligación más grande. En tales ocasiones, Cayaltí debía apoyar con toda su fuerza de trabajo, o contratar a un gran número de trabajadores adicionales durante tres o cuatro días.[22]

Los Aspíllaga llamaban *minga* a este uso del trabajo comunal, sin duda aludiendo a la del antiguo Perú.[23] George R. Fitz-Roy Cole observó la limpieza de una acequia madre en 1873:

---

19. Instrucciones para el mayordomo encargado del sembrío de caña, 17 de abril de 1882, AFA; Instrucciones para los mayordomos del riego de la Hacienda Cayaltí, 18 de abril de 1882, AFA.

20. Cayaltí extraía agua de tres "acequias madres", las cuales en conjunto se extendían a lo largo de más de 50 kilómetros.

21. N. Salcedo a AH, 13 de septiembre de 1902, AFA; VAT a AH, 18 de junio de 1907, AFA; AH a AH, 4 de junio de 1878, AFA; AH a AH, 9 de julio de 1878, AFA; AH a AH, 17 de abril de 1879, AFA; AH a AH, 5 de junio de 1889 (a), AFA.

22. AH a AH, 6 de enero de 1890, AFA; Cole 1884: 134; carta sin firmar fechada el 30 de enero de 1888, AFA; AH a AH, 4 de junio de 1878, AFA; AH a AH, 9 de julio de 1878, AFA; AH a AH, 5 de junio de 1889 (a), AFA; AH a AH, 18 de mayo de 1892, AFA; AH a AH, 17 de enero de 1893, AFA.

23. AH a AH, 5 de junio de 1889 (a), AFA.

> Los peones se reúnen a la hora señalada en la cabecera de la acequia de su distrito y se dividen en dos grupos, el primero de los cuales limpia las cañas, juncos y otras hierbas tropicales con ayuda de unas hachuelas largas y curvas [machetes] que se les proporcionan. La tarea del segundo grupo, que sigue de cerca al primero, es profundizar y hacer más parejas las orillas del cauce. La cuadrilla toda avanza en su trabajo estimulada por la música del tambor y el pífano, y los golpes de hachas y palas mantienen el tiempo junto con los músicos. Trabajan rápida y entusiastamente [...] y es en efecto sorprendente ver con qué rapidez una cuadrilla de limpiadores baja por la corriente limpiando todas las obstrucciones y dejando al cauce y sus orillas limpios y lisos como si acabaran de ser cavados.[24]

Las hierbas comenzaban a crecer poco después de que los cogollos recibían las primeras aguas. Huelga decir que era necesario efectuar un desherbaje regular de surcos y canales para así conservar un precioso espacio y agua. En Cayaltí había al menos tres tipos de desherbaje, cada uno de los cuales era llevado a cabo por un grupo distinto de trabajadores, junto con su propio mayordomo. Una parte de los empleados de campo desyerbaba los surcos y canales periódicamente, y limpiaba los escombros alrededor de los campos y caminos.[25] Otro grupo solo desherbaba los surcos y canales después de que la caña había madurado plenamente. Esta era considerada una labor particularmente pesada debido a la gran tarea que involucraba y a lo difícil que era trabajar en medio de las altas cañas. Aquí el número de trabajadores por lo general quedaba limitado a las 30 personas.[26] Un tercer grupo de desyerbadores trabajaba junto a los cosechadores de caña y recogía rastrojos alrededor de la caña cortada, que se usaban en el ingenio como combustible. El trabajo en esta sección se redujo a la mitad en 1884, cuando Cayaltí introdujo la quema antes de la cosecha.[27]

Para asegurar los mejores resultados, la caña debía fertilizarse al menos dos veces antes de cosecharla, aunque Cayaltí no lo hacía con

---

24. Cole 1884: 134.
25. Instrucciones para el mayordomo encargado del sembrío de caña.
26. Ibíd.
27. N. Salcedo a AH, 12 de agosto de 1899, AFA; AAB a RAB e IAB, 5 de diciembre de 1884, AFA; AH a AH, 29 de enero de 1898, AFA.

regularidad debido al costo.[28] Pero incluso sin ser fertilizadas, las cañas recién sembradas alcanzaban la madurez después de 18 meses, y las que habían sido sembradas una o dos veces (soca y resoca), entre los 15 y 18 meses. Cayaltí, empero, cosechaba su caña por lo general algo antes, sacrificando la calidad del azúcar por un mayor rendimiento de la producción.[29]

A muchos cortadores de caña se les exigía que suministraran al ingenio un flujo constante de la misma. Los trabajadores cortaban una suerte por vez —unos 250 acres—, golpeando la planta en la parte baja del tallo y dejándola para que otros trabajadores la recogieran. Antes de que Cayaltí iniciara la quema antes de la cosecha, el tamaño de la tarea variaba según el estado de la caña. Por ende, la tarea en el caso de la caña recién sembrada que era gruesa y limpia tenía 183 metros (200 yardas), pero si estaba doblada y enredada solo eran 165 metros (180 yardas). De otro lado, la tarea de socas y resocas, que eran más pequeñas y fáciles de cortar, fluctuaba entre 274 y 457 metros (300 y 500 yardas, respectivamente). Cuando se comenzó a quemar el cañaveral antes de la cosecha, se retiraban el follaje y la maleza, para que así se pudiera cortar más caña en la misma cantidad de tiempo. Esto le permitió a la hacienda incrementar la tarea hasta un promedio de 419 metros (458 yardas) en todos los tipos de caña, reduciendo así el costo de la cosecha en 40%. Pero como ya se indicó en el capítulo 3, la quema antes de la cosecha fue eventualmente dejada de lado, puesto que la caña quemada rendía entre 3 y 5% menos azúcar y tendía a dejar pegajosa la maquinaria.[30]

Una vez cosechada la caña, era esencial llevarla al ingenio lo más rápidamente posible porque cada minuto de demora significaba una caída en su contenido de sacarosa. El cargado y el transporte de la caña requerían de muchos trabajadores y era algo que representaba más problemas para la hacienda que cualquier otra labor de campo.[31]

---

28. AH a AH, 30 de mayo de 1893, AFA.

29. Correspondencia de Cayaltí.

30. Instrucciones para los mayordomos, corte de caña, 18 de abril de 1882, AFA; AH a AH, 17 de mayo de 1899, AFA; AH a AH, 21 de enero de 1898, AFA; y véase en el cap. 3, la sección sobre tecnología.

31. Véase el cuadro 26. A veces había un número significativamente más grande de cargadores de caña de lo que este cuadro muestra. En junio de 1889 había 60: AH a AH, 22 de junio de 1889, AFA.

Después de la cosecha, se cargaba la caña en unos carros enormes con capacidad para tres toneladas métricas. La tarea tradicional era de cinco cargas de carro, lo que ya era de por sí bastante difícil, pero se la incrementó a siete cargas al instalarse el ferrocarril portátil en 1888 —con la capacidad subsiguiente de transportar más caña—. Esto provocó las infructuosas protestas de los trabajadores.[32]

El transporte de la caña era igualmente difícil y considerablemente más peligroso. Antes de que se instalara el ferrocarril portátil, se la trasladaba en carros tirados por bueyes sobre caminos desnivelados. En 1882, Ántero Aspíllaga Barrera caracterizó su transporte como una tarea matadora que los trabajadores "temen" y ante la cual tomaban medidas extremas para evitarla.[33]

Todos estos problemas, más el deseo de incrementar la producción, hicieron que la hacienda instalara el ferrocarril portátil. En un principio, su mal manejo provocó ciertos cuellos de botella en la producción, pero esta dificultad eventualmente quedó superada. Para 1890, la cosecha, la carga y el transporte estaban bien sincronizados y cada día operaban 250 carros que llevaban la caña recién cortada al ingenio.[34]

Una vez que la caña llegaba al ingenio, se la procesaba y convertía en azúcar sin refinar, tras lo cual se la empaquetaba y despachaba a Éten para que fuera exportada al extranjero. El procesamiento de la caña era una operación en línea de ensamblaje que requería de varias labores distintas.

Los cargadores de caña terminaban su viaje en una inmensa cinta transportadora que llevaba la caña al ingenio. Varios trabajadores estaban dispuestos a ambos lados del cinturón para impedir que la caña se rebalsara y guiarla a las trituradoras, donde se la molía y se separaba el jugo de la fibra. El jugo era entonces vertido en las bandejas de vacío

---

32. RAB a AAB, 10 de septiembre de 1875, AFA; AH a AH, 18 de enero de 1889, AFA; AH a AH, 27 de febrero de 1894, AFA; AH a AH, 10 de febrero de 1898, AFA; AH a AH, 5 de marzo de 1898, AFA; AH a AH, 2 de enero de 1899, AFA.

33. AAB a AH, 2 de enero de 1882, AFA; AH a AH, 4 de noviembre de 1887, AFA.

34. AH a AH, 16 de mayo de 1889, AFA; AH a AH, 22 de mayo de 1889, AFA; AH a AH, 22 de junio de 1889, AFA; AH a AH, 8 de agosto de 1889, AFA; AH a AH, 3 de octubre de 1889, AFA; AH a AH, 1 de mayo de 1890, AFA; cuadro 26.

(*vacuum pans*) que separaban (mediante la evaporación) la solución de la sacarina. La fibra (el bagazo) era recogida y se usaba como combustible en las calderas.[35] El azúcar se llevaba de las bandejas de vacío a la mezcladora, donde se la pulverizaba y mezclaba con productos químicos. Luego se la transportaba en carros a la centrífuga, que purificaba los cristales de sacarina. De allí solo restaba secar el azúcar y separarla por calidad para empacarla.[36]

El alcohol era un importante producto derivado del procesamiento del azúcar, lo que requería contar con una destilería. En 1893, estas instalaciones tenían una modesta fuerza laboral de entre diez y once hombres: un destilador, un preparador del mosto, un operario del embudo (*funnel operator*), tres que se encargaban de los desechos, uno que llenaba las latas y tres o cuatro empacadores.[37]

Además de los trabajadores de campo y los del ingenio, Cayaltí también daba empleo a varios artesanos y rodeadores de ganado.[38] Los más numerosos eran los carpinteros, que construían y reparaban casas, corrales, tiendas, cercos y otras estructuras. La hacienda también necesitaba una buena cantidad de herreros que fabricaran y repararan herramientas y arados de hierro. Todos los artesanos recibían un salario más alto que los trabajadores de campo o los del ingenio.[39]

---

35. En épocas más recientes se ha usado el bagazo para fabricar productos de papel, como el papel higiénico.

36. Direcciones para el empleado a cuyo cuidado se encarga la sección Centrífugas, enero de 1882, AFA; Deerr 1949: 559 (bandejas de vacío [*vacuum pans*]), 573-574 (centrífuga). Véanse también diversas fotografías en Álbum 1900, Biblioteca Nacional (Lima), de las cuales tengo copias.

37. AH a AH, 24 de enero de 1893, AFA.

38. Instrucciones para el servicio de don Gregorio Ugaz, mayordomo del Ganado del Trabajo en esta hacienda, 6 de octubre de 1882, AFA.

39. Cuadro 24; RAB a AAB, 31 de agosto de 1875, AFA; AH a AH, 9 de enero de 1877, AFA; AAB a AH, 12 de octubre de 1881, AFA; AH a AH, 27 de febrero de 1882, AFA; Escala de pagos a los artesanos, Hacienda Cayaltí, 15 de enero de 1882, AFA.

Los accidentes

Los trabajadores de las haciendas estaban expuestos a sufrir serias lesiones o accidentes fatales, especialmente al cargar la caña u ocuparse del ingenio. Como ya señalamos, hasta que se instaló el ferrocarril portátil fueron varios los que murieron o quedaron seriamente heridos al cargar la caña.[40] En el ingenio también se producían accidentes fatales. En 1888 uno de los trabajadores fue decapitado por la maquinaria, y seis años más tarde la mano de un operario quedó aplastada entre dos engranajes.[41]

Hasta la década de 1920, los hacendados no estaban obligados por ley a compensar a las familias por los trabajadores heridos o muertos en el trabajo. Sin embargo, los Aspíllaga ocasionalmente reasignaban a los trabajadores tullidos y les daban un trabajo más fácil, o algún tipo de gratificación antes de despedirlos.[42]

La productividad de los trabajadores

Fuera cual fuere el trabajo, a la hacienda le interesaba maximizar la productividad de los trabajadores. Aunque el ausentismo constituía un serio problema —que examinaremos en los capítulos 5 y 7—, los datos disponibles sugieren que aquellos trabajadores que se presentaban a trabajar, por lo general completaban sus tareas (véase el cuadro 28). Esto indica que ellas no eran demasiado pesadas, que los mayordomos estaban vigilantes —tal como los Aspíllaga lo exigían—, y que la amenaza de perder media paga diaria por no cumplir con la tarea era un fuerte incentivo.[43]

---

40. AH a AH, 28 de mayo de 1878, AFA; AH a AH, 25 de junio de 1878, AFA; AH a AH, 20 de agosto de 1878, AFA; AH a AH, 13 de julio de 1888, AFA.

41. AH a AH, 8 de octubre de 1888, AFA; AH a AH, 14 de febrero de 1893, AFA.

42. AH a AH, 14 de febrero de 1893, AFA.

43. El salario de los trabajadores se analizará en capítulos posteriores, en el contexto de la oferta y demanda de mano de obra.

Cuadro 28
PRODUCTIVIDAD LABORAL EN CAYALTÍ

FECHA	N.° DE TRABAJADORES	TAREAS COMPLETADAS	% DE TAREA TOTAL
25 de agosto de 1884	332	322,5	97,1
27 de agosto de 1884	347	337,5	97,3
30 de agosto de 1884	346	339,5	98,1
1 de septiembre de 1884	332	334,5	100,8
3 de septiembre de 1884	378	371,0	98,1
6 de septiembre de 1884	375	384,5	102,5
26 de agosto de 1885	426	420,0	98,6
28 de agosto de 1885	410	408,5	99,6
30 de agosto de 1885	392	376,5	96,0
2 de septiembre de 1885	469	465,0	99,1
5 de septiembre de 1885	459	455,0	99,1

Fuente: Resumen diario del trabajo de la peonada en la 15a del 25 de agosto al 7 de setiembre de 1884, en carta fechada el 7 de septiembre de 1884, AFA; Resumen por días del trabajo de la peonada en la presente quincena, en carta fechada el 6 de septiembre de 1885, AFA.

Conclusiones

La producción de azúcar en Cayaltí requería la cuidadosa organización de gran cantidad de cuadrillas en el campo, y de operarios en la cinta transportadora y en las máquinas del ingenio. Para ser una empresa agrícola, Cayaltí conservaba poco de la imagen de una producción pastoral, con sus asignaciones de trabajo estacional y participación familiar. Esta era una empresa en la cual los hombres vendían su trabajo a lo largo de todo el año y los hacendados producían para un mercado internacional.

La escala de las operaciones hizo necesario contratar a un mayor número de empleados para que ayudaran a administrar la hacienda. Los más importantes en la organización del trabajo eran los mayordomos y los mecánicos. Los primeros eran responsables por la organización y supervisión de los trabajadores de campo, que conformaban más del 70% de la fuerza laboral. A los trabajadores se les asignaban tareas específicas, tales como la siembra, el riego y la cosecha, las que se coordinaban para proporcionar un suministro constante de caña de azúcar al ingenio. Los mecánicos eran responsables por la supervisión y el procesamiento de la caña, desde su molienda inicial hasta su transformación en azúcar no refinada. Los trabajadores del ingenio eran más calificados que los de campo porque debían operar maquinaria.

La organización de la mano de obra era, claro está, solamente un aspecto del problema más amplio de su manejo. La necesidad de emplear a cientos de hombres hacía que fuera necesario contar con sistemas seguros de suministro laboral y métodos eficaces de control de una gran población. Superar estos problemas era de importancia crucial para el funcionamiento exitoso de todas las haciendas azucareras de la zona.

Capítulo 5

Los trabajadores chinos, 1875-1900

La agricultura de hacienda en América fue notoria por su explotación de la mano de obra servil. Durante más de tres siglos, los esclavos negros suministraron el agotador trabajo necesario para producir alimentos tropicales para las mesas europeas y norteamericanas, y fibras para las ropas tejidas a ambos lados del Atlántico. El fin de la esclavitud en el Nuevo Mundo durante el siglo XIX, planteó a los plantadores el dilema de dónde encontrar fuentes alternativas de mano de obra. Como es bien sabido, en Estados Unidos y en partes del Caribe los negros siguieron trabajando en las plantaciones como aparceros, arrendatarios y asalariados. Saber cómo se les retuvo es algo que continúa siendo materia de debate en la bibliografía histórica.[1]

Nuevas fuentes de mano de obra fueron asimismo introducidas tras la abolición de la esclavitud. Un gran número de inmigrantes italianos viajó al Brasil a trabajar en las plantaciones de café, y por primera vez desde la Edad del Hielo el flujo inmigrante también provino del otro lado del mundo. Los hacendados en el Perú, Panamá y Cuba, así como

1. Bauer 1979: 34-64; Loveman 1979: 478-486 y la respuesta de Bauer en el mismo número: 486-490; Wiener 1979: 970-993 y los comentarios de Higgs y Woodman: 993-1002, así como la respuesta de Wiener en el mismo número: 1002-1006.

los constructores de ferrocarriles en Estados Unidos y los rancheros de oveja en Australia, se beneficiaron con la tragedia de la Rebelión Taiping (1851-1864), que generó más de 1,5 millones de refugiados chinos, cuya supervivencia dependía de que encontraran trabajo fuera del país. Entre 1849 y 1874, más de 100.000 sirvientes contratados emigraron tan solo al Perú, donde reemplazaron a los negros en las haciendas azucareras.[2]

Los chinos tuvieron una importancia crucial para la recuperación y expansión de la industria azucarera peruana a mediados del siglo XIX. No sorprende, por ello, que el fin del tráfico de culíes en 1874 haya contribuido al declive de esta rama y al de la economía exportadora en general. Los hacendados se hallaban ante el mismo problema que habían tenido que enfrentar 20 años antes, de encontrar una fuente alternativa de mano de obra. Las condiciones políticas y económicas extremadamente caóticas de la época hicieron que les fuera imposible pasarse al trabajo asalariado peruano, y hubo una considerable oposición tanto dentro como fuera del país a que se siguiera importando sirvientes contratados en otras partes del globo.

Los hacendados, por ende, hicieron todo lo que pudieron para conservar a sus trabajadores chinos. Al principio, simplemente ampliaron la duración de sus contratos, además de lo cual contrataron a un pequeño número de trabajadores chinos libres. Pero la invasión chilena de 1880 perturbó la economía de la costa y los patrones de suministro de la mano de obra. Los combates tuvieron como resultado la destrucción de varias haciendas y el surgimiento de un gran grupo de trabajadores chinos desempleados. Muchos de ellos cayeron posteriormente bajo el control de contratistas chinos, quienes los arrendaban a los hacendados.

Todos estos trabajadores ayudaron a mantener viva a la débil industria azucarera durante las tumultuosas décadas de 1870 y 1880. Pero evidentemente se trataba solo de un paliativo para sus necesidades

2. Arnold J. Meagher definió la servidumbre por contrato (*indentured servitude*) como sigue: "La *indenture* originalmente fue una escritura o contrato entre dos o más partes, redactada en un pedazo de pergamino o papel cortado en dos con una línea aserrada o zigzagueante, de modo tal que al unirse ambos bordes coincidían, mostrando que eran partes del mismo documento original. La *indenture* posteriormente pasó a denotar un instrumento legal con el cual ligar un aprendiz o criado a su amo, o un contrato mediante el cual una persona se obligaba a servir" (Meagher 1975: 1, n.° 1).

laborales. A medida que la productividad de los chinos caía con la edad, los hacendados comenzaron a reemplazarlo con trabajadores asalariados peruanos de la sierra vecina, proceso que se vio facilitado por la recuperación económica general del decenio de 1890.

La emigración china al Perú, 1849-1874

Los hacendados comenzaron a buscar fuentes alternativas de mano de obra a medida que la industria azucarera iba expandiéndose después de la década de 1840. Para finales de ese decenio, el Congreso, donde los hacendados contaban con una buena representación, aprobó una ley de inmigración creada para alentar la importación de un gran número de trabajadores contratados. La ley estipulaba que cualquiera que pudiera importar al menos 50 de estos trabajadores entre los 10 y los 40 años de edad, habría de recibir 30 pesos por inmigrante. La norma también daba al hacendado iqueño Domingo Elías —y a su socio Juan Rodríguez—, uno de sus principales partidarios, el derecho exclusivo a importar trabajadores chinos contratados a los departamentos de Lima y La Libertad por un periodo de cuatro años.[3]

Algunos hacendados inicialmente evitaron a los chinos y prefirieron a los europeos, a quienes consideraban racialmente superiores y mejores agricultores.[4] Pero los europeos no veían con entusiasmo a un país que ofrecía menos oportunidades económicas que los Estados Unidos y que el Cono Sur del continente. En consecuencia, entre 1850 y 1860 apenas unos 320 irlandeses, 370 alemanes y 200 españoles emigraron al Perú como trabajadores contratados, a pesar de que millones de europeos pronto se dirigirían al Río de la Plata y a las ciudades y el corazón agrícola de Norteamérica.[5]

En el Perú, la mayoría de los alemanes se establecieron en el Pozuzo, en la sierra central, y jamás trabajaron en haciendas. Los españoles se dirigieron a la hacienda Talambo cerca de Chiclayo, y la mayoría de los irlandeses a la hacienda Villegas, propiedad de un tal míster Gallagher.

3. Stewart 1951: 13, Arona 1947: 52-53.

4. Stewart 1951: 8, Arona 1947: 7.

5. Stewart 1951: 10.

Pero ningún grupo de inmigrantes resultó ser buenos trabajadores de hacienda. Los irlandeses partieron abruptamente luego de una breve estadía, y las quejas por maltrato de los españoles fueron lo que desencadenó el estallido de la Guerra Hispano-Peruana de 1864-1866.[6]

Entretanto, otros hacendados estaban experimentando un mayor éxito con los chinos, que ingresaban al país en número cada vez más grande.[7] Eran varias las razones detrás de esta impresionante inmigración. El antiguo reino imperial estaba siendo asolado por la hambruna, debilitado política y económicamente por su ignominiosa derrota en la Guerra del Opio (1839-1842), desgarrado por las pugnas políticas internas, y tras esto casi fue derrocado durante la Rebelión Taiping, en la cual hasta 30 millones de personas murieron y millones más quedaron sin hogar y hundidas en la desesperación. Entre 1847 y 1874, más de un millón de chinos emigraron al extranjero, no obstante la prohibición imperial de la emigración y el profundo arraigo religioso y cultural a su tierra natal.[8]

La mayoría de los chinos fueron reclutados en las provincias costeras de Fukien y Kwangtung, y partieron del puerto portugués de Macao. El reclutamiento estuvo a cargo de contratistas profesionales chinos, quienes recibían un pago por cada uno de los hombres que entregaban. Este pago fue subiendo a medida que la demanda de mano de obra crecía, de 3 a 35 pesos por cabeza. Salvo por rara excepciones, solo se contrataban varones.[9]

El reclutamiento frecuentemente involucraba una trampa. Lo más usual era que los contratistas prometieran a los reclutas trabajos que no existían, o que durarían solo poco tiempo. Los trabajadores entretanto aceptaban alimento y alojamiento a crédito de los contratistas, quienes posteriormente sugerían que se les podía pagar firmando contratos estipulando el pago de la deuda con trabajo. Además de esta técnica, los contratistas conseguían sirvientes contratados mediante el secuestro, comprando prisioneros a caudillos militares, e insistiendo en que los

---

6. Stewart 1951, Arona 1947: 53, Pons Muzzo 1966: 45.
7. Meagher 1975: 4, 42, 239, n.° 1; Stewart 1951: 20-23.
8. Meagher 1975: 50-55.
9. Ibíd., pp. 59, 62, 68-69, 72-73.

refugiados pagaran sus deudas de juego con trabajo. Debe asimismo señalarse que muchos chinos firmaban estos contratos *motu proprio*. Pero estos eran la minoría, a juzgar por el informe sobre el tráfico de culíes de Cuba, preparado por una comisión especial china en 1874. El 80% de los entrevistados sostuvo haber sido secuestrado o engañado para firmar el contrato.[10]

Una vez en Macao, los contratistas entregaban los reclutas a agentes que los arreaban a unos grandes dormitorios a esperar su envío al extranjero. En la década de 1850, un contrato típico prometía al trabajador un salario mensual de cuatro pesos, un adelanto del mismo, comida y cuidado médico gratuitos, más el pasaje al Perú. A cambio, este aceptaba pagar el adelanto a una tasa de un peso al mes, trabajar por cinco años —sin contar los periodos de enfermedad— y no viajar sin el permiso de su empleador.[11] Una vez que llegaban al Perú, los hacendados usualmente pagaban a los agentes entre 300 y 450 dólares por trabajador. Esto arrojaba una utilidad sustancial para los agentes, que podían ganar entre 43.975 y 84.475 dólares por cada envío de 300 chinos.[12]

El viaje entre Macao y el Callao tomaba aproximadamente 120 días. Naves de 19 registros nacionales distintos tomaban parte en el tráfico de culíes, de las cuales las más activas eran respectivamente las de Francia, Perú, Gran Bretaña y España.[13] Arnold Meagher comparó el tráfico de culíes con el de esclavos, puesto que la combinación de alojamientos atiborrados, mala comida y un viaje extremadamente largo tenía como resultado altas tasas de mortandad y una atmósfera general de desesperación, lo que ocasionalmente provocaba motines.[14]

El doctor Ernst Middendorf, un médico alemán que vivía en el Perú, nos dejó un testimonio presencial de las condiciones existentes a bordo de la nave de los culíes que acoderó en Arica en 1856. El viaje había sido inusualmente largo (180 días) y en su transcurso más de la mitad de los chinos había muerto. De los sobrevivientes, 18 habían quedado

---

10. Meagher 1975: 70, 73-78; Stewart 1951: 37-38 (véase la n.° 1. N. del T.).
11. Stewart 1951: 19.
12. Stewart 1951: 82-83, Meagher 1975: 155a.
13. Meagher 1975: 161-163.
14. Meagher documentó 68 motines (1975: 176, 185).

ciegos y muchos más estaban sufriendo unas avanzadas enfermedades oculares. Ninguno de los enfermos había sido tratado porque el médico de la nave vendió sus medicinas en Macao. Cinco de los chinos enfermos intentaron suicidarse tan pronto la nave atracó, lanzándose al océano, y solamente dos pudieron ser recuperados. El capitán de la nave dijo entonces que todo intento de suicidio sería castigado con 100 latigazos, los cuales fueron administrados de inmediato a los sobrevivientes.[15]

Las tasas de mortandad fueron particularmente altas durante los primeros 14 años del tráfico. Posteriormente fueron cayendo, pues las nuevas normas entre socios comerciales estipulaban que no debía haber más de un pasajero por cada dos toneladas de registro.[16] Además, los agentes y fletadores comenzaron a proporcionar mejores alojamiento y comida a los culíes a medida que la demanda de trabajadores crecía y se hacía más difícil encontrar reclutas.[17] El cuadro 29 contiene las cifras más detalladas de que disponemos acerca de las tasas de mortandad y las estadísticas de inmigración anual. Los totales provienen de una muestra de aproximadamente el 90% de todos los chinos importados al Perú.

Cuadro 29
Inmigración china al Perú

Año	N.º embarcado en Macao	N.º fallecido en el trayecto	% del total embarcado	N.º desembarcado en el Callao
1850-1859	15.000	2.000	13,33	13.000
1860 [sic]	2.007	594	29,60	1.413
1861	1.860	420	22,58	1.440
1862	1.726	718	41,60	1.008
1863	2.301	673	29,25	1.628

15. Middendorf 1973: 169-170.

16. Arona 1947: 61; Stewart 1951: 26, 63.

17. Meagher examina el incremento en la demanda de culíes y las dificultades cada vez más grandes con que se topaba el reclutamiento (1975: 71-73).

Año	N.º embarcado en Macao	N.º fallecido en el trayecto	% del total embarcado	N.º desembarcado en el Callao
1864	7.010	600	8,56	6.410
1865	4.794	254	5,30	4.540
1866	6.543	614	9,38	5.929
1867	2.400	216	9,00	2.184
1868	4.732	466	9,85	4.266
1869	3.006	75	2,50	2.931
1870	7.917	373	4,71	7.544
1871	12.526	741	5,92	11.785
1872	14.505	1.114	7,68	13.391
1873	7.303	732	10,02	6.571
1874	3.939	114	2,89	3.825
Total	97.529	9.704	9,91	87.825

Fuente: Martinet 1878: 32.

Encendidos debates en los ámbitos nacional e internacional caracterizaron la historia del tráfico de culíes al Perú. Apenas unos cuantos años después de iniciado, los miembros del Congreso, preocupados por las opresivas condiciones de trabajo en las islas guaneras del país, solicitaron que se detuviera la importación. Era difícil descartar sus argumentos sobre las malas condiciones laborales y de vida de los culíes, pero se arguyó una justificación basada en la necesidad económica. Nada sorprendentemente, los principales voceros a favor del tráfico fueron Domingo Elías y Juan Rodríguez. Ambos publicaron un panfleto titulado *Inmigración de los chinos, ventajas que proporciona al país*, que presentaron en 1851 al Senado para su consideración.[18]

Su tesis era que los chinos constituían la solución más barata a la escasez de mano de obra, y que todos los problemas asociados con el tráfico podían aliviarse. Señalaron que los chinos recibían un salario de apenas cuatro pesos al mes y que podían básicamente vivir del arroz,

18. Stewart 1951: 20-23.

mientras que los europeos esperaban ser pagados con 20 centavos al día y ser alimentados con carne. Además, la conversión a los trabajadores libres asalariados peruanos sería una alternativa aún más costosa que conllevaba riesgos adicionales, como el tener que hacer frente a la leva militar y al pago de la contribución personal, la capitación de indios y negros libres cuyo origen se remontaba al periodo colonial. Elías y Rodríguez admitieron que muchos chinos llegaban en mal estado físico, pero insistieron, algo ingenuamente, que esto podía evitarse reclutando trabajadores sanos.[19]

El panfleto también incluía los testimonios de personas que habían importado trabajadores contratados. La mayoría alababa a los chinos —a quienes habían empleado en diversas ocupaciones, sobre todo en haciendas— como buenos trabajadores. Un impacto importante del tráfico, explicaban Elías y Rodríguez, había sido reducir el costo de la mano de obra en Lima. Al final, estos argumentos convencieron a la mayoría de los congresistas de que permitieran que el tráfico de culíes prosiguiera.[20]

Aun así, los oponentes del tráfico siguieron vigilantes, esperando una ocasión más propicia para reanudar el debate. La oportunidad llegó con el cambio en el clima político a mediados de la década de 1850. El presidente Ramón Castilla abolió la esclavitud en 1854 y favoreció la supresión del tráfico de culíes. Había, asimismo, una creciente preocupación entre la élite, que temía que el número cada vez mayor de chinos pudiera degradar de modo irrevocable la composición racial del Perú. El monopolio de Elías-Rodríguez expiró en 1853, y es de dudar que hayan argumentado a favor de la continuación del tráfico tan enérgicamente como lo hicieron antes. Fue así que luego de un prolongado debate, en 1856 el Congreso revirtió su decisión anterior y prohibió la importación de chinos al Perú.[21]

Ramón Castilla siguió firmemente opuesto a la renovación del tráfico de culíes durante su segundo gobierno (1855-1862). Sin embargo, los hacendados y sus aliados en el Congreso continuaron presionando a favor y lograron así conseguir el permiso oficial para importar una

---

19. Elías y Rodríguez 1851.

20. Ibíd.

21. Stewart 1951: 22-23.

cantidad limitada de chinos. Está igualmente claro que los hacendados ingresaron a algunos chinos al país de contrabando.[22] Dado que las condiciones seguían siendo buenas para la expansión agrícola, los defensores del tráfico intensificaron su cabildeo y en 1861 logaron reunir suficientes votos para aprobar la renovación del tráfico por encima del veto de Castilla. El tráfico de culíes continuó otros 13 años más, alimentando la expansión agrícola de la costa.[23]

Aunque el equilibrio del poder en el Perú se había inclinado a favor de la servidumbre contratada, lo opuesto era cierto en otras partes del mundo. A lo largo de la década de 1850, los diarios en la costa china habían publicado editoriales en su contra, y para 1860 se les unieron el *New York Times* y el *Times of London*. El gobierno chino comenzó también a asumir una postura más dura ejecutando a los contratistas de trabajadores y bloqueando eficazmente Macao. Gran Bretaña incorporó el tráfico de culíes a su campaña para detener el comercio de esclavos,[24] tal vez porque sus colonias no dependían de la mano de obra china, como sí sucedía con algunos de sus competidores en el mercado mundial. En 1870, Hong Kong fue cerrado al tráfico, y tres años más tarde las naves británicas tomaron dos naves que transportaban culíes (la Nouvelle Penelope y la María Luz), incidentes que recibieron amplia publicidad y que ayudaron a galvanizar la opinión pública mundial contra esta forma de explotación.[25] Londres también aplicó una intensa presión sobre Lisboa para que cerrara Macao al tráfico, y

---

22. Ibíd.

23. Ibíd.: 25; para un examen del desarrollo agrícola en la costa a mediados del siglo XIX, véanse los caps. 1 y 2. Entre 1862 y 1864, los peruanos también importaron 3634 polinesios como trabajadores contratados. Sin embargo, 3215 de ellos fallecieron fundamentalmente debido a las enfermedades. Los pocos que regresaron introdujeron la viruela en las islas, lo que generó otras 2.950 muertes adicionales. En 1864, el gobierno peruano pagó 24.271,84 dólares a Francia como compensación por los daños causados a sus connacionales y a sus súbditos protegidos de la Polinesia. De esta suma, 13.124,17 dólares fueron enviados a Tahití en 1866 para que fueran repartidos entre los isleños (Maude 1981: 165-166; cuadro 5, p. 190; cuadro 6, p. 191). El gobierno peruano también pagó 50 soles a los importadores peruanos por cada inmigrante fallecido en Perú: (Stewart 1951: 28-29).

24. Meagher 1975: 307-310, 331, Irick 1982.

25. Meagher 1975: 324-326; Stewart 1951, cap. 7.

el sentimiento popular en la colonia misma comenzó a volverse contra la exportación de sirvientes contratados.[26] Además, en el Perú, los opositores al trabajo de los culíes encontraron voceros elocuentes en Pedro Paz Soldán y Unanue y Félix Cipriano C. Zegarra, así como en el poderoso diario *El Comercio*, que publicó editoriales contra la servidumbre contratada y dio a conocer las atrocidades cometidas contra los chinos en las haciendas de la costa.[27]

Todas estas presiones se combinaron finalmente en 1874 y sentenciaron el fin del tráfico de culíes. Las medidas más destructivas fueron el cierre de Macao como punto de tránsito, lo que podría atribuirse a la presión británica sobre Portugal y a la oposición del gobierno chino. Un capítulo infeliz en las relaciones entre Oriente y Occidente, que tuvo muchos paralelos con el tráfico africano de esclavos, había llegado a su fin.

El trabajador chino en Cayaltí, 1875-1900

Predeciblemente, los hacendados peruanos tuvieron una imagen opuesta de lo sucedido. En términos económicos, el fin de la inmigración china agravó el declive general de la industria azucarera iniciado con la depresión de 1873, y que la Guerra del Pacífico prolongó. Los agricultores intentaron aliviar la escasez de mano de obra automatizando sus haciendas,[28] pero eran reacios a convertirse al trabajo asalariado peruano porque siempre esperaban que se encontrara alguna forma de trabajo servil. Por el momento, tuvieron que arreglárselas con los chinos que ya estaban dentro del país, y fue solo gradualmente que se convirtieron al trabajo asalariado.

Ántero Aspíllaga Barrera vio el fin del tráfico de culíes con gran alarma. Para él, los chinos eran "todo para nuestra agricultura, y los mejores trabajadores que podemos conseguir", razón por la cual le rogaba al Señor que permitiera que la inmigración prosiguiera.[29] Su preocupación

26. Meagher 1975: 333-334.

27. Stewart 1951, caps. 6 y 7.

28. Para un examen del cambio tecnológico, véase el cap. 3.

29. AAB a RAF, 14 de junio de 1875, AFA.

era justificada, pues en apenas unos cuantos años los Aspíllaga estaban quejándose de la escasez de mano de obra y del alza en el precio de los sirvientes contratados, que subió de 200 soles en 1864 a 500 soles en 1875, un incremento de 150%.[30]

Sin embargo, hasta el estallido de la Guerra del Pacífico en 1879, los Aspíllaga evitaron la severa escasez laboral extendiendo los contratos de varios cientos de los sirvientes contratados de Cayaltí. Así, en diciembre de 1875, Ramón Aspíllaga Barrera le escribió a Ántero: "He contratado algunos chinos; a los que les quedaba medio año [en su contrato], les he dado un año; a los que tenían un año [pendiente], año y medio; los que tienen año y medio [pendiente], dos años".[31] En el transcurso de los siguientes meses los Aspíllaga prosiguieron con esta práctica, pagando siempre el mismo salario a estos trabajadores, esto es, 40 a 50 soles al año.[32]

Pero a medida que los Aspíllaga comenzaban a contratar a trabajadores chinos no residentes, fueron encontrando necesario ofrecerles adelantos de dinero como un incentivo para que firmaran los contratos de empleo. En diciembre de 1877 los Aspíllaga adelantaron 4.000 soles a 150 chinos, esto es, un promedio de 27 soles por trabajador.[33] Técnicamente a estos trabajadores no se les permitía dejar la hacienda hasta que sus deudas hubiesen sido canceladas.[34]

Además de los trabajadores contratados, los Aspíllaga también comenzaron a reclutar a trabajadores chinos asalariados o "chinos libres". Debido al difícil mercado laboral, estos hombres podían exigir un salario significativamente más alto que los contratados, lo que hizo que los Aspíllaga fueran renuentes a darles empleo en gran número. En 1876 los chinos libres ganaban en Cayaltí 70 centavos diarios más la comida, y 80 centavos a un sol diario con comida en las propiedades arroceras

30. Aspíllagas y Cía. a Señores Zaracóndegui y Cía., 2 de agosto de 1864, AFA; AAB A RAF, 14 de junio de 1875, AFA; AAB a RAF, 5 de julio de 1875, AFA.

31. RAB a AAB, 24 de diciembre de 1875, AFA.

32. RAB a AAB, 24 de diciembre de 1875, AFA; AH a AH, 7 de abril de 1876, AFA. En 1881, el salario promedio anual era de 48,60 soles: AH a AH, 14 de noviembre de 1881, AFA.

33. AH a AH, 18 de diciembre de 1877, AFA.

34. AH a AH, 28 de agosto de 1885, AFA.

vecinas, salarios mucho más altos que las magras sumas ganadas por los trabajadores contratados.[35]

En 1877 y 1878, los Aspíllaga se vieron alentados por la posibilidad de importar chinos de China y California. Les contactó H. Seymour Geary, un representante de Olyphant & Co. de los Estados Unidos, quien acordó entregar en Cayaltí 150 chinos directamente de China.[36] Los Aspíllaga vieron este arreglo con gran esperanza y escribieron que "la única salvación que es cierta es que Oliphant [sic] ya ha enviado el primer cargamento desde China".[37] Pero sus esperanzas se desvanecieron amargamente, puesto que Olyphant solo entregó un chino en el primer viaje y ninguno en el segundo.[38]

Como no era posible importar nuevos trabajadores, la fuerza laboral de Cayaltí fue haciéndose cada vez más mayor, lo que tuvo como resultado la expulsión de los trabajadores más improductivos. A medida que el número de trabajadores caía, los Aspíllaga fueron preocupándose cada vez más por su capacidad de mantener los niveles de producción.[39] Pero una solución de corto plazo se dio durante la Guerra del Pacífico, cuando los chilenos saquearon varias haciendas y desplazaron temporalmente a muchos trabajadores chinos, los cuales pudieron ser entonces contratados por los hacendados que sobrevivieron a la catástrofe.

Aunque Cayaltí evitó todo daño serio durante la guerra, los chilenos tomaron la pequeña hacienda algodonera de los Aspíllaga (Palto), ubicada cerca de Pisco, así como varias otras haciendas en toda la costa. En muchos casos, los trabajadores chinos dieron la bienvenida a los chilenos como libertadores y les ayudaron a quemar y saquear.[40] Para impedir que los trabajadores de Palto se fugaran, Ismael Aspíllaga se dirigió audazmente hacia el sur y transfirió tantos trabajadores como le fue posible a Cayaltí. Logró también contratar a muchos chinos de la zona

---

35. AH a AH, 7 de abril de 1876, AFA.
36. AH a H. Seymour Geary, 12 de mayo de 1877, AFA.
37. AH a AH, 12 de febrero de 1878, AFA.
38. AH a AH, 25 de noviembre de 1878, AFA.
39. AAB a IAB, 3 de mayo de 1881, AFA.
40. Para un examen del impacto que la invasión chilena tuvo en Cayaltí, consúltese el cap. 2.

de Lima debido al creciente número de refugiados. A los trabajadores contratados se les ofrecía adelantos de hasta 50 soles y a los libres el doble como máximo. A partir de febrero de 1881, Ismael despachó pequeños grupos de chinos a vapor —entre diez y treinta— de Lima a Cayaltí. De este modo, los Aspíllaga lograron mantener el tamaño de su fuerza laboral cerca de los niveles anteriores a la guerra.[41]

Después de la Guerra del Pacífico, el sistema de trabajo asalariado cambió significativamente al reemplazarse los "chinos contratados de la hacienda" con "chinos libres", y sobre todo con un nuevo tipo de trabajador, los "chinos contratados de los contratistas". Podemos atribuir la desaparición de los chinos contratados de la hacienda a varias causas. En primer lugar, en la práctica este tipo de contrato era simplemente una extensión de la servidumbre por contrato, lo que conllevaba ciertos riesgos políticos para los hacendados. En segundo lugar, muchos de los chinos contratados acumularon deudas sustanciales, las cuales podían tener problemas para pagar a medida que envejecían y su capacidad de trabajo disminuía.[42] En tercer lugar, para 1881 los salarios pagados a los trabajadores chinos libres habían caído a 40 centavos el día sin ración, una disminución de más de 40%, lo que reflejaba su creciente número y creciente edad.[43] Y en cuarto lugar, los chinos mismos probablemente hacían lo que podían para cambiar su condición de contratados a libres.

Aunque el número de chinos libres creció, fue superado por el de los trabajadores controlados por los contratistas chinos. Esto estuvo ligado al desplazamiento de gran cantidad de chinos durante la guerra, así como al atractivo del empleo en una época de extremo caos económico y político.

---

41. AAB a IAB, 16 de febrero de 1881, AFA; AAB a IAB, 6 de marzo de 1881, AFA; RAB a IAB, 16 de marzo de 1881, AFA; AAB a IAB, 29 de marzo de 1881, AFA; AAB a IAB, 26 de abril de 1881, AFA; AAB a IAB, 28 de junio de 1881, AFA; AAB a IAB, 7 de junio de 1881, AFA; AAB a AH, 6 de septiembre de 1881, AFA; AH a AH, 27 de septiembre de 1881, AFA; AAB a AH, 7 de febrero de 1882, AFA. Los Aspíllaga por lo general hicieron que los chinos les devolvieran el costo del pasaje de Lima a Cayaltí.

42. Cartas sin firmar fechadas 18 de marzo de 1884, AFA; 31 de marzo de 1884, AFA; 18 de mayo de 1884, AFA; 19 de mayo de 1884, AFA; 1 de junio de 1884, AFA.

43. AAB a AH, 14 de noviembre de 1881, AFA.

Los contratistas eran un ingrediente nuevo e importante en el cuadro laboral de Cayaltí y otros lugares. Su existencia prueba que en el Perú no todos los chinos eran simples trabajadores, y también muestra —tal como veremos en el siguiente capítulo— que estaban dispuestos a explotarse mutuamente. Los contratistas chinos eran comerciantes que traficaban tanto en productos como en hombres.[44] Casi con toda certeza llegaron al Perú como sirvientes contratados y gracias a su astucia, trabajo e ingenio lograron escapar de la servidumbre en las haciendas y acumular pequeñas cantidades de capital.

A juzgar por su cambio de nombre (Guillermo Pastor, Fructuoso Baca, Acon Bolivia),[45] mostraron una disposición a canjear la cultura por la ganancia. El hecho de que hayan negociado contratos con los hacendados también demuestra que habían adquirido las habilidades necesarias para su tráfico.

Cuadro 30
Composición de la fuerza laboral de Cayaltí, 1877-1882

Fecha	N.° total chinos	% fuerza laboral total	N.° chinos contratados	% total chinos	N.° libres	% total chinos	N.° peruanos	% fuerza laboral total	N.° total trabajadores
Sept. 1877	424	95,3					21	4,7	445
Oct. 1879	413	91,6	375	90,8	38	9,2	38	8,4	451
Sept. 1881	438	98,4	375	85,6	63	14,4	7	1,6	445
Junio 1882	407	91,7	342	84,0	65	16,0	37	8,3	444

Fuente: AH a AH, 11 de septiembre de 1877, AFA; AH a AH, 14 de octubre de 1879, AFA; AH a AH, 27 de septiembre de 1881, AFA; carta sin firmar fechada el 8 de junio de 1882, AFA.

44. Contrato entre Cayaltí y "El Asiático", D. Asian, octubre de 1884, AFA.

45. AH a AH, 17 de julio de 1889, AFA; AH a AH, 26 de febrero de 1885, AFA.

Los contratistas chinos aparecieron en Cayaltí por vez primera en octubre de 1884. En ese entonces, la hacienda estaba sufriendo una escasez de mano de obra que retrasó la siembra y el desarrollo de una granja de arroz necesaria para ayudar a alimentar a los trabajadores. Ántero Aspíllaga Barrera había oído hablar de la existencia de contratistas chinos e hizo correr la voz por todo el departamento de que les ofrecía el derecho a tener tiendas en Cayaltí a cambio de que le proporcionaran trabajadores chinos. Al poco tiempo, varios contratistas aceptaron la oferta.[46]

Los Aspíllaga siempre firmaban acuerdos con los contratistas que estipulaban las condiciones bajo las cuales se llevarían trabajadores a Cayaltí. En un contrato estándar firmado en 1884, un contratista acordó suministrar 40 trabajadores chinos lo antes posible, e incrementar esta cifra a 80 en un lapso más largo. Él garantizaba que estos hombres laborarían donde fuera necesario, que completarían una semana estándar (en este caso de seis a diez de la mañana y luego de 12:30 p. m. a 6:00 p. m.), y que trabajarían cinco días a la semana. También aceptó que vivirían en un barrio separado y que construirían sus propias casas con los materiales proporcionados por la hacienda. El contratista aceptó además colocar una fianza por el valor de todas las herramientas agrícolas proporcionadas a sus trabajadores para cubrir pérdidas y daños, y presentar personalmente a los Aspíllaga todas las quejas que los trabajadores tuvieran con respecto a su empleo. Como última concesión, aceptó no contratar a ningún trabajador de los que ya estaban presentes en Cayaltí.

Los Aspíllaga, por su parte, permitieron al contratista tener una tienda en Cayaltí para vender los productos que deseara, siempre y cuando este arreglo fuera satisfactorio para los trabajadores que había llevado y que limitara sus ventas a ellos. Los propietarios estipularon, sin embargo, que el contratista debía comprarles los artículos a ellos, salvo que los pudiera conseguir más barato de terceros. Los Aspíllaga también aceptaron pagar el salario de todos los trabajadores directamente al contratista. Se acordó un sueldo diario de 60 centavos sin ración. Los Aspíllaga aceptaron además cuidar a los trabajadores enfermos, darles alimentación y medicinas, y adelantarle al contratista los fondos con los

46. AAB a RAB e IAB, 15 de octubre de 1884, AFA.

cuales contratar a más trabajadores, pero todos los adelantos serían deducidos del salario debido a sus trabajadores el siguiente día de paga.[47]

Estas disposiciones dieron a los Aspíllaga más seguridad sobre la conservación del tamaño de su fuerza de trabajo, y transfirieron parte de la responsabilidad por el manejo de la mano de obra a los contratistas. Pero al desembolsar el salario de los trabajadores a través de los contratistas, los Aspíllaga también incrementaron el control que los agentes tenían sobre ellos, y es posible que asimismo hayan creado oportunidades para que se cometieran desfalcos.

Durante la segunda mitad de la década de 1880, el número de chinos empleados de los contratistas creció, en tanto que el tamaño de la población de chinos libres disminuyó hasta perder toda importancia. Fue también durante estos años cuando los Aspíllaga y otros hacendados comenzaron a reclutar a trabajadores peruanos en la costa y la sierra adyacentes (véase el cuadro 31). Este proceso se aceleró en la siguiente década, a medida que los trabajadores chinos se hacían menos productivos y que las mejores condiciones económicas y políticas justificaban un mayor gasto en mano de obra.[48]

Cuadro 31
Composición de la fuerza laboral de Cayaltí, 1885-1890

Fecha	Chinos libres	% del total	Chinos contratados a contratistas	% del total	Peruanos	% del total	N.° total de trabajadores
Sept. 1885	178	31,6	202	35,8	184	32,6	564
Marzo 1888	78	14,3	215	39,4	252	46,2	545
Nov. 1890	36	1,0	302	59,0	224	40,0	560

Fuente: AH a AH, 25 de septiembre de 1886, AFA; AH a AH, 23 de marzo de 1888, AFA; AH a AH, 12 de noviembre de 1890, AFA.

47. Contrato fechado en octubre de 1884, AFA.

48. Véase el cap. 7.

A medida que los chinos envejecían y se debilitaban, les fue más difícil trabajar más de unos cuantos días a la semana. En junio de 1891, un Aspíllaga se quejó de que solamente 300 de los 420 chinos de Cayaltí trabajaban en realidad, y de que el 50% de la fuerza de trabajo eran "hombres ya viejos y cansados".[49] El ausentismo se convirtió en un problema tan serio, sobre todo los lunes, que a veces debía detenerse la molienda. En marzo de 1892, Baldomero Aspíllaga Barrera tuvo una reunión de emergencia con los contratistas chinos para advertirles que la hacienda estaba alarmada por las altas tasas de ausentismo, y para amenazarles con el cierre de sus tiendas de continuar el problema. Se asignaron así más mayordomos para que monitorearan a los trabajadores chinos, pero una mayor vigilancia no podía resolver los inconvenientes provocados por el agotamiento y el envejecimiento.[50] Como el ausentismo continuaba, los Aspíllaga expresaron su frustración e ira ordenando a los mayordomos que sacaran a los chinos a los campos con mazos y látigos.[51]

La incapacidad de los chinos para trabajar en todas las labores agravaba el problema del ausentismo. Crecían las quejas de que solo podían efectuar trabajos ligeros, como el fertilizado, y para finales de la década solamente los más fuertes podían completar una magra media tarea en el campo.[52] Fue en este contexto que los Aspíllaga fueron haciéndose cada vez más críticos de los chinos y partidarios más entusiastas de los trabajadores peruanos.[53]

Para 1895, había aproximadamente 500 peruanos de la sierra trabajando en Cayaltí, y los Aspíllaga por vez primera pudieron quejarse de un excedente de mano de obra.[54] En estas circunstancias, los trabajadores chinos eran prescindibles, y un año más tarde los Aspíllaga se

---

49. AH a AH, 9 de junio de 1891, AFA.

50. AH a AH, 22 de marzo de 1892, AFA. Podemos identificar a Baldomero a partir de su escritura.

51. AH a AH, 1 de noviembre de 1892, AFA.

52. AH a AH, 12 de octubre de 1889, AFA; AH a AH, 15 de febrero de 1890, AFA; AH a AH, 7 de junio de 1893, AFA; AH a AH, 11 de noviembre de 1897, AFA.

53. AH a AH, 24 de enero de 1893, AFA.

54. AH a AH, 24 de septiembre de 1895, AFA; AH a AH, 23 de abril de 1895, AFA.

enemistaron con los contratistas chinos al restringir su derecho a vender productos en la hacienda.[55]

Para 1897, la población china de Cayaltí se había reducido a 240 personas, de las cuales solamente el 50% estaba trabajando en cualquier momento dado.[56] Dos años más tarde, los Aspíllaga notificaron a todos los contratistas chinos que tendrían que cerrar sus tiendas para el 6 de febrero de 1899,[57] lo que hizo que todos, salvo uno, dejaran Cayaltí junto con sus trabajadores. Los Aspíllaga comentaron entonces que "sólo quedarán esos chinos de Fructuoso Baca y unos cuantos de los veteranos libres [los antiguos de la hacienda] que prestan servicios útiles, como el de operario de tractor. Pagaremos lo que debemos a sus contratistas, para que puedan quedarse por su propia voluntad".[58] La última mención de los chinos en Cayaltí data de 1907, cuando se expulsó a 30 de ellos de la hacienda en el transcurso de una reducción general de la fuerza de trabajo.[59]

Conclusiones

Los trabajadores asalariados chinos tuvieron un papel crucial en el desarrollo de la agricultura costeña peruana durante la segunda mitad del siglo XIX. Los sirvientes contratados, reclutados en una China asolada por las guerras, llenaron el vacío generado por el declive de la población esclava negra. El tráfico de culíes floreció con la ayuda de los caudillos militares y de los agentes de reclutamiento chinos, los comerciantes portugueses de Macao y los diversos comerciantes europeos que transportaron a los chinos a través del océano.

El fin del tráfico en 1874 despertó una gran preocupación entre los hacendados peruanos, que no contaban con una fuente alternativa de mano de obra. Es más, la escasez de trabajadores se vio agravada con una

55. AH a AH, 16 de noviembre de 1895, AFA.
56. AH a AH, 8 de marzo de 1897, AFA.
57. AH a AH, 24 de enero de 1899, AFA.
58. AH a AH, 10 de marzo de 1899, AFA.
59. VAT a AH, 12 de septiembre de 1907, AFA.

crisis económica general causada por el pánico de 1873, el fin del auge guanero y la Guerra del Pacífico.

Los hacendados que sobrevivieron a la crisis siguieron dependiendo de los trabajadores chinos hasta la década de 1890. Al comienzo, simplemente ampliaron el contrato de los sirvientes contratados y reclutaron a un gran número de trabajadores asalariados, los llamados "chinos libres". Sin embargo, durante la invasión chilena de 1880 un gran número de trabajadores chinos se vio desplazado de las haciendas. Muchos de ellos cayeron bajo el control de los contratistas chinos, quienes vendieron su trabajo a los hacendados.

Los chinos que hicieron el viaje a través del Pacífico llevaron consigo una orgullosa cultura formada a lo largo de siglos. Ellos iniciaron una muy difícil existencia en las haciendas azucareras peruanas, donde trabajaron con patronos que apenas unos cuantos años antes habían dependido casi exclusivamente del trabajo esclavo negro. La lucha de los chinos por conservar su cultura en un entorno hostil y ajeno, así como los métodos de control social con los que se toparon, son temas esenciales para la experiencia e historia de la industria azucarera peruana.

Capítulo 6

Cultura y control social, 1865-1905

Los Aspíllaga consideraban que la contribución económica de los trabajadores chinos era de crucial importancia para la supervivencia y el éxito eventual de Cayaltí. Creían firmemente que el éxito de la hacienda les enriquecería y serviría, por ende, como trampolín a la oligarquía costeña y al poder político. Muchos de los barones del azúcar de su generación, todos los cuales se beneficiaban con los trabajadores chinos, se unieron a ellos en este ascenso social, económico y político a medida que el siglo XIX fue avanzando.

La contribución económica de los chinos es clara, pero se sabe mucho menos sobre su experiencia material y cultural en Cayaltí. No se ha encontrado ningún testimonio escrito por ellos mismos. Sin embargo, los Aspíllaga sí hicieron con regularidad observaciones acerca de su comportamiento y la necesidad de controlarlos y conservarlos. A partir de esta información podemos concluir que los chinos intentaron mantener aspectos importantes de su cultura tradicional, al mismo tiempo que tenían una existencia incierta, provocada por el predominio de las enfermedades peligrosas, servicios en general inadecuados y un duro sistema de justicia privada.

Los Aspíllaga eran sumamente conscientes de las difíciles condiciones en las cuales sus trabajadores vivían y trabajaban, pero concluyeron que la "semiesclavitud", tal como ellos la describieron, era necesaria para mantener las utilidades y asegurar así su eventual éxito. Para justificar aún más su régimen laboral, se basaron también en su creencia en la inferioridad racial y étnica de los chinos, no obstante tener evidencias de primera mano de la inteligencia y habilidad que estos mostraban como trabajadores y comerciantes.

La calidad de vida

Los chinos se alojaban en viviendas mal construidas que frecuentemente necesitaban reparaciones. Los bajos salarios, así como la incapacidad de disponer de bienes en la tienda de la hacienda, restringían fuertemente lo que podían comprar. Esta situación contrastaba rotundamente con la de los Aspíllaga, quienes vivían en una mansión, comían la fruta de su huerto privado y bebían vinos importados del sur peruano y del extranjero.

La vivienda

En cumplimiento de sus obligaciones contractuales, los Aspíllaga proporcionaron vivienda a los trabajadores contratados.[1] Los chinos siguieron ocupando los mismos alojamientos una vez que la contratación de trabajadores en su país llegó a su fin, a mediados de la década de 1870, así como unas unidades nuevas que ellos mismos construyeron.

Los chinos fueron segregados de los peruanos en barrios a los cuales los Aspíllaga bautizaron con nombres exóticos, como "Barrio Pekín". En estos distritos vivían en grandes barracas de endeble construcción llamadas galpones, a las cuales era común dar nombres que evocaban al Oriente, como el "Galpón de los Cantones".[2]

La administración usualmente llenaba con más de 200 chinos un solo galpón. La única privacidad que algunos de ellos recibieron llegó con un dormitorio que se construyó en 1884, en el cual se hicieron compartimientos que eran ocupados por cinco personas. Este galpón era el

---

1. Véase el cap. 5.

2. AAB a AH, 9 de diciembre de 1884, AFA; AH a AH, 29 de julio de 1887, AFA; AH a AH, 19 de agosto de 1887, AFA.

mejor de la hacienda y los Aspíllaga se congratulaban a sí mismos por haberlo construido. Tenía literas elevadas, un techo de zinc y un canal vecino donde sus habitantes podían hacer sus necesidades.[3] Los dueños efectuaron extensas reparaciones en otro galpón cuatro años más tarde y comentaron la fina calidad de los materiales de construcción, que constaban de arcilla, caña, ramas de matorrales espinosos y pasto para el techo. En retrospectiva, estos materiales se ven bastante ordinarios y uno se pregunta de qué estaban construidos los restantes dormitorios.[4]

Dada su tosca construcción, los galpones eran proclives a deteriorarse rápidamente y a sufrir serios daños cuando el clima era inclemente. En 1892 el lado izquierdo y parte del techo del "Galpón de Pekín" colapsó durante una tormenta. Siete alojamientos quedaron completamente destruidos y varias personas fueron seriamente heridas. Además, el no haberse reparado el galpón apropiadamente tuvo como resultado un segundo colapso durante otra tormenta en 1899.[5]

Las posesiones materiales

Cabe poca duda de que los chinos no tenían virtualmente qué poner en sus modestos hogares. Esto se debía no solo a los bajos salarios, sino también a que no había artículos disponibles. Además, y como mostraré en la siguiente sección, los chinos gastaban dinero en opio y juegos de azar, lo que limitaba su capacidad para comprar otras cosas.

Como a los chinos endeudados no se les permitía dejar la hacienda, sus compras se limitaban a lo que podían adquirir en el mismo Cayaltí. Desde mediados de la década de 1870 hasta finales de la de 1890, hubo cuatro tiendas en Cayaltí, una de ellas manejada por la hacienda y tres por contratistas chinos.[6] Además, los residentes de Saña ocasionalmente se dirigían a la hacienda a vender mercancías, entre ellas cigarrillos y

---

3. AAB a AH, 9 de diciembre de 1884, AFA.
4. AH a AH, 10 de agosto de 1888, AFA.
5. AH a AH, 9 de febrero de 1892, AFA; AH a AH, 14 de febrero de 1899, AFA.
6. AH a AH, 8 de octubre de 1886, AFA; AH a AH, 19 de mayo de 1876, AFA; AAB a IAB, 7 de junio de 1881, AFA; AH a AH, 7 de diciembre de 1888, AFA; AH a AH, 18 de marzo de 1896, AFA.

opio, y quienes vivían en Cayaltí a veces compraban productos al fundo que después ofrecían a cambio de una utilidad.[7]

Para mediados de la década de 1890 se abrieron nuevas tiendas y cerraron las viejas en respuesta a la cambiante naturaleza y tamaño de la hacienda.[8] Los Aspíllaga vieron el éxodo de los contratistas chinos como una oportunidad para ampliar su propia tienda y ganar más con las ventas.[9] Pero a la vez, decidieron no asumir un monopolio, sino que permitieron a los contratistas de la sierra abrir tiendas en Cayaltí y vender productos atractivos para la población serrana.[10] La administración caracterizó a dichas tiendas como operaciones minoristas que tenían la doble finalidad de ganar dinero y de facilitar el endeudamiento.[11]

Ninguna de estas tiendas tenía existencias impresionantes. Para finales del decenio de 1890, los contratistas chinos solamente vendían cerdo y opio a pequeña escala.[12] Al mismo tiempo, los únicos artículos disponibles en la tienda de la hacienda eran aguardiente, pisco, vino doméstico, vinagre y kerosén. Los Aspíllaga afirmaban que esperaban incrementar las existencias para incluir un buen licor, cerdo, sardinas, salmón y linternas de papel.[13] Pero incluso con la lista ampliada de productos, eran pocos los artículos disponibles, y algunos de ellos pueden no haber sido atractivos para los chinos, lo que tal vez queda demostrado por el hecho de que los Aspíllaga jamás ganaron mucho dinero con su tienda. Ellos continuamente mencionaron las ganancias que esperaban y que jamás percibían, no obstante haber subido los precios en 20 y 25%. Las bajas ventas y los malos manejos parecen haber sido las causas principales de ello.[14]

---

7. AH a AH, 14 de octubre de 1878, AFA; carta sin firma fechada el 12 de abril de 1882, AFA; AAB a RAB, 15 de octubre de 1884, AFA.
8. Véase el cap. 5.
9. Ibíd.
10. AH a AH, 27 de junio de 1894, AFA.
11. Ibíd.; AH a AH, 12 de junio de 1898, AFA.
12. Carta sin firma fechada el 10 de enero de 1899, AFA.
13. AH a AH, 13 de diciembre de 1897, AFA.
14. AH a AH, 28 de diciembre de 1877, AFA; AH a AH, 11 de junio de 1878, AFA; AH a AH, 7 de diciembre de 1888, AFA; AH a AH, 27 de septiembre de 1897, AFA; AH a AH, 13 de diciembre de 1897, AFA; AH a AH, 4 de enero de 1898, AFA.

La vida cultural

No contamos con mucha información acerca de la calidad de vida de los chinos, pero tenemos aún menos sobre su vida cultural. Los Aspíllaga no eran curiosos ni les interesaba la cultura china, pero por lo general vieron como anormal a todo patrón de comportamiento y apariencia que se alejara de aquello a lo que estaban acostumbrados. Esto no generó discusiones prolongadas en su correspondencia, pero aun así es posible reunir suficiente información como para mostrar que de poder elegir, los chinos intentarían conservar su cultura tradicional. El resultado fue una mezcla de conformidad, inconformismo y conductas aberrantes.

La vestimenta

La mayoría de los chinos no tenía otra opción que vestirse como peruanos de clase baja. Como sirvientes contratados, los Aspíllaga les vendieron ropa, la cual supuestamente debían entregarles de manera gratuita, tal y como lo estipulaba su contrato. Los Aspíllaga la compraban en Lima y probablemente era de algodón debido al clima cálido. Infortunadamente, desconocemos el valor o la calidad de la ropa, pero los chinos sí manifestaron preferir ropas duraderas que no se desgarraban con facilidad mientras trabajaban. Los Aspíllaga evidentemente honraron por lo general esta preferencia, aun cuando en enero de 1865 obligaron a 100 chinos a recibir ropas de inferior calidad.[15]

Las preferencias en la vestimenta no parecen haber cambiado una vez que la servidumbre por deudas llegó a su fin. Las fotografías tomadas a los chinos en las haciendas azucareras de la costa norte a comienzos del siglo XX los muestran vestidos al estilo peruano, con pantalones y camisas sueltos y sombreros de paja de ala ancha.[16] Además, Ernst Middendorf observó que casi todos los chinos se vestían como peruanos, salvo por unos cuantos acaudalados o los sirvientes contratados más viejos, que lograron conservar su vestimenta tradicional.[17]

---

15. Aspíllagas y Cía. a Señores Zaracóndegui y Cía., 1 de enero de 1865, AFA.
16. Véase el álbum *República peruana 1900*, Biblioteca Nacional (Lima).
17. Middendorf 1973, 1: 274.

La dieta

Adaptarse a la vestimenta no parece haber sido difícil para los chinos. Vacilaron más, en cambio, a la hora de modificar su dieta tradicional. Los principales productos alimenticios en China eran el arroz y el chancho. En Cayaltí y otros lugares, la ración estándar que los chinos, y otros, recibían por una jornada de trabajo era una libra de carne de vaca y una libra a libra y media de arroz.[18] Los chinos, sin embargo, preferían el cerdo a la vaca y lograron cultivar vegetales chinos, al menos en el valle de Chicama.[19]

En Cayaltí se podía comprar cerdo en las tiendas manejadas por los contratistas chinos. Estos los criaban y beneficiaban ellos mismos, y los Aspíllaga comentaron que este era el producto más popular vendido por los chinos.[20] Resulta significativo que estos trabajadores hayan gastado dinero en cerdo cuando recibían carne de vaca gratuita con regularidad. La dieta era evidentemente más difícil de cambiar que la ropa.

La familia

La dieta y la vestimenta son dos aspectos de la vida cultural de los chinos que los Aspíllaga observaron porque involucraban la compra y venta de productos. Los Aspíllaga tenían mucho menos que decir sobre las cosas menos obvias, especialmente las privadas. Con todo, lo poco que sabemos sobre, por ejemplo, la familia y religión, es importante, dado el evidente valor que tenían para los propios chinos.

De los cientos de miles de chinos que emigraron al Nuevo Mundo, solo un puñado eran mujeres. De los 100.000 chinos que llegaron al Perú, apenas 15 eran mujeres, y en Cuba el censo de 1872 solamente enumera 32 mujeres chinas en comparación con 58.368 varones.[21] Esto debe haber generado un estrés terrible entre los chinos porque pocos de ellos se casaron fuera de su raza. Esta infeliz circunstancia parece haberse

---

18. Véase el cap. 5.

19. Con respecto a los vegetales, consúltese Middendorf 1973, 1: 262.

20. AH a AH, 3 de octubre de 1899 (b), AFA; AH a AH, 19 de octubre de 1899, AFA.

21. Consúltese el cap. 5, Middendorf 1973, 1: 174, Pérez de la Riva 1975: 70.

debido a la falta de oportunidades, lo que fue reforzado por la renuencia tanto de la cultura china como de la latinoamericana a aceptar la idea de igualdad racial.[22] En el Perú, algunos chinos lograron hacer frente a la tensión sexual mediante la homosexualidad, y otros sí contrajeron matrimonio o tuvieron relaciones extramaritales.

Hay varias referencias a la homosexualidad entre los chinos en el Perú. Los Aspíllaga llamaron homosexuales a algunos de ellos en Cayaltí y Palto, y Middendorf comentó este tema entre los chinos en el Perú como un todo.[23] Pero otros más lograron casarse o tenían relaciones sexuales con peruanas de clase baja, negras inclusive. En 1905, en el *Boletín del Ministerio de Fomento*, Alfredo Sacchetti atribuyó la "progresiva degeneración" de los chinos al hecho de que algunos de ellos se habían cruzado con negros e indios.[24] Y también estaba el triste caso del chino de Cayaltí que contrajo sífilis, una señal segura de contacto sexual.[25]

Pero aún más importante es el hecho de que en Casa Grande se concertaron matrimonios masivos entre chinos e indios. El casamentero fue un contratista chino que a cambio de un pequeño adelanto, viajaba a la sierra y regresaba con el número requerido de mujeres dispuestas a casarse con chinos. Middendorf vio lo que seguía entonces:

> En cuanto han llegado las reclutadas, las coloca en un cuarto, con la cara vuelta hacia la pared. Enseguida ingresan los candidatos al matrimonio, y se colocan en la pared opuesta, en un orden determinado por la suerte, con las caras también vueltas contra la pared, y en número igual al de las muchachas. Luego el agente da unas palmadas, señal para que hombres y mujeres den la vuelta, y entonces deben aceptarse como esposos los que se encuentran frente a frente. El fallo de la suerte no permite apelación.[26]

---

22. Middendorf 1973, 1: 174, Sacchetti 1905: 70, Pérez de la Riva 1975: 71.

23. Middendorf 1973, 1: 174; AAB a IAB, 16 de febrero de 1881, AFA; AH a AH, 1 de noviembre de 1892, AFA; conversación con el Humberto Rodríguez Pastor, quien ha estudiado a los chinos de Palto.

24. Sacchetti 1905: 70.

25. AH a AH, 15 de febrero de 1879, AFA.

26. Middendorf 1973, 2: 262-263.

La religión

Hasta donde podemos ver, la religión formalizada obviamente no formaba parte de estos matrimonios, o siquiera de muchos otros aspectos de la vida cotidiana de los chinos. La mayoría de los que llegaron al Perú eran budistas y es probable que hayan conservado su fe, ocupándose de su vida espiritual sin ayuda de un clero. En China, la religión era una experiencia personal practicada mayormente en el hogar, donde las familias mantenían santuarios.[27] No hay razón alguna por la cual no habrían podido hacer esto en el Perú. En realidad, la única referencia encontrada a algún tipo de culto formal es la observación que Thomas Hutchinson hiciera sobre la presencia de templos ("joss houses") en el valle de Cañete.[28]

Pocos chinos de Cayaltí abandonaron el budismo por el catolicismo, a pesar de los esfuerzos realizados por los misioneros y por los propios Aspíllaga. En la década de 1890 solamente se convirtieron 19 chinos de una población de varios cientos.[29] Baldomero Aspíllaga Barrera aceptó ser padrino de cinco chinos que abrazaron el cristianismo en diciembre de 1900, e incluso dio a dos de ellos el apellido Aspíllaga.[30]

La recreación y el abuso de drogas

Podemos ver el mismo tipo de resistencia cultural en otros aspectos de la experiencia china. Los chinos decidieron celebrar su año nuevo en lugar de las fiestas cristianas tradicionales, las cuales eran ocasiones importantes para los peruanos en Cayaltí.[31] También mostraron una fuerte preferencia por el opio por encima del alcohol y la coca, que abundaban y eran populares entre los peruanos. Los chinos también mostraron su

---

27. La religión china es, claro está, un tema complejo. Dos estudios introductorios son Yang 1967 y Thompson 1969. Con respecto al uso de santuarios en el hogar, consúltese Yang 1967: 28-29; y para la religión de los legos, véase Thompson 1969: 97-98.

28. Hutchinson 1873, I: 137.

29. AH a AH, 3 de septiembre de 1895, AFA.

30. AH a AH, 18 de diciembre de 1900, AFA. Achen se convirtió en Pedro Aspíllaga y Ajey tomó el nombre de Antonio Aspíllaga.

31. AH a AH, 30 de enero de 1892, AFA; AH a AH, 7 de febrero de 1894, AFA.

gusto por las apuestas, algo común en su país, pero que evidentemente no lo era entre las clases bajas peruanas, puesto que la lotería aún no había llegado.[32]

Los chinos jugaban juegos de azar en los galpones y en las tiendas regentadas por contratistas chinos.[33] Los Aspíllaga, que poseían caballos de carrera, caracterizaron como un gran vicio el juego entre los chinos, y sarcásticamente dijeron que era su meta principal en la vida. En 1882 un Aspíllaga escribió: "Los chinos libres, en total pleitesía a sus vicios, extinguen el deseo de trabajar y el único estímulo que tienen de hacer dinero, que es el juego; son trabajadores que cada día resultan más repugnantes y dan menos esperanzas a las haciendas".[34] Cinco años más tarde, otro Aspíllaga desarrolló la idea: "El chino es barato y solo tiene una noción de cómo mejorar, no mediante el ahorro o el trabajo, sino la búsqueda de la felicidad en el desastre imprevisto del juego".[35]

Los Aspíllaga consideraban que entre los chinos el juego era un vicio porque les distraía de su trabajo. Los propietarios de Cayaltí no eran moralistas dedicados sino capitalistas ambiciosos, lo que demostraron claramente en su papel de vendedores de opio en Cayaltí.

Para la segunda mitad del XIX estaba fumándose opio a gran escala en China, tanto en el campo como en las ciudades. Los británicos suministraban la droga y cultivaban la amapola del opio en plantaciones en la India.[36] No pasó mucho tiempo antes de que los comerciantes

---

32. En la correspondencia de los Aspíllaga no hay ninguna referencia al juego entre los peruanos. Con respecto a las apuestas en China, el reverendo Justus Doolittle escribió en 1867: "Los chinos son jugadores notorios y han inventado muchos métodos con los cuales jugar por diversión o por dinero. En algunas calles y en ciertos lugares son numerosas las tiendas abiertas para los jugadores. Hay varios tipos de juego callejero a pequeña escala por dulces, caramelos, etc., a los que es imposible evitar advertir al pasar" (1867, 1: 283-284). Con respecto a la influencia omnipresente y persistente del juego en la provincia de Kwangtung (el hogar original de la mayoría de los chinos en Perú), consúltese Lu 1930, vol. 2, cap. 8, referencia y traducción cortesía de Edward A. Gargan.

33. AH a AH, 23 de abril de 1895, AFA.

34. AH a AH, 8 de abril de 1882, AFA.

35. AH a AH, 11 de noviembre de 1887, AFA. Para información adicional sobre el juego entre los chinos, véase AH a AH, 1 de noviembre de 1892, AFA.

36. Spence 1975.

británicos, que ya contaban con sólidos vínculos comerciales y financieros con el Perú, descubrieran que el mercado del opio podía ampliarse para incluir a los chinos al otro lado del Pacífico (véase el cuadro 32).

Cuadro 32
VENTAS BRITÁNICAS DE OPIO AL PERÚ

AÑO	CANTIDAD (LIBRAS)
1853	744
1854	2.079
1855	2.793
1856	1.125
1857	3.152
1858	3.493
1859	6.224
1860	16.041
1861	7.704
1862	3.243
1863	¿?
1864	3.700
1865	4.535
1866	3.880
1867	10.136
1868	8.147
1869	3.876
1870	22.201
1871	52.422
1872	70.657
1873	59.473
1874	66.085
1875	65.833
1876	67.744

Año	Cantidad (libras)
1877	63.130
1878	121.585
1879	97.399
Total	767.401

Fuente: Macera 1974: CXVIII.

El gobierno peruano controlaba todas las ventas de opio a través de la licencia otorgada a los minoristas, que tenían el monopolio en zonas específicas.[37] Los Aspíllaga, por ejemplo, tenían el derecho exclusivo a la venta de opio en Cayaltí.[38] Para los propietarios de la hacienda, este jamás fue un gran negocio; sin embargo, al alentar el consumo de opio, obligaron a muchos chinos a endeudarse, lo que ayudó a atar a los trabajadores a la hacienda en épocas de escasez laboral.[39]

Los Aspíllaga aparentemente compraban la mayor parte de su opio a H. R. Kendall & Sons de Liverpool, a través del cual vendían también la mayoría de su azúcar.[40] Sin embargo, cuando no había más remedio, le compraban a productores locales, como Wing On Ching & Cía., o a Virgilio Dall'Orso de Piura, a un alto precio.[41]

Los Aspíllaga inicialmente tuvieron problemas con la venta de opio de contrabando, no obstante su monopolio oficial y el fuerte control que ejercían sobre lo que sucedía en la hacienda. Pero en julio de 1875, Ántero Aspíllaga Barrera debilitó eficazmente el tráfico al instituir el pago a los sirvientes contratados con pagarés. La táctica fue tan exitosa que Ántero la llamó "una magnífica medida".[42] El comercio de contrabando jamás se recuperó del todo, incluso después de que dejaran de usarse los pagarés,

37. *El Peruano* (Lima), 27 de septiembre de 1877.

38. AH a AH, 19 de mayo de 1891, AFA; AH a AH, 16 de junio de 1891, AFA.

39. Véase en el cap. 5 un examen de la escasez de mano de obra y el endeudamiento entre los chinos.

40. AH a AH, 1 de mayo de 1885, AFA, para la compra de opio; para la comercialización del azúcar, véase el cap. 3.

41. AH a AH, 12 de mayo de 1876, AFA; AH a AH, 7 de agosto de 1879, AFA.

42. AAB a RAB, 2 de agosto de 1875, AFA.

gracias a la mayor vigilancia y a las frecuentes visitas que hacían los inspectores gubernamentales (los visitadores del estanco).[43]

En virtud a su monopolio, los Aspíllaga obtenían una utilidad razonable con la venta del opio. Hasta la década de 1890, los chinos consumían entre 100 y 150 libras de opio al mes.[44] El alza estándar del precio daba a los Aspíllaga entre 2 y 4 soles de utilidad por libra de opio vendida, o entre 200 y 400 soles al mes.[45]

Para los chinos, el opio era un gran gasto. Durante la década de 1870 el precio estándar de una onza fluctuaba entre 70 y 80 centavos.[46] Para finales de la década había subido, sin embargo, a entre 1,20 y 1,70 soles, y entre 1891 y 1893 fluctuó entre 91 centavos y 1,10 soles.[47] Dada la cantidad de opio consumida, es muy probable que la mayoría de los chinos lo hayan fumado. Durante finales de la década de 1870 y comienzos de la de 1880, hubo en promedio 410 chinos en Cayaltí. En ese periodo se consumió cada año un mínimo de 1.200 libras de opio. El consumo per cápita debe, por ende, haber sumado alrededor de 2,9 libras al año, lo que a un sol la onza daría 46,4 soles. En esa época, los chinos contratados constituían en promedio el 86,8% de la población china. El salario anual total de estos trabajadores era de solamente 48,60 soles.[48]

Entre 1885 y 1890, el número promedio de chinos en Cayaltí cayó a 337. Los Aspíllaga, sin embargo, siguieron importando el mismo monto de opio, de modo tal que el consumo per cápita habría subido a 3,6 libras al año. Volviendo nuevamente a usar un valor de un sol la onza, 3,6 libras habrían costado 57,60 soles. Para 1885, los chinos libres y los que habían sido contratados por la hacienda quedaron reemplazados por los

43. AH a AH, 7 de septiembre de 1895, AFA.

44. AH a AH, 1 de mayo de 1885, AFA; AH a AH, 12 de mayo de 1891, AFA.

45. AH a AH, 18 de abril de 1876, AFA; AH a AH, 24 de abril de 1876, AFA; AH a AH, 8 de mayo de 1876, AFA; AH a AH, 11 de marzo de 1879, AFA; AH a AH, 3 de noviembre de 1891, AFA.

46. AH a AH, 7 de abril de 1876, AFA; AH a AH, 18 de abril de 1876, AFA; AH a AH, 8 de mayo de 1876, AFA; AH a AH, 12 de mayo de 1876, AFA; AH a AH, 11 de marzo de 1879, AFA.

47. AH a AH, 28 de octubre de 1879, AFA; AH a AH, 13 de enero de 1880, AFA; AH a AH, 21 de julio de 1891, AFA; AH a AH, 11 de abril de 1893, AFA.

48. Consúltese el cap. 5.

chinos controlados por contratistas. Los salarios totales anuales de estos trabajadores eran significativamente más altos que los de sus predecesores, pero aun así solo fluctuaban entre 145 y 226 soles.[49]

Para todos los chinos — y sobre todo para los contratados— habría sido muy difícil, si no imposible, comprar opio únicamente con su salario. Aunque la hacienda les proporcionaba muchas cosas, entre ellas vivienda, comida y algo de cuidado médico, seguían teniendo que comprar ropa y preferían el cerdo a la carne de vaca, que formaba parte de su salario. Debemos asimismo enfatizar que el salario anual total dado aquí es por un año completo de empleo y, como ya indiqué, eran pocos los chinos que trabajaban todo un año.[50] Es, en consecuencia, casi seguro que casi todos los chinos tuvieron que prestarse dinero para fumar opio. La deuda les ataba, claro está, a la hacienda y su servidumbre habría sido indefinida mientras siguieran adictos al opio.

Para los Aspíllaga, mantener a los chinos en Cayaltí durante épocas de escasez de mano de obra constituía una ventaja considerable. Resulta, sin embargo, irónico que jamás hayan discutido en su correspondencia la correlación existente entre el consumo del opio y la productividad laboral decreciente, que constituía una preocupación fundamental.[51] Si vieron la correlación, deben haber concluido que era mejor tener trabajadores debilitados y ligados fuertemente a la hacienda, que correrse el riesgo de su partida.

El consumo de opio disminuyó después de 1890, junto con el tamaño de la población china. Su venta era ahora de tan poca importancia para los Aspíllaga que incluso permitían que se encargaran de ella los contratistas chinos.[52] Para entonces, gracias a los mayores contactos que tenían con la población de la sierra, algunos chinos comenzaron incluso a mascar coca, la cual era indudablemente barata, y a beber licor de bajo precio.[53] Debemos, sin embargo, señalar que estos ejemplos de aculturación ocurrieron cuando la población china se encontraba

49. Ibíd.

50. Ibíd.

51. Ibíd.

52. AH a AH, 15 de enero de 1895, AFA.

53. AH a AH, 1 de noviembre de 1892, AFA; AH a AH, 16 de noviembre de 1895, AFA,

considerablemente reducida y debilitada. En unos cuantos años ya no quedarían más chinos en Cayaltí.[54]

La salud y su cuidado

El uso del opio contribuyó indudablemente a la condición debilitada de los chinos, quienes ya estaban sujetos de por sí a diversas enfermedades peligrosas. Los Aspíllaga, sin embargo, manifestaron poca preocupación por la salud de sus trabajadores, excepto para quejarse de que no podían trabajar.[55] No mostraron ningún sentimiento personal o paternal, solo su firme compromiso con mantener la hacienda en funcionamiento. Esta actitud quedó reflejada en la calidad del cuidado de la salud en Cayaltí. El alojamiento y las instalaciones sanitarias eran inadecuados, pero los Aspíllaga sí veían la necesidad de mantener un doctor y unas instalaciones médicas modestas, las cuales fueron ampliando con el paso del tiempo.

Los problemas de salud que amenazaban con engullir a Cayaltí estaban presentes en todo el país. Esto era especialmente cierto en los cálidos valles costeños, donde enfermedades virulentas del Viejo Mundo, como la malaria, la viruela y la fiebre amarilla, eran deprimentemente comunes. Plagas malévolas como estas persistían, en gran medida debido a la falta de vacunas, pero también a las deplorables condiciones sanitarias que facilitaban su propagación. Aunque la corona española comenzó a distribuir vacunas contra la viruela hacia el final del periodo colonial, dicha política fue interrumpida en el siglo XIX por la República.

Es más, los problemas sanitarios eran asquerosamente evidentes y había problemas de salud dondequiera que se congregaba la gente, especialmente en las ciudades. El tratamiento dado a las aguas servidas era algo caprichoso y el agua potable escaseaba y a veces estaba contaminada. El gobierno no tenía dinero con que hacer mejoras, y durante este periodo políticamente turbulento la sanidad y el cuidado de la salud no tenían mucha prioridad. Finalmente, hacia finales del siglo XIX, un Perú reorganizado inició el largo proceso de limpiar Lima, que aún dista de haber

54. Véase el cap. 5.

55. Con respecto al ausentismo, véase el cap. 5.

sido completado. Se mejoraron entonces el tratamiento de las aguas servidas y el suministro de agua, y la vacunación contra la viruela pasó a ser obligatoria. Aunque son dignas de resaltar, estas medidas fueron aisladas y jamás paliaron por completo la amenaza de una epidemia.[56]

Al gobierno, claro está, le preocupaban aún menos las condiciones de salud en las haciendas. Allí, la sanidad y el cuidado de la salud eran responsabilidad únicamente de los hacendados. En Cayaltí había varias causas específicas de enfermedad entre los chinos. En primer lugar, algunos de ellos estaban enfermos cuando llegaron a la hacienda de su viaje a través del Pacífico. En agosto de 1864, siete chinos de un cargamento de 20 estaban mal de salud, uno de ellos lo suficiente como para fallecer a poco de su arribo.[57] Una vez en la hacienda, el clima cálido alentaba el estallido de las enfermedades, especialmente durante el verano.[58] Además, las insalubres condiciones en los galpones eran un fértil caldo de cultivo de las bacterias, pues los desechos no se drenaban correctamente de las viviendas.[59] Los mosquitos transmisores de enfermedades también encontraban lugares perfectos en donde criarse en los canales de riego, y la comida que se malograba, así como el agua de beber contaminada, contribuyeron aún más a un entorno malsano.[60]

Debido a estas condiciones, había varias enfermedades recurrentes que tomaban la vida de los trabajadores, las más serias de las cuales eran el tifus, la disentería, la tifoidea, la malaria y la gripe.[61] La epidemia de

56. Dobyns y Doughty 1976: 169-170, 212.

57. Aspíllagas y Cía. a Señores Zaracóndegui y Cía., 2 de agosto de 1864, AFA.

58. El verano siempre era la época más insalubre del año: AH a AH, 31 de marzo de 1876, AFA; AH a AH, 29 de marzo de 1890, AFA; AH a AH, 8 de marzo de 1897, AFA.

59. AH a AH, 18 de junio de 1878, AFA.

60. AH a AH, 8 de mayo de 1877, AFA; AH a AH,15 de marzo de 1878, AFA; AH a AH, 22 de marzo de 1878, AFA; AH a AH, 21 de mayo de 1878, AFA; AH a AH, 9 de julio de 1878, AFA; AH a AH, 25 de marzo de 1891, AFA; AH a AH, 20 de febrero de 1894, AFA; AH a AH, 19 de mayo de 1894, AFA; AH a AH, 23 de mayo de 1894, AFA; AH a AH, 5 de junio de 1894, AFA.

61. AH a AH, 11 de enero de 1878, AFA; AH a AH, 15 de marzo de 1878, AFA; AH a AH, 22 de marzo de 1878, AFA; AH a AH, 21 de mayo de 1878, AFA; AH a AH, 18 de junio de 1878, AFA; AH a AH, 9 de julio de 1878, AFA; AH a AH, 28 de octubre de 1878, AFA; AH a AH, 12 de marzo de 1886, AFA; AH a AH, 25 de marzo de 1891, AFA; AH a AH, 20 de febrero de 1894, AFA; AH a AH, 19 de mayo de 1894, AFA; AH a AH, 23 de mayo de 1894, AFA.

gripe de abril y mayo de 1890 afectó aproximadamente al 50% de la comunidad china y mantuvo a varios cientos de hombres fuera del trabajo durante más de dos semanas.[62] Dos años más tarde, otra epidemia de gripe cobró la vida de varios chinos, pero no murieron tantos como en la vecina hacienda de Tumán.[63] Otros trabajadores murieron esporádicamente a lo largo de los años de sífilis, afecciones del hígado, meningitis, tuberculosis y uno de un ataque de epilepsia. Otras muertes, que no se pudo diagnosticar correctamente, fueron atribuidas a "sofocación", "ataques" y así por el estilo.[64]

Resulta imposible saber con exactitud cuántos chinos murieron en un año dado. Los mejores datos con que contamos son para el periodo que se extiende de septiembre de 1877 a octubre de 1878, cuando 14 chinos fallecieron por diversas enfermedades en las instalaciones médicas de la hacienda, que los Aspíllaga llamaban —con gran exageración— "hospital". Es posible que muchas otras muertes hayan quedado sin reportar.[65]

Es también difícil evaluar cuántos chinos estaban enfermos al mismo tiempo. Se sabe que hasta el 10% de toda la población china estaba a veces en el hospital en un mismo momento.[66] Pero no podemos tomar este número como una cifra absoluta porque muchos chinos eran renuentes a entrar al hospital, y aquellos a los cuales los Aspíllaga continuamente criticaban por estar "exhaustos" o ser "flojos", estaban muy probablemente enfermos.[67]

---

62. AH a AH, 5 de abril de 1890, AFA; AH a AH, 12 de abril de 1890, AFA; AH a AH, 10 de mayo de 1890, AFA.

63. AH a AH, septiembre de 1892, AFA, no se indica el día; AH a AH, 15 de octubre de 1892, AFA.

64. AH a AH, 12 de marzo de 1878, AFA; AH a AH, 15 de marzo de 1878, AFA; AH a AH, 25 de febrero de 1879, AFA; AH a AH, 13 de diciembre de 1898, AFA.

65. AH a AH, 22 de marzo de 1878, AFA; AH a AH, 21 de mayo de 1878, AFA; AH a AH, 9 de julio de 1878, AFA; AH a AH, 28 de octubre de 1878, AFA.

66. Aspíllagas y Cía. a Señores Zaracóndegui y Cía., 3 de julio de 1864, AFA; AH a AH, 8 de mayo de 1876, AFA.

67. AH a AH, 21 de mayo de 1886, AFA. Véase el cap. 5; puede ser que los chinos usaran hierbas medicinales que ellos mismos preparaban, pero no tengo ninguna evidencia de esto.

Enfrentados a tan amplia gama de enfermedades y a la necesidad de mantener la hacienda funcionando todo el año, los Aspíllaga tuvieron que tomar algunas medidas para tratar a los enfermos. Por ello proporcionaron unas instalaciones donde estos podían recibir el tratamiento rudimentario de un médico. Aunque la presencia del galeno era algo inusual y encomiable, los de Cayaltí eran por lo general incompetentes, un reflejo del estado de la profesión y de lo indeseable que era trabajar en una hacienda aislada.

El reinado de médicos inadecuados comenzó tempranamente. En abril de 1876, el médico fue despedido por incompetente y por tener "hábitos viles".[68] Su sucesor no fue mejor y duró menos de un mes antes de que se reconociera que era un "charlatán".[69] Los Aspíllaga contrataron entonces a un médico de Saña que hizo visitas periódicas a la hacienda durante dos años, antes de que él también fuera despedido por sus errores tras recibir varias fuertes reprimendas.[70] Su reemplazo parece haber durado más de diez años, pero solo porque la administración había perdido la esperanza de encontrar a alguien mejor. Cuando se le despidió en 1894, los Aspíllaga lo criticaron del modo más fuerte posible y lo tildaron de incompetente, de no ser respetado por sus pares, y de ser alguien que se asociaba con las personas más "inferiores" de la hacienda.[71]

Para finales de la década de 1880, los dueños se habían dado cuenta de que tendrían que invertir más en medicina. Al hacerlo, se vieron fundamentalmente movidos por el creciente peligro de una epidemia generada por el incremento de la población de la hacienda, así como por los brotes de viruela y cólera en la región.[72] Los Aspíllaga primero hicieron que sus trabajadores fueran vacunados contra la viruela en 1894 y nuevamente en 1896.[73]

---

68. AH a AH, 21 de abril de 1876, AFA.

69. AH a AH, 21 de abril de 1876, AFA; AH a AH, 8 de mayo de 1876, AFA.

70. AH a AH, 4 de junio de 1878, AFA; AH a AH, 13 de agosto de 1878, AFA; AH a AH, 24 de septiembre de 1878, AFA; AAB a AH, 6 de septiembre de 1881, AFA.

71. AH a AH, 29 de mayo de 1894, AFA.

72. AH a AH, 14 de enero de 1887, AFA.

73. AH a AH, 24 de febrero de 1894, AFA; AH a AH, 3 de marzo de 1894, AFA; AH a AH, 8 de febrero de 1896, AFA; AH a AH, octubre de 1896, AFA, no se indica el día.

Aunque esta fue una gran mejora, las condiciones sanitarias y el cuidado médico siguieron siendo esencialmente malos. Durante el verano, en particular, muchas personas enfermaban y fallecían. En abril y mayo de 1897, 24 murieron de una "fiebre" no diagnosticada.[74] Uno se ve obligado a concluir que los Aspíllaga no llegaron a comprometerse plenamente con un mejor cuidado de la salud. Frecuentemente afirmaban que la causa principal de las enfermedades entre los chinos eran sus hábitos insalubres y la ignorancia, mas no las viviendas malsanas, las duras condiciones de vida, el consumo de drogas y así por el estilo.[75]

Además, muchas de las mejoras simplemente llegaron demasiado tarde como para ayudar a los chinos. Para finales de la década de 1890, la mayoría de ellos ya eran maduros o ancianos y por lo tanto más susceptibles a las enfermedades, no obstante las medidas tomadas.[76]

Los métodos de control

Una faceta igualmente importante de la experiencia china fue el sistema privado de justicia que regía a Cayaltí, y la falta de libertad asociada con la hacienda. Fue fundamentalmente debido a este sistema que la experiencia china yace en algún lugar en medio de la de los esclavos negros que les antecedieron y los asalariados peruanos que les siguieron. Se trata de una experiencia que refleja una etapa en el desarrollo del Perú, caracterizada por el escaso control (y gran desorganización) gubernamental, así como por la falta de conciencia de clase obrera. Aún más, en Cayaltí el ingrediente extra era la creencia de los Aspíllaga de que los chinos eran racial y étnicamente inferiores, y que por lo tanto no merecían un mejor trato. Las contradicciones que encontramos en su argumento resultan particularmente instructivas, puesto que ellas subrayan las contradicciones presentes en toda la economía de hacienda.

El abuso físico de los trabajadores usualmente se debía a los errores cometidos en el trabajo, el rencor personal o el crimen. Los Aspíllaga

74. AH a AH, 7 de junio de 1897, AFA.

75. AH a AH, 16 de octubre de 1885, AFA; AH a AH, 21 de mayo de 1886, AFA.

76. Con respecto a la edad de la población china, véase AH a AH, 16 de octubre de 1885, AFA, así como el cap. 5.

intentaron durante muchos años monopolizar la autorización del castigo, rara vez entregando sospechosos de ser criminales a los tribunales. Esta actitud reflejaba, en parte, el caos político de la época, especialmente durante la ocupación chilena, cuando la autoridad pública desaparecía periódicamente y los ciudadanos privados se veían obligados a actuar por cuenta propia. Pero también creían tener el derecho y la responsabilidad de juzgar y castigar, para así conservar su autoridad en la hacienda.

Para mantener su posición como fuente única de castigo, los Aspíllaga intentaron impedir las golpizas no autorizadas a manos de mayordomos, lo que podía generar represalias de los trabajadores. Pero no siempre se podía evitar que los mayordomos actuaran por cuenta propia. El mejor ejemplo de ello es un incidente que tuvo lugar en septiembre de 1865, cuando dos mayordomos arbitrariamente aplicaron 100 latigazos a un chino una tarde, por la simple razón de que uno de ellos le tenía antipatía, y a la mañana siguiente golpearon a otro chino con un mazo por no haber respondido a tiempo cuando se pasó la lista. Varios chinos respondieron atacando al mayordomo con mazos y palos, pero fueron rápidamente repelidos por otros empleados. Ramón Aspíllaga Ferrebú quedó profundamente molesto por todo el incidente.[77]

Más usual era que los chinos fueran castigados por orden de los Aspíllaga por errores cometidos en el trabajo, lo que tenía como resultado pérdidas para la hacienda, o por delitos que los propietarios juzgaban eran culpa suya. En una ocasión la gerencia obligó a un trabajador a laborar engrilletado como castigo por su negligencia, que según los Aspíllaga había sido la responsable de la muerte de un compañero de trabajo. Los grilletes le fueron retirados luego de un lapso no especificado —probablemente unos cuantos días—, no tanto debido a sus "numerosos ruegos, llanto y promesas", como porque había sido "bien castigado para que pudiera servir de ejemplo".[78]

De igual modo, entre 1878 y 1888, varios otros chinos fueron castigados por haber comenzado, o no haber prevenido, fuegos que destruyeron una considerable cantidad de acres de cañaveral. En 1878, la administración decidió que 15 chinos debían compartir la culpa por un

---

77. Aspíllagas y Cía. a Señores Zaracóndegui y Cía., 6 de septiembre de 1865, AFA.

78. AH a AH, 25 de junio de 1878, AFA.

incendio que tiznó once cuarteles de caña. Los Aspíllaga inicialmente metieron a todos en la cárcel de la hacienda, pero luego los trasladaron al ingenio, donde debían permanecer hasta cancelar su deuda. Resulta interesante que los Aspíllaga hayan tenido tanta confianza en sus actos que, en una rara muestra de legalismo, notificaron a las autoridades de Saña del arresto inicial, a pesar de que estas no habían mostrado interés alguno en el caso.[79]

En un caso similar diez años más tarde, un vigilante chino responsable por el cuidado del azúcar procesada se quedó dormido en un incendio que destruyó entre 300 y 400 fanegas de azúcar (una fanega equivale a 157 libras). Esta vez, los Aspíllaga simplemente lo metieron en la cárcel de la hacienda y jamás mencionaron cuánto tiempo tendría que permanecer allí.[80]

Pero el uso más arbitrario que hacían del poder era cuando ordenaban ejecutar a alguien por asesinato. Esto solamente tuvo lugar unas cuantas veces en Cayaltí, pero es posible que hubiese otros casos de los cuales no ha quedado huella, especialmente antes de 1870. Los Aspíllaga siempre llevaban a cabo una breve investigación del crimen antes de dictar sentencia.

En la mayoría de los casos, los asesinatos de chinos eran cometidos por otros chinos. Los motivos eran sintomáticos de la injusticia del sistema de hacienda al cual tanto el asesino como la víctima estaban ligados. En todas las ocasiones, los Aspíllaga consideraron que el crimen era un ataque contra la sociedad misma, y que se debía administrar un castigo duro e inmediato para así sentar un ejemplo. Pero resulta significativo que hayan sentido esto con más fuerza cuando la víctima era algo más que un simple trabajador. Para ellos era una ofensa más seria asesinar a alguien perteneciente a otra clase.

En agosto de 1876, un trabajador chino golpeó tres veces a su supervisor en el cuello y la cabeza con un machete, dándole muerte instantáneamente. El motivo del asesinato fue la creciente cantidad de desyerbado que la hacienda había autorizado. Los Aspíllaga se sintieron particularmente molestos por el homicidio porque la víctima había sido

79. AH a AH, 19 de noviembre de 1878, AFA; AH a AH, 25 de noviembre de 1878, AFA.

80. AH a AH, 10 de octubre de 1888, AFA; AH a AH, 7 de noviembre de 1888, AFA.

un "leal y buen servidor chino" que hacía que sus hombres completaran sus tareas. En efecto, justo aquella mañana, Ántero había observado lo bien que el trabajo avanzaba en la sección de la víctima.[81]

Tras el asesinato, el homicida huyó al área boscosa de la hacienda. Los Aspíllaga ordenaron de inmediato a los mayordomos que lo persiguieran y que lo ejecutaran al capturarlo. Señalaron entonces que "no queda otro recurso para que los sirva de ejemplo a estos malvados [trabajadores]".[82] Como los días pasaban sin que el asesino fuera capturado, dijeron:

> Mucho lamentamos la muerte de este buen servidor y fiel sirviente y ya puedan estimar el interés que tendremos en perseguir al autor del crimen, que ha venido a perturbar la buena marcha y orden en que llevábamos el fundo. El crimen felizmente es obra de un solo chino, está probado, y pueden estar tranquilos [con] respecto a la subordinación de los demás trabajadores.[83]

Luego de ocho días de persecución, un informante chino reportó que un arriero también chino había dado refugio al fugitivo. La respuesta fue fulminante:

> El asesino Aijin descansa en paz en el mismo sitio en donde está sepultado Aun. Gracias a Dios que no haya escapado el malvado que casi de una manera providencial se ha conseguido aprehender. Vigilamos mucho el orden y tenemos en seguridad el chino que lo protegía al asesino, el arriero Alan.[84]

No hay mención alguna del destino del arriero.

Un año más tarde, un trabajador chino asesinó a un compañero de trabajo, lo que provocó una respuesta distinta de parte de los Aspíllaga. La animosidad existente entre ambos se debía originalmente al dinero

81. AH a AH, 14 de agosto de 1876, AFA.

82. Ibíd.

83. AH a AH, 18 de agosto de 1876, AFA.

84. AH a AH, 1 de septiembre de 1876, AFA.

que uno le debía al otro. En cierto momento, el deudor fue severamente golpeado por su acreedor. Buscando venganza, el deudor planeó entonces asesinar al acreedor cuando descansaba durante el almuerzo. Esperó cuidadosamente y luego lo aporreó hasta matarlo. El asesino huyó, pero varios mayordomos lo persiguieron de inmediato a caballo y lo prendieron en poco tiempo. Los Aspíllaga escribieron a Lima que si bien usualmente habrían fusilado al hombre, les parecía un mejor ejemplo si más bien recibía 150 latigazos.[85] Según ellos:

> No hemos entregado al chino Aijin a la justicia [esto es, fusilarlo] porque Uds. saben que eso no sirve de ejemplo al resto de [los] asiáticos que tenemos en este fundo, que es lo que hay siempre necesidad de hacer para moral y corrección de los que nos quedan.[86]

Cuando se asesinaba a un mayordomo, era imperativo matar al responsable en cuanto se lo detuviera, pero cuando la víctima era un simple trabajador, bastaban 150 latigazos.

Hubo otros homicidios en Cayaltí que provocaron reacciones interesantes de parte de los Aspíllaga. En julio de 1886 se robó y asesinó en la hacienda a un comerciante chino de Pucalá. Los Aspíllaga asumieron un papel activo en la investigación y despacharon mayordomos al campo, además de remitir circulares informando a las autoridades locales del crimen. Ellos sentían que debían hacer esto "[para mostrar a] nuestros asiáticos que no miramos con indiferencia estos crímenes y que cuentan con garantías en esta hacienda, lo cual atraerá justamente trabajadores a ella".[87]

Luego, en noviembre de 1875, un chino, desesperado por sus deudas, asesinó a un peruano. Ramón Aspíllaga Barrera sostuvo que el crimen le había "aterrorizado moralmente", pero que "estamos tranquilos porque podemos sustentarnos en nuestro buen comportamiento y pedimos la protección del Señor".[88]

---

85. AH a AH, 31 de julio de 1877, AFA.
86. AH a AH, 3 de agosto de 1877, AFA.
87. AH a AH, 2 de julio de 1886, AFA.
88. RAB a AAB, 12 de noviembre de 1875, AFA.

Para finales de 1880, los Aspíllaga habían cambiado de táctica en su manejo de los homicidios que involucraban a chinos. Por vez primera comenzaron a poner a los asesinos a merced de la ley. Esto sucedió inicialmente en 1888 y se repitió en 1892 y 1895.[89] ¿A qué se debió el cambio? Muy probablemente fue en respuesta a la mejor organización política del Perú, y a las presiones tanto locales como del exterior para que mejorara la condición de los chinos.[90] Los Aspíllaga no querían tomar los riesgos que antes habían asumido como una cuestión de rutina. Debían además considerar la posibilidad de un incidente que atrajera la atención nacional, y tal vez internacional, lo que podía dañar la ascendente carrera política de Ántero Aspíllaga Barrera. Y quizás, también, se percataron finalmente de que mostrar cadáveres a los chinos no impedía que se cometieran asesinatos.

Una de las principales metas de la Comisión China de 1887 fue investigar los cargos según los cuales se habían cometido abusos como los arriba descritos. La comisión, que estaba conformada por funcionarios chinos y peruanos, encontró que Cayaltí era una hacienda modelo. Su informe decía: "La Comisión China ha quedado muy complacida del trato que recibía de los dueños, como igualmente de que así lo hayan manifestado los mismos peones".[91] Este juicio se debió, no a una investigación defectuosa, sino más bien a un cuidadoso encubrimiento.

Los Aspíllaga fueron extremadamente conscientes de esta investigación. Todavía en 1885 sentían que una renovada inmigración china no solo era posible, sino de crucial importancia para la agricultura de la costa. Sabían, encima, que si una comisión descubría numerosos abusos, ya no sería posible ninguna nueva inmigración.[92] Ellos en consecuencia se prepararon muy bien para la inspección —"nos pone a cubierto de

89. AH a AH, 7 de noviembre de 1888, AFA; AH a AH, 20 de diciembre de 1888, AFA; AH a AH, 1 de noviembre de 1892, AFA; AH a AH, 21 de agosto de 1895, AFA.

90. Véase el cap. 5.

91. "Expediente sobre la averiguación practicada por la comisión china, asesorada por funcionarios de gobierno, respecto de la situación de sus connacionales que prestan sus servicios en las haciendas, Lima, 9 diciembre, 1887", Biblioteca Nacional, Lima. Citado en adelante como Informe de la Comisión China de 1887, Biblioteca Nacional.

92. AH a AH, 30 [sic] de febrero de 1885, AFA.

todo reclamo”—, e impresionaron a los comisionados con su cortesía. El resultado fue la respuesta favorable ya mencionada.[93]

Otros hacendados no tuvieron tanto éxito a la hora de esconder los abusos que cometían con los chinos, ni siquiera de los miopes comisionados. La comisión encontró por toda la costa, injusticias similares a las que no logró ver en Cayaltí. En varias haciendas, los comisionados hallaron a chinos trabajando con cadenas o grilletes, y otros se quejaron de haber sido azotados o encarcelados, y muchos más de que sus contratos habían sido extendidos ilegalmente. En la hacienda Huayto, en el departamento de Lima, varios chinos denunciaron haber sido encadenados por orden de don Octavio Canevaro, el propietario. La comisión ordenó que se les quitaran las cadenas e insistió en que en adelante ya no se volviera a encadenar a los chinos. Fue también en Huayto donde la comisión descubrió un caso de mutilación. Al parecer, el médico de la hacienda había cortado la oreja de un chino “como venganza personal”. El hacendado, sin embargo, no había hecho nada para disciplinar al médico, quien huyó poco antes de que arribaran los funcionarios. Los comisionados dejaron el caso en manos del subprefecto de la provincia.[94]

A pesar de todo esto, la comisión concluyó que los chinos eran “prósperos” y que estaban siendo “bien tratados” en las haciendas. Escobar y Bedoya, el jefe de la delegación peruana, sostuvo en una carta dirigida al director general de gobierno que todos los hacendados habían respetado su autoridad y que había alcanzado soluciones “conciliadoras” a los problemas con los que se había topado. Reservó, más bien, su única crítica para los contratistas chinos, quejándose de que ellos recogían a los chinos huidos y los llevaban de hacienda en hacienda para que no pudieran ser prendidos por sus “patrones”. También sostuvo que los contratistas eran más crueles con los chinos que el más violento de los hacendados. Citó entonces un caso en La Libertad, en el cual un contratista había asesinado a tres huidos, por lo cual no recibió castigo alguno, “como si fuese un hacendado”. Escobar y Bedoya terminó recomendando que se prohibieran los contratistas chinos.[95]

---

93. AH a AH, 30 de septiembre de 1887, AFA; AH a AH, 7 de octubre de 1887, AFA.

94. Informe de la Comisión China de 1887, Biblioteca Nacional.

95. Ibíd.

Semejante conclusión solamente puede atribuirse al favoritismo. Los ejemplos de maltrato presentados en el informe mismo contradecían claramente la conclusión de que los chinos estaban siendo "bien tratados". Es más, Escobar y Bedoya se topó con varios problemas que no logró resolver, el más notable de los cuales se dio en algunas de las principales haciendas del valle de Chicama, donde los chinos sostenían que sus contratos habían sido falsificados. Ni siquiera su crítica de los contratistas chinos puede ser tomada al pie de la letra, pues si bien es posible que efectivamente estos hayan sido crueles con los trabajadores chinos, no habrían existido sin la demanda de trabajadores creada por el sistema de hacienda peruano.

Además, distintas evidencias provenientes de Cayaltí y de otros lugares muestran que la Comisión China no tuvo un efecto aleccionador sobre el trato que los hacendados daban a los chinos. En 1893, el subprefecto y el cónsul chino de Trujillo hicieron una gira de inspección por el valle de Chicama para determinar las condiciones laborales y de vida de los chinos. Encontraron la peor situación en la hacienda La Viñita, poseída y administrada por Jesús García y García. Los inspectores hallaron que los chinos venían trabajando con contratos sin firmar por varios años, motivo por el cual, razonaron, habían quedado reducidos a la condición de esclavos. Se halló, además, que García y García había abusado físicamente de cinco chinos a los cuales había azotado, encadenado y metido en la cárcel de la hacienda. Un chino en realidad había estado preso 15 años y tres de los otros por nueve años. La reacción de García y García a los cargos que se presentaron en su contra fue típica de la clase hacendada: sostuvo que en lo que a él concernía, los contratos eran legales, y que eso era todo lo que contaba en su hacienda. En cuanto al uso de castigos corporales, dijo que era necesario para mantener el orden. No había problemas entre él y sus trabajadores; en realidad, todos vivían felices lado a lado.[96] Desgraciadamente desconocemos el desenlace del caso.

---

96. Informe del cónsul chino Ten Ayan, subprefecto de Trujillo Lizardo Lavalle, intérprete P. A. Ponky, Biblioteca Nacional; Jesús García y García al ministro de gobierno, 21 de agosto de 1893, Biblioteca Nacional.

Las alternativas

No todos los chinos trabajaban en las haciendas. Algunos lograron convertirse en enganchadores y comerciantes, y otros laboraban como asalariados en áreas urbanas. Con todo, para los trabajadores de las haciendas las alternativas a una vida de trabajo no eran realmente tales, sino más bien reacciones desesperadas a una situación miserable. Eran, en efecto, algunas de las mismas respuestas que los esclavos negros habían dado al sistema de haciendas; el suicidio, la fuga, el asesinato y la rebelión.

Cuando se les presentaba la oportunidad, los chinos a menudo buscaban vengarse del sistema de hacienda y de la sociedad a la que representaba. Esto podía tomar la forma ya fuera del asesinato individual o de la rebelión masiva. Ya he mencionado dos homicidios en Cayaltí, uno de los cuales involucró a un comerciante chino y el otro a un peruano, los cuales caen dentro de esta categoría. Además, me encontré con otros dos casos, uno más significativo que el otro. El menos importante fue el asesinato de un mayordomo en Chiquitoy, en septiembre de 1887, a manos de varios chinos que estaban bajo su control. Según un informe periodístico, el mayordomo había ordenado que se volviera a trabajar un campo que se acababa de terminar, provocando así la ira de los trabajadores, quienes le golpearon con sus azadones hasta matarlo. Un editorial en el periódico *El Tiempo* de Trujillo sostuvo que la presencia de la Comisión China había provocado que los chinos cometieran el crimen.[97]

Pero de mayor importancia fue el asesinato del propietario de Pucalá, un tal Izaga. George R. Fitz-Roy Cole describió el incidente:

> El padre de uno de los compañeros del autor en esta expedición [José María Izaga] fue muerto por sus propios chinos en un estallido de pasión vengativa, cuando los culíes conspiraron para vengarse de los duros tratos que recibían, e irrumpieron en la casa, golpeando a su amo con sus herramientas de cultivo hasta morir. Esto fue después de una gran resistencia, pues uno de los castigos que este hombre impuso a cualquier culí al que

97. "La visita china", editorial, *El Tiempo* (1 de octubre de 1887), reimpreso en *El Comercio* (15 de octubre de 1887).

cogía intentando escapar era cargarle con una cadena de hierro, obligándole a trabajar como siempre con este gran peso añadido hasta que consideraba que su castigo era suficiente. En el caso de ofensas menores solía golpearles inmisericordemente y cortar sus raciones hasta el punto de la inanición. Esto prosiguió hasta que la paciencia del sufrido chino se agotó y, despabilándose a sí mismo una mañana, se vengó en la forma sumaria ya narrada.[98]

Los chinos se rebelaron en masa en raras ocasiones. Hasta donde podemos establecer, esto solamente ocurrió en dos ocasiones, una en 1870 y otra durante los primeros años de la Guerra del Pacífico. El primer episodio tuvo su centro en Pativilca y Barranca. Para Ramón Aspíllaga Ferrebú, fue un "formidable alzamiento", lo que le hizo tomar precauciones especiales en Cayaltí, al norte, y aconsejar a su hijo que hiciera lo mismo en Palto, cerca de Pisco. Desgraciadamente no he podido encontrar más detalles sobre este levantamiento.[99]

Como ya se indicó, cuando el ejército chileno invadió el Perú, fueron muchos los chinos que tomaron las armas del lado de los invasores, ayudaron a saquear Lima[100] y quemaron numerosas haciendas cerca de Chimbote y en el valle de Saña.[101]

Pero en Cayaltí los chinos no se rebelaron y solamente un puñado de ellos logró escapar gracias a la invasión chilena.[102] Esto indica la seguridad particularmente fuerte y la cuidadosa administración que caracterizaron la historia de la hacienda durante el último cuarto del siglo XIX, cuando los trabajadores eran supervisados de cerca en sus labores, y los mayordomos, así como la gerencia, eran los únicos que tenían acceso a los caballos y armas de fuego.

---

98. Cole 1884: 139-140, 200.

99. RAF a RAB, 18 de septiembre de 1870, archivo privado, Lima, cortesía de Dennis Gilbert. Hay un ensayo sobre esta rebelión de Humberto Rodríguez Pastor, al que no logré acceder.

100. Basadre 1949, 2: 225.

101. Véase el cap. 2.

102. Ibíd.

Cuadro 33
CHINOS HUIDOS DE CAYALTÍ

HUIDOS, 1875-1879	N.º RECAPTURADOS	% RECAPTURADOS	HUIDOS, 1879-1882	N.º RECAPTURADOS	% RECAPTURADOS
24	8	33,3	21	6	28,6

Fuente: RAB a AAB, 21 de septiembre de 1875, AFA; RAB a AAB, 5 de octubre de 1875, AFA; RAB a AAB, 8 de octubre de 1875, AFA; AH a AH, 8 de mayo de 1876, AFA; AH a AH, 21 de mayo de 1876, AFA; AAB a AH, 19 de junio de 1876, AFA; AH a AH, 18 de julio de 1876, AFA; AH a AH, 21 de febrero de 1877, AFA; AH a AH, 2 de junio de 1877, AFA; AH a AH, 6 de julio de 1877, AFA; AH a AH, 16 de julio de 1878, AFA, AH a AH, 11 de septiembre de 1877, AFA; AH a AH, 14 de septiembre de 1877, AFA; AH a AH, 16 de octubre de 1880, AFA; AAB a IAB, 3 de mayo de 1881, AFA; carta sin firmar fechada el 8 de junio de 1882, AFA.

Resulta significativo que todas las fugas de que se tiene noticia tuvieron lugar entre 1875 y 1882 (véase el cuadro 33). Esto sugiere, en primer lugar, que debido a los bajos salarios y al sistema más duro de justicia privada, los chinos contratados por la hacienda tenían más motivos para huir que los que habían sido contratados por los enganchadores. En segundo lugar, esto da fe del caos político y económico de la época.

Muchos de los cimarrones que huyeron de Cayaltí buscaron refugio entre la población china de Chiclayo, la ciudad más cercana.[103] Solo de vez en cuando alguien se dirigía a Lima, y solo porque "tenía una mujer allí".[104] La fuga de tres chinos a la zona de Pisco y su eventual captura en Palto se debieron, muy probablemente, a que eran originarios de esta hacienda donde aún tenían amigos, y tal vez también parientes.[105]

En otras ocasiones, los Aspíllaga tenían fuertes sospechas de que los fugitivos habían terminado trabajando en las haciendas vecinas, ya fuera por opción o por coerción. En marzo de 1879 creían que diez huidos estaban en Pátapo, Vista Florida, Lurifico y otras haciendas.[106] Este era un

103. AH a AH, 18 de julio de 1876, AFA; AH a AH, 14 de septiembre de 1877, AFA.

104. RAB a IAB, 26 de julio de 1881, AFA.

105. RAB a AAB, 5 de octubre de 1875, AFA.

106. AH a AH, 4 de marzo de 1879, AFA.

serio problema porque los hacendados rara vez devolvían a los fugitivos a sus empleadores originales.[107]

Cayaltí siempre hizo grandes esfuerzos para prender a los huidos y dependió fundamentalmente de dos técnicas: búsquedas inmediatas y exhaustivas en la hacienda y las áreas vecinas por parte de los mayordomos a caballo, y el uso de informantes. Si la fuga se descubría rápidamente, el fugitivo tenía pocas oportunidades de escapar de la hacienda,[108] pero si lograba salir de Cayaltí, su captura podía resultar muy difícil.

A los mayordomos se les ordenaba que al perseguir a los fugados, buscaran en las aldeas y haciendas vecinas, y a veces incluso que viajaran a la sierra.[109] En una ocasión, el mismísimo Ramón Aspíllaga Barrera tomó parte en la caza de chinos huidos.[110] Junto con la búsqueda, por lo general se notificaba a los vecinos que se daría una recompensa a cambio de información que condujera a la captura del fugitivo.[111]

Esto dio resultado al menos en dos ocasiones. La más destacada de todas fue cuando gracias a la información recibida de los agentes de la hacienda Palomino, los Aspíllaga atraparon a cuatro fugados en octubre de 1875.[112] En otro caso, un fugitivo fue capturado en las afueras de Chiclayo por un hombre a quien se pagó una recompensa de 50 soles.[113]

Cada vez que se capturaba a un fugitivo, estos despertaban la ira de los Aspíllaga. En una ocasión los mayordomos mataron a un chino en el transcurso de una búsqueda en la cual el mismo Ramón Aspíllaga Barrera tomó parte. Ramón no mostró remordimiento alguno y más bien recompensó a los responsables de esa muerte. Luego hizo que los fugitivos sobrevivientes fueran "severamente castigados" y arrojados en la cárcel de la hacienda, donde los interrogó, preguntándoles por qué

107. RAB a AAB, 5 de octubre de 1875, AFA. En una ocasión, los Aspíllaga devolvieron a un chino huido de Tumán, pero eso fue porque deseaban trabar amistad con los Pardo: AH a AH, 28 de agosto de 1885, AFA.

108. AH a AH, 11 de septiembre de 1877, AFA.

109. AH a AH, 18 de febrero de 1879, AFA.

110. AH a AH, 21 de mayo de 1876, AFA; RAB a AAB, 8 de octubre de 1875, AFA.

111. AH a AH, 2 de junio de 1877, AFA.

112. RAB a AAB, 8 de octubre de 1875, AFA.

113. AH a AH, 14 de septiembre de 1877, AFA.

habían huido. Respondieron, "como siempre lo hacen", que estaban "recibiendo un salario insuficiente para la gente". Ramón pensaba que eso era ridículo. Luego les preguntó si alguien les había pagado u obligado a que dejaran Cayaltí, lo que les pareció absurdo. Ramón posteriormente le comentó a su hermano Ántero que estaba seguro de que además del castigo que él les había infligido, Dios habría de sancionarlos aún más.[114]

Teniendo que hacer frente a este tipo de existencia, algunos chinos de Cayaltí optaron por tomar su propia vida. El suicidio también tuvo lugar entre los chinos en Cuba, así como en otras partes del Perú. Según Juan Pérez de la Riva, su frecuencia entre los chinos de Cuba dio a la isla la tasa más alta de suicidios del mundo.[115] El Perú debe haber rivalizado con Cuba por esta dudosa distinción, puesto que muchos chinos se suicidaron en las islas guaneras, donde se les forzaba a trabajar, comer y dormir sobre enormes montículos de estiércol de ave.[116]

En Cayaltí hay seis suicidios registrados entre los chinos, pero es posible que haya habido otros más de los cuales no quedó ningún rastro. Cinco de estas muertes se debieron a la ingestión de sobredosis masivas de opio.[117] No tenemos detalles sobre las causas inmediatas de la mayoría de los suicidios, pero uno claramente fue precipitado por los azotes recibidos,[118] y los Aspíllaga creían que otro más podría deberse a la sensación de impotencia causada por las deudas.[119] Pero en otros casos podría argüirse que la causa principal fue una depresión extrema provocada por una combinación de trabajo excesivo, enfermedad, abusos o la incapacidad para adaptarse a un entorno extranjero.

---

114. RAB a AAB, 5 de octubre de 1875, AFA.

115. Pérez de la Riva 1975: 67.

116. Hay una descripción de las condiciones existentes en las islas guaneras en Maude 1981: 136.

117. AH a AH, 8 de mayo de 1876, AFA; AH a AH, 12 de mayo de1876, AFA; AH a AH, 18 de julio de 1876, AFA; RAB a AAB, 4 de enero de 1876, AFA; RAB a AAB, 25 de enero de 1876, AFA; AH a AH, 4 de junio de 1878, AFA. Esta también era la forma más común de suicidio en Cuba (Pérez de la Riva 1975: 69).

118. AH a AH, 8 de mayo de 1876, AFA.

119. RAB a AAB, 7 de enero de 1876, AFA.

Justificación

Es importante comprender cómo y por qué los Aspíllaga, y evidentemente otros hacendados azucareros, ejercieron semejante control sobre la vida de los chinos, que no eran esclavos. Comprender esto es transcendental porque nos abrirá una ventana a la tardía sociedad decimonónica peruana en función tanto de las relaciones laborales como de la naturaleza y la visión del mundo de los hacendados.

Una de las características más importantes que todas las haciendas peruanas compartían era su autonomía. Las haciendas azucareras en la costa norte se extendían a lo largo de decenas de miles de acres de los valles costeños a los que literalmente dominaban. Además, funcionaban como poblados independientes, que proporcionaban a sus trabajadores y personal todos los artículos y servicios que necesitaban.[120] Esta función obviamente mejoraba el control que los hacendados ejercían sobre los trabajadores.

Aún más, el control directo que los hacendados tenían sobre sus hombres aumentaba durante las épocas de caos político extremo, como sucedió durante la ocupación chilena. La desaparición de una autoridad pública confiable les daba el poder de llevar a cabo ejecuciones sin temor a ser procesados.

Pero el renacer de la autoridad pública en la década de 1890 no limitó significativamente su control sobre los trabajadores o su lugar en la sociedad. Los agricultores de la costa norte, por el contrario, eran a veces funcionarios locales o bien quienes decidían quién habría de ocupar dichos cargos. Además, después de la guerra, varios de los hacendados, los Aspíllaga entre ellos, emergieron como figuras políticas importantes en el ámbito nacional.[121] La existencia de un gobierno más estable, en el cual los hacendados compartían el poder, les aseguraba un apoyo considerable de parte del Estado a sus asuntos de negocios. Para usar el mismo ejemplo, los trabajadores sospechosos de haber cometido un delito podían ahora ser entregados a las autoridades públicas bajo el supuesto razonable de que se haría algún tipo de justicia.

---

120. Véase el cap. 3.

121. Véase el cap. 2.

Los Aspíllaga reconocían la dureza de su régimen de control social, al cual justificaban por razones de conveniencia económica, social y política. Frecuentemente aludían a los chinos como "semihombres", "semiesclavos" y como trabajadores que laboraban como virtuales esclavos. Ellos sostenían, empero, que semejante explotación era necesaria para asegurar su éxito, es decir, no solo el éxito financiero de su hacienda, que era el primer paso esencial, sino también su ingreso triunfal en la oligarquía y la política nacional.

Los Aspíllaga de ningún modo fueron los únicos hacendados que se beneficiaron con la explotación de los trabajadores chinos. Varios de los hacendados azucareros salieron de este periodo con sus haciendas intactas, y pasaron a ser importantes políticos que ayudarían a gobernar al Perú hasta el golpe militar de 1968, salvo por un breve hiato en el decenio de 1920.

Los sentimientos que los Aspíllaga tenían con respecto a los trabajadores quedaron claramente expresados en esta carta de mayo de 1878:

> No hay que pensar en esclavitud pues no existe sino por momentos, no somos los únicos, aunque digan que mal de muchos es consuelo de tontos, pero unos necesitan de otros [y] esto nos sucede adelante como héroes que buscan una muerte segura para vivir eternamente en las páginas de la Historia.[122]

Pero los Aspíllaga no justificaron su régimen de control social únicamente en estos términos. Ellos también creían que los chinos eran racial y étnicamente inferiores, y que por lo tanto no merecían un trato humano. Para 1895, los propietarios de Cayaltí ya se habían comprometido con la mano de obra peruana y podrían fácilmente haber despedido o jubilado a sus restantes trabajadores chinos. Sin embargo, aún quedaba un molesto problema:

> Hasta los chinos, los encontramos bien, a pesar de su vejez, prestando buenos servicios y se les ve contentos a pesar de su condición de semi-esclavos.

---

122. AH a AH, 28 de mayo de 1878, AFA.

Hemos de hacer algún día esta buena obra, darles libertad completa, si no encontramos una baja insuperable, en sus propios vicios.[123]

Que sus "propios vicios" determinaban que no fueran dignos de la "libertad", o siquiera de recibir un trato más humano, era una convicción nacida de los prejuicios que hacía que para los Aspíllaga resultara más fácil explotar a los chinos. Los propietarios de Cayaltí se referían a estos hombres con regularidad como perversos, ociosos, racialmente degenerados y dedicados al juego y al opio.[124]

A los Aspíllaga les resultaba particularmente difícil aceptar el suicidio entre los chinos. No era algo que se debiera a una convicción religiosa, sino más bien a un sentimiento de disgusto y de desagrado producido por la pérdida de trabajadores.[125] Así fue como un Aspíllaga respondió a un suicidio:

Uno de los chinos más caprichosos, soberbio y de peor carácter, sólo por haber recibido seis azotes [...] se envenenó. Hemos perdido un brazo, en cambio sostenido el orden del trabajo [...].[126]

En 1893, los Aspíllaga hicieron una evaluación general de los chinos que ejemplifica las contradicciones de su lógica del control social basada en la inferioridad racial:

Los chinos no solamente preocupan como degenerados de raza, sino que pueden crear con el tiempo cuestiones sociales muy serias, pues ellos, sea por su inteligencia, o por sus hábitos, todo lo van absorbiendo el comercio por menor, el por mayor y por último, hasta las haciendas sin dejar beneficio permanente para el país, pues ellos, como pueden aunque sea con ochenta años encima, una vez que hacen dinero se lo llevan a su país.[127]

---

123. AH a AH, 27 de febrero de 1895, AFA.

124. Véase AAB a RAB, 14 de junio de 1875, AFA; AAB a IAB, 16 de febrero de 1881, AFA.

125. AH a AH, 8 de mayo de 1876, AFA; AH a AH, 8 de abril de 1882, AFA; AH a AH, 11 de noviembre de 1887, AFA.

126. AH a AH, 8 de mayo de 1876, AFA.

127. AH a AH, 24 de enero de 1893, AFA.

Aunque esta afirmación evidentemente es una exageración, al parecer escrita en un estado de leve pánico, sí nos abre una ventana a la mentalidad de la familia. La pregunta obvia, claro está, es la siguiente: si los chinos eran indignos de recibir un mejor tratamiento debido a su inferioridad racial y "repugnantes vicios", ¿entonces cómo explicar su éxito como hombres de negocios? Evidentemente, que un chino saliera de su servidumbre contratada y se convirtiera en un próspero comerciante o terrateniente durante una época de crisis, era algo que requería de una inteligencia, tenacidad e ingenio dignos de un miembro de la élite costeña.

De habérselo señalado, los propietarios de Cayaltí probablemente no se habrían sentido preocupados por su falta de lógica, por instructiva que ella nos resulte para comprenderlos. Los Aspíllaga Barrera eran jóvenes ambiciosos que se esforzaban por lograr un gran éxito, una suerte de inmortalidad histórica, la cual se alcanzaría mejor obteniendo una ganancia en una época de grandes dificultares económicas y políticas. Los chinos eran la única fuente fácilmente disponible de mano de obra y debía retenérseles a toda costa.

Mediante el uso de la fuerza laboral china y las innovaciones tecnológicas, los Aspíllaga lograron mantener la producción y ganar dinero a pesar de la guerra y de la crisis en el mercado internacional del azúcar. Con el cambio de siglo, su éxito se basó en el reclutamiento de trabajadores en las comunidades locales y las sierras vecinas. Este cambio en los sistemas de suministro de mano de obra marcó una fase de transición significativa en la historia de la agricultura de Cayaltí y de la costa norte.

Capítulo 7

La contratación de trabajadores, 1880-1933

A medida que los últimos chinos se iban fatigando y envejeciendo, con lo que quedaban relegados a las labores tradicionalmente reservadas para los jóvenes, los Aspíllaga tuvieron que enfrentar el molesto problema de encontrar una nueva fuente de mano de obra o dejar el negocio. Al discutir sus futuras necesidades laborales, ellos y los demás hacendados solo abandonaron gradualmente la esperanza de contar con un régimen laboral basado en la servidumbre. Los chinos habían prestado un buen servicio durante décadas y lo que se deseaba era renovar la importación de extranjeros. A pesar de las barreras domésticas e internacionales, los hacendados peruanos lograron importar varios millares de trabajadores japoneses contratados entre 1898 y 1923. Aunque estos trabajadores hicieron una contribución significativa a la agricultura costeña en los valles del centro y sur, el flujo inmigratorio era demasiado lento como para satisfacer las necesidades de las haciendas en el largo plazo.

En consecuencia, los hacendados de toda la costa comenzaron a reclutar trabajadores en la sierra peruana, donde la gran población campesina constituía un grupo laboral viable. El proceso de contratación laboral, que los Aspíllaga iniciaron de modo irregular y con temor, eventualmente satisfizo las necesidades laborales de Cayaltí y de otras haciendas más de la costa norte.

En el Perú, al igual que en el resto de Latinoamérica, se conoce la contratación de mano de obra como "enganche", del verbo enganchar, que quiere decir "coger [con un gancho] o atrapar". Tal como lo indica la naturaleza peyorativa del término, desde su aparición los observadores han visto al enganche negativamente. Los indigenistas peruanos del temprano siglo XX lo criticaron por ser una semiesclavitud, indicando que lo que prevalecía eran la fuerza, el engaño y la manipulación. Un punto principal de la crítica concernía al peonaje por deudas, el proceso a través del cual, debido a sus deudas, los asalariados quedaban ligados a su hacienda por periodos prolongados. Más recientemente Peter F. Klarén, Ernesto Yepes del Castillo y otros más han enfatizado la importancia que la coerción extraeconómica tenía en el enganche.[1]

En efecto, el endeudamiento constituía el meollo del sistema de enganche, en Cayaltí y en el resto del Perú. La ecuación fundamental involucraba el pago con trabajo de las deudas en que se incurría de diversas maneras. Sin embargo, no tenemos ninguna prueba convincente de que los Aspíllaga, al menos, hayan usado el endeudamiento como su estrategia maestra con la cual crear una fuerza laboral residente. En lugar de ello, diseñaron diversos métodos que iban desde la detención física hasta los incentivos materiales.

La bibliografía reciente sobre la contratación de mano de obra en el continente americano cambió su énfasis y ahora incluye el análisis de los papeles que desempeñaron el Estado y el mercado, pero hay discrepancias considerables en lo que respecta a la importancia relativa que cada uno de ellos tuvo.[2] El gobierno peruano ciertamente permitió el

1. Entre las obras tempranas que fueron críticas con el enganche figuran Ulloa Sotomayor 1916, cap. 11; Denegri 1911; Mostajo 1913; y Mayer de Zulen 1921. Para obras más recientes, consúltese Klarén 1973: 26-28; Yepes del Castillo 1972: 209-213. En su ensayo "The Social and Economic Consequences of Modernization in the Peruvian Sugar Industry, 1870-1930" (1977: 293), Klarén modificó su interpretación para subrayar la importancia que la recompensa monetaria tuvo después del temprano siglo XX. Consúltese también Blanchard 1980: 63-83.

2. Con respecto al sur estadounidense después de la Guerra de Secesión, consúltese Wiener 1979: 970-993; y los comentarios de Robert Higgs y Harold Woodman, pp. 993-1002, así como la réplica de Wiener, pp. 1002-1006 en el mismo número. En un ensayo revisionista, Arnold J. Bauer subrayó la importancia que el mercado tenía en el enganche (1979: 34-64). Brian Loveman cuestiona el análisis global de Bauer en

enganche y ayudó a los hacendados a controlar a los trabajadores, pero no les ayudó sistemáticamente a contratar peones. El mercado, de otro lado, tuvo un papel importante en el enganche. En lo más fundamental, el desarrollo de la contratación de trabajadores reflejaba la vinculación existente entre el sector exportador costeño en expansión y la mano de obra de la sierra. La competencia por los trabajadores entre los hacendados ayudó a establecer los salarios y la comisión de los enganchadores, en tanto que el precio del azúcar en el mercado mundial y las utilidades resultantes frecuentemente determinaban la capacidad que los Aspíllaga —y presumiblemente también los demás hacendados— tenían para pagar las tasas vigentes.

Pero la estructura del mercado laboral distaba de ser perfecta. Además del uso de enganchadores y del predominio del endeudamiento, en ocasiones también se emplearon la coerción y el engaño a la hora de reclutar a los trabajadores. Además, no podemos asumir que todos los campesinos de la sierra tenían igual conocimiento de, o acceso a, las oportunidades de empleo en la costa.

Los trabajadores japoneses contratados

Antes de comprometerse decididamente con el enganche, los hacendados de toda la costa experimentaron con la contratación de trabajadores japoneses, con la esperanza de que de algún modo fuera posible duplicar la experiencia china. El mayor entusiasmo por estos trabajadores se dio en el valle de Cañete, donde Augusto B. Leguía, el futuro Presidente de la República, ordenó contratar a varios cientos de nipones para la plantación que administraba.

Los Aspíllaga tenían la impresión de que los japoneses eran "sin duda una raza superior e inteligente, que harán mucho bien a las industrias

---

"Critique of Arnold J. Bauer's 'Rural Workers in Spanish America: Problems of Peonage and Oppression" (1979: 478-486). Véase la réplica de Bauer en el mismo número, pp. 486-490. C. D. Scott presentó un análisis de modos de producción para el periodo posterior a 1940 (1976: 321-341). Examiné la importancia relativa del mercado, la coerción y el peonaje por deudas en "Capitalist Agriculture and Labour Contracting in Northern Peru, 1880-1905" (Gonzales, Michel 1980: 291-315).

del país con su esfuerzo total".[3] Pero en el lapso de un año todos fueron expulsados de Cayaltí, acusándoseles de ser más flojos e ineficientes que los peones peruanos.

La importación de japoneses al Perú coincidió con una segunda ola de emigración asiática al Nuevo Mundo.[4] Pero esta vez la emigración no se debió al desorden interno de Oriente, sino a acuerdos cuidadosamente establecidos entre las compañías de emigración japonesas, fundamentalmente la Compañía de Emigración Morioka, y los hacendados peruanos. La mayoría de los japoneses llegados al Perú eran agricultores y trabajadores pobres de Okinawa, que se esperaba podrían adaptarse rápidamente a la vida en las haciendas azucareras de la costa. Los contratos de trabajo estipulaban que debían estar en buena forma física, ser de agradable personalidad y tener entre 20 y 45 años de edad. El salario mensual variaba entre 2,5 libras esterlinas para los hombres y 1,5 para las mujeres. Los hacendados aceptaron pagar el costo del viaje hasta el Perú y las compañías de emigración el de regreso. Por cada 50 trabajadores, las compañías suministraban un supervisor japonés que hablaba español y a quien la hacienda debía pagarle. Las compañías recibían 2,5 libras esterlinas por cada trabajador contratado que proporcionaban. Los trabajadores, por su parte, aceptaban permanecer cuatro años o renunciar a la fianza que habían entregado en Japón a la compañía de emigración.[5]

Entre 1898 y 1923, 17.764 japoneses fueron importados al Perú, 14.829 de los cuales únicamente por la Morioka.[6] La mayoría de ellos se dirigió a las haciendas de la costa central y sur-central, donde trabajaban junto a peones peruanos. Las relaciones entre ambos grupos no siempre fueron armoniosas y surgieron disputas en torno a los salarios y las condiciones laborales. Aunque esto era problemático para los hacendados, muchos siguieron ordenando nuevos envíos de japoneses.

3. AH a AH, 7 de octubre de 1898, AFA.

4. Esto incluía unos 15.000 inmigrantes chinos al Perú, pero que no trabajaron en las haciendas azucareras. Consúltese Blanchard 1979: 60-75.

5. Contrato estándar, AFA (copia en mi posesión); BAB a Muy Queridos Hermanos, 6 de mayo de 1899, AFA.

6. Irie 1951, 2ª parte: 648-723.

Pero a medida que pasaba el tiempo, las crecientes quejas de los trabajadores nipones por las duras condiciones laborales y las violaciones a los contratos despertaron la preocupación de Tokio. Para la década de 1920, el flujo de inmigrantes al Perú se había reducido significativamente y los trabajadores asalariados peruanos habían pasado a conformar la abrumadora mayoría en las más de las haciendas. De este modo, en 1923, los gobiernos peruano y japonés acordaron oficialmente dar por terminada la emigración de trabajadores nipones contratados al Perú. Algunos de los japoneses que seguían en el Perú regresaron a su país, otros emigraron a Lima y se convirtieron en comerciantes y tenderos, y otros más permanecieron en las regiones agrícolas y pasaron a ser aparceros.[7]

En la costa norte, la contribución de los japoneses fue mínima. Las haciendas del valle de Lambayeque pidieron entre 50 y 75 trabajadores, los que en promedio duraron apenas unos cuantos meses. Las plantaciones del valle de Chicama solicitaron más japoneses, pero tuvieron resultados igualmente decepcionantes. Solamente 47 de los 450 japoneses que llegaron a Chiquitoy entre noviembre y diciembre de 1898 seguían allí en marzo de 1909.[8]

Cayaltí repitió esta experiencia. Los Aspíllaga inicialmente quedaron impresionados con los 50 japoneses que llegaron a finales de 1898 y alabaron su limpieza y saludable aspecto físico.[9] Pero una vez que comenzaron a trabajar, surgieron cada vez más quejas por su falta de productividad, pues tenían dificultades para adaptarse al clima tórrido y a la exigente rutina laboral. Lo que agravaba el problema era que recibían un salario más alto que los serranos, a pesar de que solamente completaban la mitad del trabajo.

Los Aspíllaga se quejaron a Morioka & Compañía, quienes aceptaron pasar a los japoneses al trabajo a destajo. Esto, sin embargo, provocó una disminución aún mayor en la productividad, pues los japoneses resentían el incremento en su carga laboral. Indignados, los Aspíllaga recurrieron a los insultos y la intimidación, lo que fue empeorando cuando consideraron que los japoneses eran un mal ejemplo para los

7. Irie 1951, 2ª parte: 635, 662-664; Blanchard 1979; Albert 1976: 103a-105a.

8. Irie 1951, 2ª parte: 658; ídem, 1ª parte: 447.

9. AH a AH, 9 de abril de 1899, AFA; AH a AH, 13 de abril de 1899, AFA.

serranos, que cada vez más parecían ser una solución superior al problema laboral de Cayaltí.

Los japoneses fueron expulsados de la hacienda después de dos largos meses. Para ellos también había sido una experiencia decepcionante. Solamente recibieron entre cuatro y nueve soles de salario, tras restar lo que debían a la tienda de la hacienda por alimentos y comida. Si Morioka no lograba reubicarles en el Perú, perderían también la fianza depositada en el Japón.[10] La experiencia japonesa en Cayaltí solo sirvió para perturbar la vida de unos hombres que buscaban desesperadamente ganarse el sustento.

Las zonas de suministro de mano de obra en el Perú

Los Aspíllaga podían darse el lujo de impacientarse con los japoneses gracias al empleo de peones peruanos de la sierra, a los cuales se reclutó activamente para que trabajaran en la hacienda desde la década de 1880. El uso de sus paisanos no era algo del todo nuevo para los hacendados de la costa norte, que los habían contratado ocasionalmente ya en el siglo XVII. Es más, durante el siglo XIX un pequeño número de serranos bajaba periódicamente de las montañas en busca de un empleo de corta duración, entre la siembra y la cosecha en su lugar de origen.[11] Ahora, dado que ya no contaban con fuentes extranjeras de trabajo servil o contratado, o bien estas habían resultado insatisfactorias, los hacendados no tenían otra opción que explotar al gran grupo de mano de obra campesina que se hallaba dentro de sus propias fronteras.

La costa

Los pequeños agricultores, arrendatarios y subarrendatarios de la costa ciertamente eran conscientes de las oportunidades de empleo que había en las gigantescas haciendas que rodeaban a sus chacras. Ellos no podían evitar saber algo acerca de la economía de la agricultura de

10. AH a AH, 13 de abril de 1899, AFA; AH a AH, 28 de abril de 1899, AFA; AH a AH, 29 de abril de 1899, AFA; AH a AH, 13 de mayo de 1899, AFA; AH a AH, 23 de mayo de 1899, AFA; AH a AH, 8 de junio de 1899, AFA; AH a AH, 13 de junio de 1899, AFA.

11. De Rivero 1845; Elías y Rodríguez 1851.

hacienda, pues luchaban con regularidad con los hacendados por el derecho sobre la tierra y el agua, y veían cómo trabajadores negros, chinos y japoneses iban y venían de las grandes haciendas. Ellos mismos trabajaban ocasionalmente en ellas, a menudo en los canales de riego, donde siglos de experiencia acumulada, transmitida de una generación a otra, les resultaba útil.[12]

Al ingresar el siglo XIX a sus últimas décadas, los hacendados de la costa esperaban dar empleo en sus haciendas a un gran número de campesinos costeños. Ya en 1879 los Aspíllaga habían vuelto su codiciosa mirada hacia los habitantes del vecino pueblo de Saña:

> Los peones y chinos libres se portan bien y poco a poco van aumentando [en número]. Lo que deseamos es que todos los sañeros se hagan peones nuestros pues son los más seguros y más apropiados para nosotros por estar más cerca.[13]

Cabe poca duda de que el proceso de consolidación de la tierra en la costa norte creó un grupo aún más grande de trabajadores al privar a los campesinos de sus campos. El poblado de Saña perdió tierras con Cayaltí, del mismo modo que los pequeños agricultores del valle de Chicama las perdieron con Casa Grande. La hacienda Laredo también se fue expandiendo a lo largo del valle de Moche a medida que avanzaba el siglo XX. Los pequeños agricultores resultaron relativamente más tenaces en el valle de Lambayeque, donde unas cuantas comunidades de indios sobrevivieron al proceso de consolidación de tierra del periodo colonial. Sin embargo, las grandes haciendas ocuparon las mejores tierras y recibieron el grueso de las aguas de riego, lo que debe haber incrementado las dificultades de la agricultura a pequeña escala.[14]

A pesar de este proceso de proletarización, la costa no producía un número suficiente de trabajadores con que cubrir las necesidades de las haciendas azucareras. Esto en gran medida era un reflejo de la densidad

---

12. Ramírez-Horton 1973, cap. 4.

13. AH a AH, 9 de septiembre de 1879, AFA.

14. Caps. 1 y 3; informe sobre los pequeños agricultores del valle de Lambayeque obra de la Sociedad Nacional Agraria, 1937, AFA.

demográfica relativamente baja (véase el cuadro 34),[15] pero también resulta indicativo de la incapacidad de los hacendados para convertir a los habitantes de la costa en peones. Este ciertamente era el caso en Cayaltí, y es posible que más investigaciones muestren un patrón similar en los valles adyacentes.[16]

Según los Aspíllaga, los costeños no eran confiables como trabajadores en el largo plazo porque se rehusaban a trabajar durante periodos prolongados. Esto evidentemente frustraba a los propietarios de Cayaltí, quienes se referían a ellos como *zambos*, un término medianamente peyorativo con el cual se designaba a las personas de ascendencia mixta india y negra. Esta postura quedó claramente enunciada en una carta escrita en 1889:

> Los de la costa, o zambos, son escasos y los sañeros que bien se pudieran reunir unos ciento de ellos, no podemos aclimatarlos de ninguna forma ni manera, porque en su mayor parte son hombres flojos que andan cambiando de patrón todas las semanas, es decir, buscando donde hacer menos. Desde luego, con las ciegas de las chacras de arroz, siempre en los fundos grandes [azucareras], disminuye la peonada, por el aliciente que tiene ese trabajo para ellos, pero felizmente este ya va pasando.[17]

Hasta donde lo podemos establecer, el mayor número de sañeros que trabajó en Cayaltí fue de cien en 1923, o 4,6%de la fuerza laboral. En general, era solamente durante las inundaciones u otras épocas de desastre que se podía encontrar un número relativamente grande de personas de la costa en Cayaltí.[18]

---

15. Censo de 1876.

16. Gonzales 1980: 298-299.

17. AH a AH, 5 de junio de 1899 (a), AFA.

18. IAB a RAB, 5 de noviembre de 1923, AFA. Durante la Guerra del Pacífico, los Aspíllaga sostuvieron que el número de trabajadores de la costa se incrementaba en Cayaltí cuando el ejército estaba reclutando gente en la zona, lo que implica que la mano de obra de la hacienda era protegida: AAB a RAB e IAB, 19 de noviembre de 1884, AFA. Otros ejemplos más de los patrones de contratación de personas de la costa figuran en AAB a IAB, 13 de junio de 1881, AFA; VAT a AH, 2 de febrero de 1912, AFA; AH a AH, 28 de enero de 1887, AFA; AH a AH, 28 de febrero de 1893, AFA.

Cuadro 34

Población de los valles de la costa norte, 1876

VALLE/distrito	Pob. urb.	% del total	Pob. comunidad	% del total	Pob. poblado	% del total	Pob. Hacienda	% del total	Pob. total del distrito
LAMBAYEQUE									
Chiclayo	11.826	90,70					1.214	9,30	13.040
Pocsi	513	20,40					2.007	79,60	2.520
Reque			1.209	79,30	316	20,70			1.525
Ferreñafe			7.054	96,20	105	1,40	178	2,40	7.337
Monsefú			7.311	94,80	398	5,20			7.709
Total	12.339	38,40	15.574	48,50	819	2,50	3.399	10,60	31.131
CHICAMA									
Paiján			2.210	75,00	743	25,00			2.953
Santiago de Cao			1.360	61,30	82	3,70	776	35,00	2.218
Magdalena de Cao			409	44,70	159	17,40	346	37,90	914
Ascope	2.142	39,70					3.258	60,30	5.400
Chicama	345	17,70					1.608	82,30	1.953
Chocope	804	31,50			304	11,90	1.446	56,60	2.554
Total	3.291	20,60	3.979	24,90	1.288	8,00	7.434	46,50	15.992
SAÑA									
Lagunas	498	56,10					389	43,90	887
Saña	283	11,80					2.119	88,20	2.402
Total	781	23,75					2.508	76,25	3.289
MOCHE									
Trujillo	8.228	78,40	144	140	526	5,00	1.591	15,20	10.489
Moche	86	6,50	1.151	86,60	8	0,60	84	6,30	1.329
Total	8.314	70,35	1.295	10,95	534	4,50	1.675	14,20	11.818

Fuente: Censo de 1876, el primer censo nacional.

Podemos especular que los sañeros no estaban ansiosos por trabajar en una hacienda que había tomado sus tierras. Pero aún más importante es que está claro que no obstante su inmenso tamaño, Cayaltí no monopolizaba el mercado laboral del valle de Saña. Los campesinos locales más bien buscaban periódicamente trabajo en las haciendas azucareras de los valles vecinos, o en las granjas arroceras durante la cosecha.

Mayormente frustrados en el ámbito local, los Aspíllaga buscaron entonces reclutar a trabajadores de la costa en lugares tan distantes como Piura y Lima, con resultados aún más desalentadores. En marzo de 1894 contrataron a 66 limeños para que trabajaran en Cayaltí a través de un enganchador.[19] Los que fueron asignados a trabajar en los campos tuvieron problemas para completar sus tareas, y se les reasignó rápidamente a ocupaciones en la fábrica o como asistentes de los artesanos. Quince limeños manifestaron su insatisfacción huyendo de la hacienda, lo que hizo que los Aspíllaga vieran con pesimismo la contribución futura de los que se habían quedado. Para agravar estos problemas, los opositores políticos locales de los Aspíllaga sostenían que la presencia de los limeños evidenciaba la formación de un ejército privado, y corrían rumores de que Cayaltí podría ser invadido en represalia. Los Aspíllaga consideraron que este era un riesgo serio y decidieron expulsar a los limeños de la hacienda.[20]

Cinco años más tarde, un enganchador entregó a Cayaltí 40 peones del departamento de Piura, que está al norte del de Lambayeque. Algunos eran indios, pero la mayoría eran racialmente mixtos, al igual que los más de los habitantes de la costa. Los Aspíllaga los consideraron trabajadores malos y díscolos, y les despidieron rápidamente de su hacienda. Había un prejuicio subyacente contra estas personas, tal como lo muestra la siguiente cita del administrador de campo, y dicho

19. Este es apenas el segundo ejemplo que conozco de población urbana siendo contratada para trabajar en haciendas. Durante el Porfiriato, los trabajadores de Ciudad de México fueron reclutados para laborar en las plantaciones de henequén del Yucatán. Consúltese Katz 1974.

20. AH a AH, 10 de marzo de 1894, AFA; AH a AH, 17 de marzo de 1894, AFA; AH a AH, 20 de marzo de 1894, AFA; AH a AH, 24 de marzo de 1894, AFA; AH a AH, 27 de marzo de 1894, AFA; AH a AH, 7 de abril de 1894, AFA; AH a AH, 10 de abril de 1894, AFA.

prejuicio tal vez se incrementó por el fracaso en explotarlos más como trabajadores:

> Los peones piuranos son de dos clases: indios de Catacaos que son regulares trabajadores, aunque no tan buenos como los serranos, y los zambos, mestizos o encastados. Estos no valen para nada y vería con mucho gusto su salida de la hacienda. Son perjudiciales para el trabajo y además para el buen orden que aquí ha habido siempre.[21]

La sierra

Esta visión crítica de los trabajadores japoneses y costeños se formó claramente en un contexto comparativo con los de la sierra, cientos de los cuales venían siendo empleados para la década de 1890 en Cayaltí y otras haciendas de la costa norte. Los serranos en general eran alabados por efectuar sus labores con habilidad y vigor, y por adaptarse bien al control administrativo.

El trabajo de los serranos alimentó el desarrollo de la agricultura de hacienda a lo largo de la costa, a medida que los latifundistas buscaban contratar campesinos para sus haciendas en las áreas contiguas de la sierra. Las haciendas azucareras del departamento de Lambayeque contrataban casi exclusivamente en el de Cajamarca, donde competían entre sí por los trabajadores. También enfrentaban competencia de las haciendas azucareras de los valles de Chicama y Moche, pero estas asimismo aprovechaban la población trabajadora de la sierra de La Libertad.

Podemos atribuir la emigración a gran escala de la población serrana a la costa a varios factores. Para el tardío siglo XIX, la sierra norte era ya una zona relativamente poblada, y ella experimentó un rápido crecimiento demográfico durante todo el siglo XX. Es de dudar que la economía local haya podido absorber este incremento, puesto que se trataba de un área de agricultura primitiva, que para comienzos de siglo ya sufría una severa escasez de tierra en algunas provincias. Es más, la inestabilidad económica y política de la zona generó un bandidaje y abigeato

---

21. N. Salcedo a AH, 28 de octubre de 1899, AFA; AH a AH, 3 de junio de 1899, AFA (también el contrato de enganche adjunto a esta carta); carta fechada el 13 de junio de 1899, AFA.

generalizados, y hasta conflictos civiles. Fue en estas condiciones que muchos habitantes de la sierra emigraron a la costa a ganar un salario monetario.

La sierra norte se encontraba significativamente más poblada que la costa septentrional. Según el censo de 1876, esta última tenía una población de 62.000 personas, en comparación con 213.000 en el departamento de Cajamarca y 119.000 en las serranías de La Libertad. La provincia de Chota, en Cajamarca, que se convirtió en un centro de enganche, tenía una población de 51.000 personas. Es más, la población de la sierra creció a una tasa rápida durante el siglo XX a pesar de la emigración masiva y continua. De este modo, el censo de 1940 calculó la población de Cajamarca en 568.118 personas, un incremento de mucho más de 100% en menos de 70 años. La provincia de Chota, que experimentó tal vez la mayor emigración, registró un total de 94.984 personas, esto es un incremento de casi 100%. [22]

La economía del departamento de Cajamarca era predominantemente agrícola y pastoril, excepción hecha de algo de minería hullera en Hualgayoc. Los residentes de Cajamarca producían trigo, lana, ovejas, mulas y minerales que vendían en los pueblos y aldeas vecinos, así como en la cuenca amazónica y en la costa. Lo ganado era gastado fundamentalmente en la costa en algodón, azúcar, sal, ropa y equipos mineros. En 1855, este intercambio proporcionaba a los residentes de Cajamarca un excedente de 175.325 pesos.[23]

Ello no obstante, el patrón general del siglo XIX fue de decadencia económica. La industria ranchera, en particular, sufrió enormemente. Un estudio calculó que el número de ovejas cayó de 350.000 a comienzos del decenio de 1880 a 225.000 en 1900.[24] La producción agrícola también se derrumbó, puesto que los productores tanto de gran como de pequeña escala seguían dependiendo de métodos de cultivo primitivos, entre ellos los arados de madera, casi nada de rotación de cultivos y una mala selección de semillas.[25] Los observadores contemporáneos también

22. Censo de 1876; Ministerio de Hacienda y Comercio, Perú, 1947.

23. Saráchaga, Arana y Dégola (eds.) 1855.

24. Taylor 1979: 18, n.° 1.

25. Ibíd.: 18, 25-27.

Mapa 6
El departamento de Cajamarca

se quejaban de los malos suelos y pésimos caminos de la provincia de Chota.[26]

Es más, el patrón de la tenencia de la tierra en Chota, Bambamarca y Hualgayoc —todas ellas áreas principales de enganche— minaba la prosperidad. Esta era una región de un minifundismo pronunciado ya para comienzos del siglo XX, y algunas de las propiedades más grandes en algunos distritos tenían apenas diez o doce hectáreas.[27] A medida que la población crecía, la presión para emigrar debe haberse intensificado. Y en efecto, varias personas entrevistadas en Chota en la década de 1970 indicaron que ellos y sus antepasados dejaron su hogar debido a la escasez de tierra.[28]

Las condiciones no eran manifiestamente mejores para los arrendatarios y subarrendatarios de las haciendas. Los arrendatarios pagaban una suma mínima a cambio del derecho a cultivar una pequeña parcela y pastar unas cuantas cabezas de ganado, que en la década de 1930 usualmente era de un sol al año en la provincia de Cajamarca. Pero también estaban obligados a trabajar entre dos y cinco días a la semana para su señor. Este todavía era un arreglo común en los contratos de arrendamiento a mediados de la década de 1940. Los arrendatarios podían, sin embargo, evadir esta cláusula arrendándole tierra a subarrendatarios, quienes entonces adquirían su obligación laboral. Los arrendatarios a veces incluso incrementaban la obligación de estos últimos para aumentar sus propios ingresos. Esto resultaba particularmente oneroso para los subarrendatarios, porque invariablemente recibían las peores tierras para cultivar. El hecho de que hayan estados dispuestos a aceptar estos acuerdos indica la escasez de tierra y el posible atractivo que tenía la emigración hacia la costa.[29]

---

26. Saráchaga, Arana y Dégola (eds.) 1855: 24; Puga 1903; BAB a AH, 16 de febrero de 1892, AFA.

27. Puga 1903.

28. Entrevistas realizadas por John Gitlitz en Cajamarca en la década de 1970. Gitlitz gentilmente compartió esta información conmigo en el transcurso de una conversación que tuvimos en Lima el 5 de septiembre de 1974.

29. Miller 1967; Eléspuru Bérninzon 1939; archivo de la Hacienda Chusgón, AFA; Informe sobre mano de obra, Hacienda San Jacinto, 26 de mayo de 1945, AFA.

Un reciente estudio del enganche en el norte peruano sostiene que los arrendatarios y subarrendatarios de las haciendas no fueron reclutados para trabajar en la costa.[30] Sin embargo, después de comenzado el siglo XX muchos hacendados se convirtieron en enganchadores e insistieron en que ambos pagaran sus obligaciones laborales trabajando en las haciendas azucareras de la costa. Es más, cuando el auge debido a la Primera Guerra Mundial incrementó la demanda de mano de obra, algunos hacendados azucareros compraron o arrendaron haciendas de la sierra con miras a aprovechar las poblaciones campesinas residentes, así como para criar ganado y cultivar alimentos para sus latifundios. Todavía en la década de 1940, uno de los gastos mensuales más grandes de la hacienda Chusgón —que para ese entonces era propiedad de la hacienda azucarera Laredo— era los préstamos hechos a los peones para que fueran a trabajar por la corporación matriz.[31]

El atractivo de la emigración a la costa creció después de iniciado el siglo XX. En respuesta a la creciente demanda costeña de alimentos, los hacendados de Cajamarca comenzaron a racionalizar la producción de sus haciendas. No solamente adquirieron más tierras, mejores animales y granos, sino que además incrementaron las obligaciones laborales de los arrendatarios. Aunque los salarios subieron durante esta época, rara vez igualaron las sumas que se pagaban en las haciendas azucareras.[32]

Aún más, este proceso fue intensificándose a medida que el siglo avanzaba. En 1940 los Gildemeister y la Corporación Nestlé de Suiza decidieron convertir sus haciendas de la sierra en granjas de lácteos eficientes. Los cambios resultantes requerían la expulsión de muchos arrendatarios y subarrendatarios, los cuales emigraron luego a la costa. En la década de 1950 hubo otro cambio cuando algunas haciendas de la zona fueron parceladas y sus tierras quedaron a disposición de los hacendados para que las compraran. Irónicamente, las haciendas azucareras también se beneficiaron con esto, pues la forma más rápida en que

---

30. Scott 1976: 330; "los agentes reclutaban entre la población 'libre' de los minifundios y no entre las filas de los peones de hacienda 'atados'".

31. Balances de 1945, Hacienda Cochabamba (sección de Chusgón), AFA; VAT a AH, 20 de marzo de 1920, AFA; H. Zacharías a Señor Gerente de la Negociación Azucarera Laredo Ltda., 12 de agosto de 1928, AFA; Taylor 1979: 138.

32. Taylor 1979: 117-136.

los arrendatarios podían conseguir dinero era firmando un contrato de enganche. Resulta interesante que Llaucán, una de las haciendas parceladas, fue comprada en el decenio de 1920 por Víctor Larco como una forma de obligar a los arrendatarios y subarrendatarios a que trabajaran en su hacienda azucarera en el valle de Chicama.[33]

La desobediencia civil y la anarquía exacerbaban las difíciles condiciones que los campesinos tenían que enfrentar a comienzos del siglo XX. La proliferación del bandidaje en algunas zonas hizo que los funcionarios locales formularan pedidos especiales de ayuda a los gobiernos central y regional. En 1902, el subprefecto de Huamachuco, una zona de reclutamiento de las haciendas de los valles de Chicama y Moche, se quejó al prefecto de que bandas armadas merodeaban por el campo cometiendo los peores crímenes posibles. Lamentaba así que en los distritos de Marcabal y Sarin, los pueblos estuvieran repletos de "ladrones y asesinos" que llevaban armas en público, y le rogó a su superior que creara dos nuevas comisarías de policía rural.[34] Del mismo modo, varios ciudadanos de Cutervo, una zona de reclutamiento de Cayaltí y de las haciendas del valle de Lambayeque, solicitaron al gobierno central en 1904 que creara una nueva provincia con la única finalidad de controlar el bandidaje. Ellos sostenían que la zona estaba infestada de ejércitos privados que incluían bandidos de lugares tan alejados como Ecuador, Piura y Amazonas.[35] Además, en el decenio de 1920 la provincia de Chota se vio desgarrada por desórdenes civiles que fueron sofocados por el gobierno central usando una fuerza considerable.[36] Estas condiciones perturbadoras afectaban la subsistencia de los campesinos, y en algunos casos daban un mayor ímpetu a la emigración. Tal como explicaran los chotanos recientemente entrevistados, las pérdidas en que incurrían por los abigeos eran a veces cubiertas vendiendo su trabajo en la costa.[37]

---

33. VAT a AH, 20 de marzo de 1920, AFA; Miller 1967; Scott 1976: 328.

34. Memoria que presenta el Sub-Prefecto de la Provincia de Huamachuco a la Prefectura del Departamento, 26 de mayo de 1902, Biblioteca Nacional, Lima.

35. "Los hijos de Cutervo", *Proyectada provincia de Cutervo*, *Colección Fénix*, vol. 17 (Lima, Biblioteca Nacional, 1904).

36. Entrevista con Gitlitz (véase la nota 28); Taylor 1979: 106-114.

37. Ibíd.

Incluso en condiciones normales, los campesinos de la sierra necesitaban dinero en efectivo periódicamente, y una forma de conseguirlo era trabajando en las haciendas azucareras. Un observador contemporáneo señaló que debido a la competencia por la tierra, los campesinos estaban frecuentemente envueltos en juicios entre ellos o con los hacendados, y que hasta la asesoría legal más elemental costaba dinero. Además, indicó este mismo observador, los campesinos estaban profundamente comprometidos con un patrón regular de fiestas religiosas, comunes en las sociedades católicas preindustriales, que costaban dinero en alimentos y bebida, y a veces sumas bastante considerables (para ellos) cuando la costumbre establecía gestos de generosidad dentro de la comunidad.[38]

Eric Wolf ha señalado que en las condiciones económicas y sociales que acabamos de describir, los campesinos tienden a vender su trabajo, convirtiéndose a veces incluso en asalariados a tiempo completo.[39] Aún más, en su reciente estudio de Cajamarca, Lewis Taylor sostiene que la combinación de la capitalización de la agricultura a pequeña escala y la escasez de tierra, hizo que ganar un salario resultara "indispensable" para los campesinos. Taylor concluye que "se hizo innecesaria la coerción extraeconómica para forzar la venta de mano de obra al capital".[40]

El flujo migratorio de Cajamarca a la costa fue masivo a lo largo de varias décadas. Con todo, este no fue tanto un flujo espasmódico de masas, sino más bien un movimiento controlado de seres humanos, dirigido por los enganchadores y los hacendados azucareros.

En la bibliografía sobre el enganche en el norte peruano, los enganchadores probablemente son el elemento más descuidado y menos comprendido. Esta es una omisión seria porque ellos fueron, en varios sentidos, el eje del sistema. Los hacendados azucareros habrían tenido muchas dificultades para contactar y contratar por cuenta propia a los miles de habitantes de la sierra que necesitaban para que trabajaran en sus fundos. Los enganchadores eran intermediarios esenciales, que

---

38. Informe sobre mano de obra, Hacienda San Jacinto, 26 de mayo de 1945, AFA.

39. Wolf 1966: 72.

40. Taylor 1979: 156.

entregaban el número requerido de peones en el momento especificado. En esencia, ellos eran comerciantes que trataban en gente. Muchos de ellos tenían tiendas en los pueblos de la sierra y habían comerciado en la costa durante años. Resulta simplemente lógico que por lo general hayan estado al tanto de la creciente escasez de mano de obra en las haciendas, y que hayan estado dispuestos a agregar peones a la lista de productos que comerciaban en la costa. Además, los hacendados permitían que los enganchadores más importantes abrieran tiendas en las haciendas, surtidas con sus propias mercaderías. Este era un atractivo adicional. Algunos enganchadores eran también hacendados en la sierra, que aprovechaban la mano de obra disponible bajo la forma de arrendatarios y subarrendatarios que debían sustanciales obligaciones laborales a sus patronos.

La posición y la riqueza facilitaban el reclutamiento de trabajadores. Un comerciante importante como José Santos Medina Cedrón, de Bambamarca, vendía a crédito a los campesinos locales, quienes aceptaban rebajar su deuda trabajando en Cayaltí. De este modo, Medina Cedrón no solamente ganaba con las ventas, sino que además recibía una comisión de los Aspíllaga que tenía como base la cantidad de trabajo llevado a cabo por los peones que tenía bajo contrato.[41]

Los hacendados costeños por lo general se daban cuenta de que sus pares serranos podían también suministrar un gran número de peones, y a veces les prestaban dinero para adquirir haciendas adicionales. En 1897, los Aspíllaga llegaron incluso a escribir que "los peones de Chota solo pueden venir socorridos por gamonales [hacendados] de ese lugar que los conocen y entienden sus enredos".[42] Años antes habían ayudado a Medina Cedrón a conseguir el arriendo de la hacienda del Colegio en Chota, que esperaban les rindiera otros 100 peones más para Cayaltí. Es más, Eduardo Tiravante, el mayor enganchador de la hacienda Pomalca, poseía al menos dos haciendas en la provincia de Chota: Churucancha y Mollebamba. Sus contratos especificaban que debía suministrar entre 200 y 250 peones a estas propiedades. Resulta asimismo significativo que Miguel Arbulú

41. BAB a AH, 16 de febrero de 1892, AFA.

42. AH a AH, 3 de mayo de 1897, AFA.

Gonzales, un enganchador que reclutaba exclusivamente en la costa, haya arrendado haciendas pequeñas y medianas en Lambayeque.[43]

Algunos enganchadores combinaban la influencia económica con el poder político. Teniendo en cuenta la red de endeudamiento que caracterizaba al enganche y los diversos contratos involucrados, el cargo y la influencia políticos indudablemente ayudaban a limar asperezas o a evitar conflictos legales potencialmente costosos y enojosos. Cuando el prominente comerciante hacendado Daniel Orrego decidió entrar al negocio del enganche, ciertamente no se vio afectado por ser el gobernador de la provincia de Santa Cruz. Y el negocio como enganchador de Catalino Coronado, en Chota, tampoco declinó después de que se le nombrara subprefecto de la provincia.[44] Hasta los hacendados azucareros se subieron al carro, como cuando Baldomero Aspíllaga Barrera fue elegido senador por Jaén, una provincia a la cual había visitado solo en una ocasión, pero en donde Cayaltí conseguía trabajadores.[45]

La contratación de trabajadores podía ser un negocio familiar que se heredaba de padre a hijo,[46] e incluso de marido a mujer. Matilde Martín, viuda de Pinillos, una enganchadora importante de Laredo, aprovechó la gran población campesina, casi tres mil personas en 1913, de la hacienda que arrendaba a la orden dominica en la sierra de La Libertad.[47] En este caso, al menos, una mujer negociaba en hombres.

Había algunos enganchadores menos importantes que suministraban puñados de hombres a las haciendas. Pero los hacendados preferían tratar con los agentes más grandes, los comerciantes y hacendados,

---

43. Bachmann 1921: 145-146; Cole 1884: 136, 149. Ambas fuentes mencionan a la familia Arbulú como hacendados. Miguel Arbulú Gonzales figura como enganchador en Contratos de la Hacienda Pomalca, AFA; AH a AH, 24 de junio de 1888, AFA; contratos entre Eduardo Tiravante y la Hacienda Pomalca, 1 de mayo de 1912 y 20 de junio de 1917, AFA.

44. Contrato de enganche, Daniel Orrego y Hacienda Pomalca, 26 de enero de 1910, AFA; AH a AH, 8 de febrero de 1906, AFA; Manuel Coronado a Catalino Coronado, 29 de septiembre de 1916, AFA; Manuel Coronado a Catalino Coronado, 21 de septiembre de 1916, AFA.

45. Francisco Pérez Céspedes a AH, 4 de septiembre de 1901, AFA.

46. Scott 1976: 327.

47. Informe sobre la Hacienda Chusgón, 23 de abril de 1958, AFA; Planillas de la Hacienda Laredo, 1900-1908, AFA.

porque ellos podían garantizar un mayor número de trabajadores y eran un riesgo financiero menor. Los grandes enganchadores podían usar sus tiendas y haciendas como garantía para los préstamos que recibían de los hacendados. Huelga decir que ambos conformaban una garantía sustancial.[48]

A cambio de la garantía de suministrar un gran número de peones (v. g., 250), los hacendados frecuentemente concedían a los enganchadores el monopolio del derecho al enganche en un distrito dado. En 1900 Pomalca cedió este derecho a Melchor Montoya Espino en el distrito de Bambamarca, y a los hermanos Tiravante en el de Chota en varias ocasiones entre 1900 y 1930. Cayaltí también extendió este privilegio durante el tardío siglo XIX a Medina Cedrón en el distrito de Bambamarca.[49]

La práctica de otorgar monopolios redujo la competencia por los peones, pero esta jamás fue eliminada, puesto que más de una hacienda siempre estaba enganchando en cualquier distrito. En noviembre de 1919 había 12 enganchadores que operaban en el distrito de Bambamarca, la principal zona de reclutamiento de Cayaltí, con un desembolso total de 50.000 soles como adelanto en efectivo a los peones.[50]

Es claro que los hacendados y comerciantes necesitaban deudores, o arrendatarios con obligaciones laborales, para que trabajaran en la costa.[51] Pero también firmaban peones libres de deudas o de alguna otra obligación contractual. Esto frecuentemente sucedía en los mercados del día domingo, cuando miles de campesinos se reunían para vender sus productos, beber y celebrar. Los enganchadores levantaban mesas en la plaza y les ofrecían adelantos en efectivo a cambio de que trabajaran en la costa. En un medio propicio para los préstamos, los enganchadores encontraban a muchos que aceptaban su oferta. También se presentaban en las fiestas locales con una gran cantidad de licor que vendían o regalaban a los campesinos. Los enganchadores alababan las ventajas que tenía el trabajo en la costa una vez que los celebrantes estaban lo

48. Contratos de la Hacienda Pomalca, AFA.

49. Contratos de la Hacienda Pomalca, AFA, correspondencia de Cayaltí, AFA.

50. S. Tello a AH, 2 de noviembre de1919, AFA. En dólares de 1919, 50.000 soles equivalían a 24.000 dólares.

51. Véase la nota 31.

suficientemente ebrios, exagerando a menudo el salario y la calidad de las condiciones laborales y de vida. Reducidos a un estado incoherente, los campesinos picaban el anzuelo y firmaban.[52]

Pero no siempre era necesario recurrir a semejantes subterfugios para inducir a los campesinos a que firmaran el contrato. Muchos serranos vendían su trabajo sin aceptar una sola bebida.[53] Además no podemos asumir que todos los campesinos que aceptaron el licor de los enganchadores habían sido engañados. El hecho de que los enganchadores continuaran con la práctica de mezclar el licor con los negocios durante décadas sugiere que al menos algunos peones tenían una idea de a qué se estaban metiendo. Al haber decidido ya dirigirse a la costa, es posible que simplemente hayan aprovechado el alcohol gratuito. Esta no es sino una especulación, pero ella subraya la complejidad del enganche y nos advierte que no debemos generalizar con respecto al predominio de la coerción extraeconómica.

La firma de un contrato también daba forma legal al proceso de enganche. Los peones recibían de los enganchadores un adelanto de dinero, por lo general entre 10 y 50 soles, el cual acordaban devolver con su trabajo en la costa. Los peones podían también aceptar trabajar para cancelar deudas o arriendos previos. Para asegurar el pago, el peón y un garante ponían sus posesiones y trabajo como garantía y renunciaban a todo derecho a litigar el contrato ante un tribunal. Los peones también aceptaban trabajar un número mínimo de días, usualmente 90, en caso cancelaran su préstamo con demasiada rapidez. Aunque el contrato no lo estipulaba, los peones iban reduciendo su deuda involuntariamente. De este modo, el enganchador o el hacendado recibía la paga del peón cada día de paga dependiendo de la fuente del préstamo —excepción

---

52. Scott 1976: 328, para el reclutamiento en los mercados; Miguel Coronado a Catalino Coronado, 22 de agosto de 1918, AFA; César Coronado a Catalino Coronado, 16 de octubre de 1918, AFA; AH a AH, 27 de junio de 1889, AFA; AH a AH, 31 de julio de 1889, AFA; AH a AH, 11 de octubre de 1892, AFA; entrevista con Galindo Bravo, CAP Pucalá, 27 de junio de 1975. Bravo fue contratado originalmente para que trabajara en Pucalá por Catalino Coronado. En 1975 era miembro del Consejo de Administración de la CAP Pucalá.

53. Correspondencia de Catalino Coronado, AFA. El hecho de que muchos de los pobladores de la sierra hayan renovado su contrato en la costa también implica esto.

hecha de un pequeño monto que por lo general era de 10 centavos—, hasta que todo fuera cancelado. Los peones no se morían de hambre porque recibían una ración diaria.[54]

Los hacendados intentaban controlar —en parte— la oferta de mano de obra a través de contratos con los enganchadores. Dichos acuerdos obligaban a estos últimos a suministrar un número determinado de peones dentro de un lapso dado, usualmente uno o dos meses, para que trabajaran en cualquier empleo que la hacienda deseara. Los hacendados por lo general adelantaban a los enganchadores suficiente dinero, usualmente con un cheque, para cubrir el costo de los préstamos hechos a los peones. Para asegurar la devolución, los enganchadores a veces ponían como garantía propiedades en la sierra, comúnmente una hacienda o un negocio. Por último, se otorgaba a los enganchadores un porcentaje del monto total del salario ganado por los peones como una comisión. Una comisión de 20% era común, pero fluctuaba.[55]

La demanda de trabajadores

Cuando los hacendados llegaban a un acuerdo con los enganchadores, tenían que equilibrar la necesidad de trabajadores con su capacidad de pagar salarios y comisiones competitivos. Hasta el estallido de la Primera Guerra Mundial, los hacendados enfrentaban una demanda decreciente de su producto y una crisis real de la industria. Los precios seguían bajos y, por ende, también las utilidades. Sin embargo, ellos lograron conseguir préstamos de acreedores extranjeros y domésticos durante estos años, que les permitieron comprar nuevos equipos para sus haciendas[56] y compensar su ingreso decreciente. No obstante, los Aspíllaga siempre

---

54. Contratos de enganche, Hacienda Tumán, AFA; carta fechada el 19 de junio de 1919, correspondencia de Cayaltí, AFA; Ulloa Sotomayor 1916. Los peones a veces debían pagar interés por los adelantos. Véase el contrato de enganche entre Cirilo Medina y Juan Vega, 18 de enero de 1920, Contratos de enganche, Hacienda Tumán, AFA. En dólares de 1900, 50 soles equivalían a 24,25 dólares; 20 soles eran 4,85 dólares; y 10 centavos equivalían a 0,485 dólares.

55. Contratos de la Hacienda Pomalca, AFA; diversos contratos en la correspondencia de Cayaltí, AFA.

56. Caps. 2 y 3.

vincularon el ingreso al gasto a pesar de la disponibilidad de crédito. Dado que su gasto principal era la mano de obra, su capacidad para pagar los salarios y comisiones corrientes por lo general se medía contra la renta proyectada, calculada según el precio del azúcar. Como los precios estaban girando alrededor del punto en que ni se ganaba ni se perdía, hasta la más mínima fluctuación descendente hacía que buscaran reducir su cuenta laboral.

El estallido de las hostilidades en Europa cambió dramáticamente esta situación al sacar del mercado mundial a los productores europeos de azúcar de remolacha, y poner por las nubes los precios y las utilidades. Esto dio a los Aspíllaga y otros hacendados una mano más libre a la hora de cubrir la cuenta de la mano de obra, pero ello no siempre tuvo como resultado un salario más alto para los peones. Hacia el final de la guerra los hacendados habían acumulado utilidades sustanciales y mejorado su capacidad para hacer frente a la pérdida de ingreso, a medida que el precio del azúcar caía con el retorno de los productores europeos al mercado. Sin embargo, el inicio de la Gran Depresión provocó una nueva crisis en la industria y obligó a los hacendados a recortar sus cuentas laborales una vez más.[57]

Durante la Primera Guerra Mundial y después de ella se produjo otro cambio importante más en el enganche. Este era el creciente número de peones "libres", trabajadores no enganchados que vendían su trabajo directamente a la hacienda. Su existencia es evidencia de una creciente dualidad en el mercado laboral y de la formación de una fuerza de trabajo más permanente.

Cayaltí

El primer encuentro serio de los Aspíllaga con el enganche tuvo lugar en septiembre de 1878, cuando enfrentados a una severa escasez de mano de obra, arreglaron con un enganchador para que entregara 50 serranos a Cayaltí y le adelantaron otros 1.700 soles para que reclutara más peones junto con otro agente. Sin embargo, en unas cuantas semanas la mayoría de los serranos había pagado su préstamo y regresado a la sierra, y nadie

---

57. Para el precio del azúcar y las utilidades anuales, véase el cap. 2.

más había llegado para cubrir su lugar. Comprensiblemente frustrados, los Aspíllaga evitaron el enganche durante varios años, solo adelantando ocasionalmente pequeñas sumas de dinero a los enganchadores.[58]

El éxito llegó en 1886, cuando firmaron contrato con José Santos Medina Cedrón, de Bambamarca. Medina Cedrón no insistió en que los Aspíllaga adelantaran dinero. Como era un comerciante próspero, él no solo tenía su propio dinero sino que además una gran cantidad de campesinos también le debían. Esto le dio la ventaja necesaria para obligar a sus deudores a que pagaran sus deudas trabajando en Cayaltí. De este modo, para marzo de 1888 había suministrado a Cayaltí 120 personas de Bambamarca.[59]

Este exitoso encuentro con el enganche alentó a los Aspíllaga a liberalizar su política de adelantos monetarios y a aprovechar la mano de obra en otras partes de la sierra. De este modo aceptaron, en otro contrato con Medina Cedrón, pagar el 25% de todos los préstamos a los peones y ayudarle a conseguir el arriendo de la hacienda del Colegio en Chota. A cambio, él aceptó proveer 200 peones a los Aspíllaga.[60]

No fue solo Medina Cedrón, pues enganchadores de Bambamarca, Santa Cruz y Sorochuco comenzaron a entregar gente de la sierra a Cayaltí. Esto reflejaba la creciente demanda de mano de obra, así como la progresiva consciencia de los beneficios financieros que el enganche tenía, en particular para los enganchadores. Además, las condiciones económicas y políticas generales de la sierra fueron haciéndose más propicias para la emigración, pues las luchas cesaron en Chota, y la industria minera de Bambamarca, que había retirado mano de obra de la costa, inició entonces su declive. De este modo, la población serrana en Cayaltí

58. AH a AH, 24 de septiembre de 1878, AFA; AH a AH, 30 de septiembre de 1878, AFA; AH a AH, 21 de octubre de 1878, AFA; AH a AH, 14 de octubre de 1879, AFA; Existencia de trabajadores, 8 de junio de 1882, AFA; AAB a AH, 9 de diciembre de 1884, AFA; AH a AH, 12 de febrero de 1885, AFA; AH a AH, 26 de febrero de 1885, AFA.

59. AH a AH, 20 de julio de 1886, AFA; AH a AH, 29 de marzo de 1888, AFA; AAB a RAB e IAB, 10 de octubre de 1888, AFA.

60. AH a AH, 5 de junio de 1888 (a), AFA; AH a AH, 24 de junio de 1888, AFA; AH a AH, 22 de junio de 1889, AFA; AH a AH, 11 de julio de 1889 (a), AFA.

fue creciendo constantemente de 230 en mayo de 1890 a 900 para inicios del siglo XX.[61]

Pero durante la década de 1880, los Aspíllaga se quejaban de la pronunciada estacionalidad de la oferta de mano de obra, lo que dependía del clima y de la temporada de siembra en la sierra. Los serranos tendían a regresar a casa en septiembre u octubre para sembrar los cultivos antes de las primeras lluvias. Algunos de ellos retornaban a las haciendas ya en noviembre, pero volvían a partir en febrero o marzo, que eran los meses más cálidos en la costa y que coincidían con la segunda siembra en la sierra.[62]

Aunque el problema de la estacionalidad jamás se resolvió del todo, en el decenio de 1890 sí hubo una tendencia a que las fluctuaciones en el flujo de mano de obra fueran haciéndose menos violentas. Esta estabilización parcial de la fuerza laboral se debió a que los serranos aceptaban nuevos préstamos y volvían a ser contratados en la hacienda misma.[63] Más adelante en este capítulo se dirá más acerca de las implicaciones que esto tuvo.

Dado que todas las haciendas azucareras de la costa se convirtieron a la mano de obra de la sierra, el enganche pasó a ser un negocio competitivo que hizo que los salarios y las comisiones de los enganchadores crecieran (véase el cuadro 35). Este era un serio problema para los hacendados porque el precio del azúcar fue peligrosamente bajo durante toda la década de 1890 (cuadro 2). Los Aspíllaga, para empezar, estaban atrapados entre la caída de su ingreso y las crecientes demandas que los enganchadores hacían para subir los salarios y comisiones. La situación desembocó en una crisis menor en 1897, cuando el precio del azúcar se derrumbó y los enganchadores comenzaron a retirar peones y llevarlos

61. AH a AH, 7 de mayo de 1890, AFA; AH a AH, 12 de noviembre de 1890, AFA; AH a AH, 19 de enero de 1900, AFA; RAB a AH, 13 de febrero de 1892, AFA; AH a AH, 27 de julio de 1892, AFA; AH a AH, 23 de abril de 1895, AFA; AH a AH, 24 de septiembre de 1895, AFA.

62. AH a AH, 16 de octubre de 1885, AFA; AH a AH, 23 de septiembre de 1888, AFA; AH a AH, 3 de octubre de 1889 (a), AFA; AH a AH, 15 de noviembre de 1889, AFA; AH a AH, 16 de noviembre de 1891, AFA; AH a AH, 16 de febrero de 1892, AFA.

63. AH a AH, 12 de noviembre de 1890, AFA; AH a AH, 19 de enero de 1900, AFA; BAB a AH, 13 de febrero de 1892, AFA; AH a AH, 27 de julio de 1892, AFA; AH a AH, 24 de septiembre de 1895, AFA; AH a AH, 23 de abril de 1895, AFA.

Cuadro 35

Salarios diarios en efectivo y comisiones de los enganchadores en Cayaltí

Año	Salario diario en efectivo* (soles)	Valor en céntimos	Comisión del enganchador (% del salario diario en efectivo)
1897	0,40	0,1940	20
1899	0,50	0,2425	25**
1902	0,40	0,1940	25
1905	0,50	0,2425	25
1907	0,50	0,2425	25
1914	0,60	0,2832	25
1919	1,12	0,5510	25
1923	1,30	0,5265	25
1929	1,30	0,5200	10-15
1932	1,30	0,4589	10

Fuente: para 1897-1914: AH a AH, 7 de julio de 1897, AFA; AH a AH, 29 de abril de 1899, AFA; AH a Los Contratistas, 1 de mayo de 1899, AFA; AH a AH, 9 de mayo de 1899, AFA; N. Salcedo a AH, 4 de marzo de 1902, AFA; BAB a AH, 4 de febrero de 1903, AFA; VAT a AH, 3 de septiembre de 1907, AFA; VAT a AH, 28 de agosto de1907, AFA; VAT a AH , 30 de agosto de 1907, AFA; VAT a AH, 8 de mayo de 1912, AFA; carta firmada el 19 de julio de 1919, AFA.

Para 1919-1930: carta sin firmar fechada el 19 de julio de 1919, AFA; IAA a RAB, 16 de noviembre de 1923, AFA; LAA a RAB, 2 de febrero de 1929, AFA; carta sin firmar fechada el 13 de junio de 1932, AFA.

* Los salarios se establecían según el trabajo a destajo e incluían una ración diaria de carne, arroz y sal.

** En 1899 se calculaban las comisiones sobre la base de un salario en efectivo de 40 centavos. Aun así, hubo un incremento de 5% en la comisión.

a otras haciendas que ofrecían salarios y comisiones más elevados. Los Aspíllaga permitieron, por el momento, que la fuerza laboral disminuyera, pues sabían que esto también reducía el gasto en una época de utilidades rápidamente decrecientes. Pero asimismo advirtieron que una reducción semejante en la fuerza de trabajo eventualmente tendría como resultado una caída significativa de la producción. Por lo tanto, incrementaron los salarios y comisiones cuando el precio del azúcar subió modestamente dos años más tarde, a lo que rápidamente le siguió un incremento en el número de trabajadores (cuadro 36).

Cuadro 36
La fuerza laboral de Cayaltí

Año	N.° de trabajadores	Año	N.° de trabajadores
1897	700	1914	950
1899	900	1919	1600
1902	750	1924	1850
1905	1250	1929	1900
1907	744	1930	1750

Fuente: para 1897-1914: AH a AH, 2 de julio de 1897, AFA; AH A AH, 24 de enero de 1899, AFA; AH a Los Contratistas, 20 de marzo de 1899, AFA; Francisco Pérez Céspedes a AH, 5 de abril de 1902, AFA; Francisco Pérez Céspedes a RAB, 18 de agosto de 1905, AFA; VAT a AH, 28 de agosto de 1907, AFA; AH a AH, 11 de septiembre de 1914, AFA.
Para 1919-1930: carta sin firmar fechada el 19 de junio de 1919, AFA; LAA a RAA, 17 de octubre de 1924(b), AFA; RAA a Señores Aspíllaga Anderson Hnos., S. A., 12 de noviembre de 1929, AFA; RAA a Señores Aspíllaga Anderson Hnos., S. A., 10 de marzo de 1930, AFA.

El precio del azúcar se mantuvo bajo desde comienzos de siglo hasta 1915, cuando se comenzó a sentir el efecto de la escasez producida por la Primera Guerra Mundial. Los Aspíllaga y otros hacendados incurrieron en deudas en este periodo y se prestaron dinero fuertemente de acreedores extranjeros. La mayor parte del mismo fue utilizado en efectuar mejoras tecnológicas que buscaban incrementar la producción y la productividad de la mano de obra.[64] Pero el endeudamiento a largo plazo no resultaba atractivo y los Aspíllaga tuvieron que reducir los gastos hasta que el precio del azúcar subió. Dado que su gasto más grande era la cuenta laboral, fundamentalmente salarios, siguieron recortándola junto con el tamaño de su fuerza de trabajo cada vez que el precio del azúcar volvía a caer, o cuando se juntaban varios años malos. Pero al igual que antes, tampoco podían mantener bajos los salarios durante mucho tiempo, pues los enganchadores gradualmente desplazaban a los trabajadores a otras haciendas donde los salarios y comisiones eran más altos.

Durante este periodo hubo dos grandes reducciones en la fuerza laboral, una en 1902, cuando el precio del azúcar alcanzó su nivel más

64. Caps. 2 y 3.

bajo desde que los Aspíllaga ingresaron a este sector, y otra en 1907, luego de dos años de precios particularmente bajos y de una sequía. En 1902, la reducción siguió a un recorte salarial de 20% —y una reducción de facto de 20% en la comisión de los enganchadores—. De otro lado, en 1907 los salarios y la comisión de los enganchadores se mantuvieron sin cambios, pues los Aspíllaga simplemente despidieron a 400 trabajadores pidiendo a los enganchadores que eliminaran a sus peones menos productivos. Tras el recorte, los salarios y comisiones eventualmente crecieron, junto con el tamaño de la fuerza laboral.

El estallido de la Primera Guerra Mundial conmocionó a la economía azucarera mundial. Su oferta cayó precipitadamente a medida que los campos europeos de remolacha se convertían en campos de batalla, lo que hizo que los precios subieran hasta alcanzar un récord. Aunque la perturbación del transporte y los problemas con las finanzas internacionales inicialmente provocaron algunas dificultades para los productores, el impacto de largo plazo fue un dramático incremento de sus utilidades. En el Perú esto significaba, entre muchas otras cosas, que los Aspíllaga ya no tenían que equilibrar su cuenta laboral contra una renta decreciente. Ahora contaban con un ingreso excedente y podían contratar tantos trabajadores como necesitaran.

Bajo estas condiciones de mercado, los Aspíllaga y otros productores de la costa norte decidieron incrementar la producción ampliando el área cultivada con caña y efectuar mejoras tecnológicas, lo que incluía hacer modificaciones que permitieran a los ingenios operar las 24 horas del día.[65] Esto requería de una fuerza laboral más grande, razón por la cual las haciendas azucareras de los valles de Chicama y Moche comenzaron a diseñar nuevos métodos de contratación de mano de obra. Empezaron así a usar empleados como enganchadores y a arrendar y comprar haciendas en la sierra norte para facilitar la contratación de peones.[66] En consecuencia, para 1915, Laredo, Cartavio y Sausal tenían cada una alrededor de 1.500 trabajadores, y dos años más tarde, Casa Grande, la más grande productora, tenía cinco mil. En Cayaltí, los Aspíllaga también

65. Cap. 3.

66. VAT a AH, 20 de marzo de 1920, AFA; H. Zacharias a Señor Gerente de la Negociación Azucarera Laredo Ltda., 12 de agosto de 1928, AFA.

incrementaron el tamaño de su fuerza laboral ampliando el ámbito e intensidad del enganche y elevando los salarios y comisiones.[67]

Sin embargo, el proceso de contratación se vio complicado por la inflación de los años de guerra, lo que hizo que los salarios reales fluctuaran. Los hacendados tenían en parte la culpa, puesto que reemplazaron cientos de acres de panllevar con caña de azúcar, generando así una escasez de productos alimenticios y el alza del precio de los productos de primera necesidad. Esto afectó sobre todo a los peones y a otros grupos de bajos ingresos.[68]

Con todo, los serranos siguieron emigrando a Cayaltí y a otras haciendas de la costa norte en número cada vez más grande, a pesar de la fluctuación en los salarios reales. Podríamos explicar esta aparente paradoja con el alcance general que el problema tenía, pues muchas haciendas no ofrecían salarios más altos que Cayaltí. Además, al provocar malas cosechas y grandes sufrimientos, la devastadora sequía que asoló la sierra norte en 1916 incrementó significativamente el número de habitantes de la sierra que buscaban trabajo en la costa. En cierto momento, el flujo era tan grande que los Aspíllaga ordenaron a los enganchadores que rechazaran a los peones. Pero esto no impidió que emigraran a Cayaltí por cuenta propia, donde descubrieron de primera mano que sus servicios no eran necesarios.[69]

Durante la guerra, la fuerza laboral de Cayaltí creció de 950 a 1.600 personas (véase el cuadro 36).[70] La hacienda asimismo emergió en este periodo como una gran productora, con más acres de caña y mayor mecanización (véase el cuadro 20). Para mantener o incrementar los niveles productivos, no podía reducirse el tamaño de la fuerza laboral, salvo que la hacienda efectuara costosas mejoras tecnológicas. Como hemos visto, Cayaltí no siguió modernizándose en la década de 1920.[71]

Aunque el precio del azúcar cayó durante la década de 1920, siguió siendo significativamente más alto que en el periodo prebélico,

---

67. VAT a AH, 23 de febrero de 1915, AFA; AAB a RAB y BAB, 19 de enero de 1917, AFA.
68. Albert 1976: 161a-162a, cuadro 50a, p. 171a; Blanchard 1982.
69. VAT a AH, 22 de agosto de 1916, AFA; VAT a AH, 1 de septiembre de 1916, AFA.
70. AH a AH, 11 de septiembre de 1914, AFA; carta fechada el 19 de junio de 1919, AFA.
71. Cap. 3.

especialmente durante la primera mitad del decenio. Los Aspíllaga fueron aumentando el tamaño de su fuerza laboral en este periodo a medida que el nivel de producción iba subiendo. Con todo, fueron modestos incrementos, lo que indica el relativo aletargamiento del mercado. Así, entre 1919 y 1929 el número de trabajadores en Cayaltí creció en apenas 300 personas.[72]

El colapso de la economía capitalista mundial en 1929 hizo que el precio del azúcar cayera a niveles nunca antes vistos. En Cayaltí, los Aspíllaga redujeron los gastos cortando el salario de los libres y del personal, reduciendo las comisiones de los enganchadores y despidiendo a aproximadamente 150 trabajadores enfermos y menos eficientes. Pero temían tomar medidas más drásticas porque los trabajadores azucareros se habían vuelto más militantes, y no podía descartarse la posibilidad de que se produjera una huelga.[73] Afortunadamente para los hacendados, la depresión llevó a la presidencia del Perú al políticamente inexperto coronel del ejército Luis M. Sánchez Cerro, quien se volvió a los Aspíllaga y a otros dirigentes políticos conservadores en busca de consejo. En 1932, lograron convencerle de que devaluara el sol, lo que sirvió como una disminución de facto del salario real y les salvó, temporalmente al menos, de despedir a más trabajadores o de recortar drásticamente los salarios.[74]

El periodo durante e inmediatamente posterior a la guerra también vio un creciente dualismo en la fuerza laboral de Cayaltí, a medida que el número de peones libres iba ascendiendo. La distinción fundamental entre trabajadores contratados y no contratados radicaba en la naturaleza de su endeudamiento. Los primeros por definición estaban en deuda con un enganchador o un hacendado. De otro lado, los libres no estaban en deuda con los enganchadores, pero sí era posible que hubiesen

---

72. Carta fechada el 19 de junio de 1919, AFA; LAA a RAA, 17 de octubre de 1924 (b), AFA; RAA a Señores Aspíllaga Hermanos, S. A., 12 de noviembre de 1929, AFA.

73. Para la reducción en el tamaño de la fuerza laboral, véase el cuadro 36. La militancia de los trabajadores se examina en el cap. 9.

74. LAA a RAA, 4 de noviembre de 1929, AFA; RAA a Señores Aspíllaga Hermanos, S. A., 12 de noviembre de 1929, AFA; LAA a RAA, 25 de noviembre de 1929, AFA; RAA a Señores Aspíllaga Hermanos, S. A., 10 de marzo de 1930, AFA; aviso de Cayaltí fechado en agosto de 1930, AFA; IAA a Señor Cajero de la Hacienda Cayaltí, 9 de agosto de 1930, AFA; LAA a RAA, 3 de junio de 1932, AFA; Gilbert 1977, cap. 3.

recibido préstamos de los hacendados. Los libres en efecto habían cortado sus lazos con los enganchadores y probablemente vendido sus tierras en la sierra. Ya no eran trabajadores estacionales, sino asalariados que laboraban a tiempo completo. Los hacendados caracterizaban a los libres como trabajadores independientes que vendían su trabajo al mejor postor. Según los Aspíllaga, también tendían a establecerse en la costa junto con su familia, y retornaban rara vez a la sierra. Sin embargo, no hay ninguna mención de que hayan tenido un estatus de élite entre los trabajadores, o de que hayan ocupado puestos más calificados.[75]

Cuadro 37
Trabajadores contratados y no contratados en Cayaltí

Fecha	N.° contratado	% del total	N.° de no contratados	% del total	N.° total de trabajadores
1905	1.100	88,0	150	12,0	1.250
1919	1.080	67,5	520	32,5	1.600
1924	810	43,8	1.040	56,2	1.850
1927	¿?		1.000		1.850 (est.)

Fuente: Francisco Pérez Céspedes a RAB, 18 de agosto de 1905, AFA; carta sin firmar fechada el 19 de junio de 1919, AFA; LAA a RAA, 16 de octubre de 1924(b), AFA; LAA a RAA, 21 de julio de 1927, AFA.
Notas: también había libres en gran número en las haciendas vecinas. Por ejemplo, en enero de 1941, San Jacinto tenía 810 peones libres y 67 contratados. Cuatro años más tarde, los libres comprendían 63% de toda la fuerza laboral: véase Informe sobre mano de obra, 26 de mayo de 1945, AFA. Los libres se discuten en Pomalca y Pátapo en Contratos de la Hacienda Pomalca, AFA; contrato entre Jesús Arnoco y Hacienda Pomalca, 29 de mayo de 1911, AFA; J. Orrego a Catalino Coronado, 29 de septiembre de 1911, AFA.

Para 1924, los libres superaban a los contratados, tal como lo muestran los datos del cuadro 37. La mayoría de estos trabajadores "libres" había llegado a Cayaltí como "contratados", pero con el apoyo de los Aspíllaga cambiaron de estatus. Los enganchadores a veces insistían en que los peones cancelaran sus deudas antes de convertirse en libres, pero

75. [IAA], "Situación topográfica", 1926, AFA.

otras veces la deuda era pagada después de que la transformación ya había tenido lugar.[76]

Con este cambio se benefició tanto la población venida de la sierra como la gerencia. Los libres recibían una paga más alta que los contratados, y recibir más dinero era un incentivo poderoso en una época de precios al alza. Los Aspíllaga y otros hacendados se beneficiaron reduciendo su dependencia de los enganchadores y alcanzando mayor control sobre los trabajadores. Por último, la gerencia también ahorró dinero no obstante tener que pagar salarios más altos, al restringir los adelantos y comisiones hechos a los enganchadores y minar su poder económico en la hacienda, donde sus tiendas competían con la de esta última.[77]

El endeudamiento, la permanencia y la servidumbre

El aumento en el número de libres en Cayaltí y otros lugares indica el desarrollo de una fuerza laboral relativamente más permanente en las haciendas azucareras de la costa norte. En efecto, los Aspíllaga habían observado años antes que hasta los trabajadores contratados estaban permaneciendo más tiempo en la hacienda. Una residencia más prolongada involucraba la recontratación de los trabajadores en la hacienda misma, una práctica tan común que para comienzos de siglo estaba formándose una comunidad de población serrana en Cayaltí, proveniente sobre todo de Bambamarca:

> El contratista Negrete que es el que más peones socorridos tiene [400 en 1905], sólo recibe muy de tarde en tarde uno que otro peón [de] su asociado Zárate de la Sierra, la totalidad de sus peones, puede decirse, son socorridos aquí mismo, de manera que tienen una peonada constante [...][78]
>
> Ahora tenemos una peonada muy buena de Celendín, con una ventaja que son de temperamento muy semejante al de la costa y se aclimatan con más facilidad que los otros, si bien es verdad que los de Bambamarca no pueden haberse aclimatado mejor. Tenemos aquí una verdadera población

76. VAT a AH, 21 de septiembre de 1920, AFA; RAA a RAB, 3 de julio de 1925, AFA; RAA a RAB, 6 de julio de 1925, AFA.

77. Para un examen de la venta de mercadería en Cayaltí, véase el cap. 8.

78. AH a AH, 9 de mayo de 1899, AFA.

de Bambamarca, es gente que se ha acostumbrado [a Cayaltí] de tal modo que no se muevan de aquí. [Además] todos vienen con sus familias [...].[79]

Los Aspíllaga naturalmente estaban entusiasmados con esto, pues para mantener los cronogramas de producción era deseable conservar un núcleo de varios cientos de trabajadores en todo momento.

La formación de fuerzas laborales más estables tradicionalmente ha estado ligada al predominio del peonaje por deudas. El endeudamiento era, en efecto, una característica permanente de los regímenes laborales asalariados en Cayaltí y otras haciendas azucareras peruanas. Todos los trabajadores contratados recibían un adelanto inicial y podían asimismo recibir préstamos adicionales de los enganchadores y de la hacienda. En algunos casos se cobraba interés sobre estos adelantos. Los recibos de todos los préstamos eran guardados por los agentes de los enganchadores y la hacienda, y cada día de paga se descontaba la deuda de los peones, quienes recibían solo una suma de dinero nominal. En algunos casos, mas no en Cayaltí, los peones solamente recibían pagarés (libretas) de la hacienda, los cuales podían ser cobrados en una fecha posterior, o fichas que se podían gastar en las tiendas. Los libres también podían recibir préstamos de la hacienda.[80]

Además de adquirir préstamos por cuenta propia, los peones podían heredar las deudas de sus parientes. Hay muchos ejemplos de ello en la correspondencia de Catalino Coronado, quien enganchaba para todas las haciendas azucareras principales del valle de Lambayeque. Un peón típicamente aceptaba (por escrito) cancelar con su trabajo los préstamos que sus padres recibieron de Coronado. En un caso había un acuerdo vigente por el cual los padres podían recibir entre ocho y diez soles, aproximadamente el valor de una semana de trabajo, sin la autorización de su hijo. Si alguien de la sierra fallecía con una deuda pendiente, Coronado podía siempre cobrarle a la familia. Esto a veces hacía que los padres enviaran a otro hijo a la costa, o que se confiscara la propiedad entregada como garantía.[81]

---

79. AH a AH, 13 de enero de 1900, AFA.

80. Véase pp. 214-215; entrevista con Bravo; correspondencia de Coronado, AFA. Laredo usó a comienzos del siglo XX el sistema de fichas en las raciones, y Pucalá empleó ambos sistemas en diversos momentos de dicho siglo: véase Planillas de Laredo, AFA; entrevista con Bravo.

81. Correspondencia de Coronado; Yanés Abarca 1972.

Sucedía que en una situación en la cual se contaba con préstamos provenientes de más de una fuente, los peones a veces acumulaban enormes deudas. En Cayaltí no era raro que estos le debieran a la hacienda más de 100 soles.[82] Asimismo, en 1923 la inmensa mayoría de los peones contratados con Coronado debían dinero a las haciendas, algunos de ellos hasta 300 soles. Esto además de los préstamos conseguidos directamente de Coronado, que también sumaban grandes sumas de dinero (cuadros 38 y 39).

Cuadro 38

Dinero adeudado a Tumán y Pátapo por los trabajadores enganchados por Catalino Coronado, meses disponibles, 1923

Mes	N.° de peones	N.° de endeudados	% del total	Rango de deudas (soles)	Total adeudado (soles)
Enero	267	229	85,8	0,55-322,40	16.125,37
Marzo	436	379	86,9	0,50-313,35	18.259,22
Junio	245	186	75,9	0,80-279,92	11.283,92
Septiembre	212	175	82,5	0,10-308,35	10.029,27
Diciembre	244	197	80,7	0,50-231,30	15.149,07

Fuente: Planilla de peones del señor Catalino Coronado, 1923, AFA.

Cuadro 39

Dinero adeudado a Catalino Coronado por los trabajadores que enganchó

Año	Total adeudado (soles)
1912	5.247,52
1913	5.691,79
1914	5.083,21

Fuente: Resumen de la cuenta del Hermigrando Fonseca con Catalino Coronado, febrero de 1912 a septiembre de 1914, AFA.

82. AH a AH, 15 de noviembre de 1892, AFA. En dólares de 1900, 100 soles equivalía a 48,50 dólares.

Además de recibir préstamos en efectivo, los trabajadores contratados podían también endeudarse comprando bienes a crédito a los enganchadores. La correspondencia de Catalino Coronado muestra que él tuvo un animado negocio en las haciendas de los valles de Lambayeque, donde vendía diversos productos alimenticios y géneros importados de la sierra. Los Aspíllaga frecuentemente también comentaban el elevado volumen de las tiendas administradas por los grandes enganchadores en Cayaltí, especialmente José Negrete. Infortunadamente no tenemos información sobre los precios o las prácticas crediticias, salvo que los peones podían comprar a crédito.[83]

Pero los enganchadores no tenían el monopolio de las ventas, pues en las haciendas había diversas tiendas, y los peones podían viajar a los poblados vecinos a comprar. En Cayaltí también se permitía que un pequeño ejército de vendedores ambulantes y operarios de puestos de venta temporales entraran a ella. Estos pequeños comerciantes vendían pan, licor, telas y artículos adicionales que también estaban disponibles en las tiendas más grandes.

Es más, la tienda que los Aspíllaga tenían en Cayaltí contradice fuertemente el modelo de la "tienda de compañía", el cual indica que los hacendados vendían los productos a precios inflados para obligar a los trabajadores a endeudarse. La tienda de la hacienda no solo tenía que competir con los demás minoristas, sino que además ni siquiera vendió a crédito hasta la década de 1930, e incluso entonces solo como una medida de socorro. Los Aspíllaga se cuidaron de no vender más caro que los comerciantes de Chiclayo, la capital departamental, o que las tiendas en las haciendas vecinas. Incluso tomaron medidas ocasionales para regular los precios en las tiendas de los enganchadores y supervisar a los vendedores. Debemos asimismo recordar que para conseguir muchos de los productos de primera necesidad, los trabajadores no tenían que depender de las tiendas porque recibían una ración diaria de carne, arroz y sal como parte de su salario. Por supuesto que era de desear contar con alimentos adicionales y que otros

---

83. Correspondencia de Coronado; Francisco Pérez Céspedes a AH, 24 de noviembre de 1902, AFA; AH a AH, 13 de diciembre de 1897, AFA.

artículos debían comprarse, especialmente en el caso de trabajadores con familia.[84]

A pesar de la política seguida por la tienda de la hacienda, el predominio del endeudamiento a través de los préstamos es innegable. Los peones siempre firmaban una nota garantizando el pago de los préstamos con su trabajo, y los hacendados y enganchadores eran reacios a permitir que los que estaban endeudados regresaran a su hogar antes de que sus deudas hubiesen sido canceladas. Muchos historiadores han visto en este tipo de política, un medio importante para la formación de una fuerza de trabajo laboral permanente en las grandes haciendas latinoamericanas. En ocasiones incluso se piensa que los peones eran obligados a permanecer en las haciendas de por vida, como en las plantaciones de henequén del Yucatán decimonónico.[85]

En el norte peruano, el peonaje por deudas no asumió esta forma extrema, aun cuando se lo practicaba en otras maneras. Los enganchadores realizaban como una cuestión de rutina una versión del peonaje por deudas obligando a los arrendatarios, subarrendatarios y simples deudores a que cancelaran sus obligaciones trabajando en la costa, o desplazando a los peones de una hacienda a otra sin su consentimiento. Los hacendados a veces obligaban a los enganchadores a que efectuaran estas transferencias globales de trabajadores, como cuando los Aspíllaga efectuaron un fuerte recorte en la fuerza laboral de Cayaltí en 1902, pero en otras ocasiones los enganchadores simplemente llevaban a sus trabajadores a las haciendas que pagaban los salarios y comisiones más altos.[86]

También se daban las formas más tradicionales de peonaje por deudas, como vemos en estas observaciones efectuadas por los Aspíllaga en el tardío siglo XIX y el temprano XX:

> No pueden Uds. imaginarse cuanto hacemos por conseguir gente, hasta el extremo de [que] dejamos engañar a los bribones peones que cada día están más desmoralizados [...].[87]

---

84. Para el manejo de la tienda de la hacienda, véase el cap. 8.

85. Katz 1974.

86. Véanse las pp. 213-214.

87. AH a AH, 14 de octubre de 1879, AFA

Sólo hemos dejado ir a los que habían cumplido su socorro, y a pesar de todo hay más de 200 serranos.[88]

Ayer me dijo el Sr. Sebastián Tello que los *SS* Negrete [enganchadores] se iban a llevar doscientos hombres a Tumán y que estaban prontos a pagar lo que deben a la Hacienda; lo que no puedo creer y si tal cosa pretendiesen les diré que mientras no paguen en trabajo lo que deben ellos no pueden retirar esa gente de la Hacienda. Veremos cómo se desarrollan las cosas; los que trataré de manejarlos con la mayor calma y sagacidad.[89]

Los Aspíllaga evidentemente se beneficiaron con el peonaje por deudas, tal como estos ejemplos lo indican. Esto fue especialmente cierto durante las épocas de escasez laboral en Cayaltí, como en marzo de 1891. En ese momento, la limpieza del canal principal de riego y el reinicio de las labores en el trapiche después de un cierre temporal crearon una extraordinaria demanda laboral. Tal como los Aspíllaga posteriormente lo explicaran, ellos tuvieron éxito en lograr ambas cosas porque "sólo permitimos que se fueran los que ya han cancelado sus préstamos".[90]

Sería fácil asumir que los Aspíllaga hacían que hubiese dinero fácilmente a disposición de los peones como una treta con la cual atraparles en la red del peonaje por deudas. Es evidente que *sí* eran conscientes de los beneficios que el endeudamiento tenía. Sin embargo, también se quejaban de las grandes sumas de dinero que tenían que entregar como adelanto a los enganchadores y como préstamo a los peones para así adquirir una fuerza laboral. Era, en efecto, una forma algo descuidada de hacer negocios. En su correspondencia jamás discutieron el peonaje por deudas como una estrategia maestra con la cual formar una fuerza laboral permanente, y parece haberles preocupado más recuperar su dinero, de preferencia como trabajo, tal como se estipula en los contratos de enganche. Aunque sí obligaban a los trabajadores endeudados a quedarse, también buscaban atraerles a que permanecieran mejorando la vivienda y ofreciéndoles raciones diarias de carne y arroz. Asimismo advirtieron que no era práctico hacer que los peones se quedaran en Cayaltí durante

88. AH a AH, 25 de marzo de 1891, AFA.

89. Francisco Pérez Céspedes a AH, 5 de abril de 1902, AFA.

90. AH a AH, 25 de marzo de 1891, AFA.

décadas y que trabajaran hasta edad avanzada. La productividad de los trabajadores caía con bastante rapidez en un medio en donde la malaria era endémica, las temperaturas superaban los 37 °C y el trabajo era agotador. Además, muchos peones endeudados se rehusaban a someterse a un régimen de servidumbre, y a menudo huían mientras tenían una gran deuda pendiente.

Para los Aspíllaga era difícil hacer que Cayaltí fuera atractiva o incluso confortable. Los serranos deben haber pensado que estaban entrando al Hades mientras bajaban de la sierra fresca y templada al desierto costero y sus valles irrigados. Reforzaba esta impresión la presencia de una amplia gama de enfermedades transmisibles, que por lo general no se encontraban en la sierra. Los reclutas recién llegados eran particularmente susceptibles a las enfermedades, y para desarrollar una inmunidad era necesario efectuar varios viajes a la costa, o pasar largos periodos en ella.[91] Si conservaban su salud, los serranos debían entonces adaptarse a una rutina laboral regimentada que requería que pasaran largas horas trabajando bajo el sol abrasador o en ingenios o destilerías llenos de vapor, todo los cual difería marcadamente de sus labores tradicionales del cultivo de cereales y tubérculos, o el pastoreo de ovejas.[92]

Los Aspíllaga intentaron hacer que la vida en Cayaltí resultara más agradable. Para los serranos necesitados de dinero, los salarios y préstamos servían como un incentivo inicial para permanecer en la hacienda. Pero los propietarios advirtieron que sería necesario tomar medidas adicionales. Ellos consideraban que ofrecer una libra de carne y otra de arroz por una jornada de trabajo era un atractivo, pues en su tierra de origen no habrían podido comprar estos artículos relativamente costosos con regularidad. Igualmente convincentes, pensaban, eran sus esfuerzos por mejorar las viviendas, especialmente la construcción de unidades individuales para la población de la sierra que tenía familia. Para los Aspíllaga era "preciso formarles habitaciones de manera que puedan establecerse con familia, y este es un lazo que los hace más permanentes".[93]

---

91. Para un análisis detallado de la salud y su cuidado, consúltese el cap. 8.

92. Para un examen de la organización del trabajo, consúltese el cap. 4.

93. AH a AH, 25 de julio de 1887, AFA. Para un examen detallado de la vivienda en esta época, consúltese el cap. 8.

A partir de 1907, la gerencia logró alentar cierta permanencia otorgando bonificaciones anuales en efectivo a los trabajadores costeños y de la sierra que hubiesen vivido más tiempo en la hacienda.[94]

Estas medidas son una clara evidencia de que los Aspíllaga no buscaron incrementar la permanencia únicamente a través del peonaje por deudas. Es igualmente importante que advirtieran que las condiciones de vida y de trabajo, así como la estacionalidad, afectaban la permanencia. A lo largo del periodo que venimos considerando, muchos pobladores de la sierra pagaron rutinariamente sus préstamos y regresaban a la sierra, y no había nada que los Aspíllaga podían hacer al respecto. Esta emigración estaba por lo general ligada a las estaciones de siembra y cosecha en casa, y ella prosiguió por toda la región hasta la década de 1960.[95]

Ello no obstante, muchos serranos eligieron cortar sus lazos con la sierra y establecerse en la costa. Estos trabajadores más permanentes prestaron años de servicio en las haciendas azucareras. Debemos, sin embargo, cuidarnos de no exagerar la duración del empleo. Después de varios años de trabajo algunos peones caían enfermos o bien quedaban agotados por las arduas rutinas laborales. Surgieron así serios problemas por el ausentismo y la productividad de los trabajadores, que a veces fluctuaban enormemente y perturbaban los cronogramas de producción. La cantidad de trabajo completado en el campo en Cayaltí durante un lapso de dos semanas en 1908 fluctuó hasta en 50%, sin que hubiese un cambio significativo en el tamaño de la fuerza laboral.[96] Los Aspíllaga atribuían el problema general a los serranos que habían quedado debilitados por el duro trabajo y por las enfermedades. Por esta razón, en 1907 y 1908 llevaron a cabo una reposición general de la fuerza laboral.[97] Aunque era un caso extremo, las quejas en torno al ausentismo y la enfermedad de los trabajadores aparecían con regularidad en la correspondencia de los Aspíllaga. En estas circunstancias, una política de

94. AH a AH, 18 de diciembre de 1906, AFA.

95. Scott 1976.

96. VAT a AH, 14 de octubre de 1908, AFA.

97. AAB a AH, 1 de mayo de 1907, AFA; VAT a AH, 29 de septiembre de 1908, AFA; VAT a AH, 14 de octubre de 1908, AFA.

peonaje por deudas universal, que habría obligado a todos los trabajadores a permanecer indefinidamente en la hacienda, habría sido ilógica y contraproducente.

Tal como resultaron las cosas, incluso el uso parcial del peonaje por deudas le provocó algunos problemas bastante serios a la gerencia. Esta, como ya se indicó, no era la forma más efectiva, en función de los costos, de mantener una fuerza de trabajo asalariada, puesto que se debía invertir sumas de dinero considerables como adelanto para los enganchadores y préstamos para los peones. Esto pasó a ser un serio problema durante los periodos de crisis de la industria, especialmente en el temprano siglo XX y durante la década de 1930, cuando muchas haciendas operaban a pérdida.

Es más, la gerencia tenía que enfrentar con regularidad problemas referidos a qué hacer con los peones enfermos o heridos que estaban endeudados pero que no podían trabajar. Estos trabajadores ocupaban viviendas valiosas, recibían tratamiento médico gratuito y buscaban préstamos adicionales. Los Aspíllaga expulsaron de la hacienda a trabajadores seriamente enfermos en dos ocasiones durante el temprano siglo XX, bajo el supuesto de que jamás podrían cancelar sus deudas. Pero esta era una medida extrema, y en general los trabajadores debilitados permanecieron en la hacienda.[98]

En la bibliografía, los regímenes de peonaje por deuda aparecen mantenidos por lo general mediante la violencia y la intimidación, y a veces con la colusión del Estado. Los elementos para semejante opresión ciertamente existían en Cayaltí y otras haciendas azucareras de la costa norte, donde las experiencias con los chinos seguían frescas en la mente de los hacendados. Sin embargo, los peones peruanos mostraron ser sumamente ingeniosos para evitar la servidumbre, aunque ello tuvo un precio.

Era difícil alcanzar un control total de la población proveniente de la sierra, y ello por diversas razones. En primer lugar, eran considerablemente móviles, viajaban largas distancias de la sierra a la costa y a diferencia de los chinos, se mimetizaban con la población general y tenían

---

98. Véase la nota 97; Francisco Pérez Céspedes a AH, 5 de abril de 1902, AFA; VAT a AH, 30 de agosto de 1907, AFA; VAT a AH, 3 de septiembre de 1907, AFA.

amigos y parientes dentro de la región. Había, además, una considerable competencia por su trabajo entre enganchadores y hacendados, lo que tendía a quebrar la cooperación entre los empleadores y a crear oportunidades para evitar la servidumbre. Por último, eran inteligentes e ingeniosos. Al advertir los diversos matices del enganche, lograron vencer lo suficiente al sistema como para contribuir significativamente al quiebre del control total.

Los embrollos financieros eran la clave para atar a los peones a las haciendas. Pero la gran disponibilidad de préstamos también daba a los trabajadores la oportunidad de timar a enganchadores y hacendados. Estos engaños tomaban por lo general la forma de peones que aceptaban adelantos, usando a veces nombres falsos, de distintos enganchadores en diferentes haciendas. Y no era fácil encontrar una solución, aun cuando los enganchadores se daban cuenta de la situación. Rara vez era posible alcanzar un acuerdo que permitiera a los peones trabajar para pagar dos deudas a la vez. Lo más común era que el enganchador que en ese momento controlaba al peón en cuestión se rehusara a cooperar con su competidor. Los hacendados no deseaban perder el trabajo de un peón en buena condición física, ni siquiera temporalmente, razón por la cual siempre apoyaban esta rebeldía.[99]

Tal vez el campeón de los peones estafadores de todos los tiempos fue un hombre extraordinario, que bajo dos nombres diferentes logró reunir unos 4000 soles en préstamos de tres enganchadores distintos. Estos últimos eran de los más importantes y experimentados de la región, pero no lograron prender a este taimado artista del engaño. Su caso ciertamente es excepcional, pero nos muestra que los peones podían

---

99. AH a AH, 18 de noviembre de 1887, AFA; BAB a AH, 6 de diciembre de 1902, AFA; Negrete Hnos. a AH, 12 de junio de 1903, AFA; VAT a AH, 11 de agosto de 1908, AFA; VAT a AH, 14 de octubre de 1908, AFA; BAB a AH, 26 de octubre de 1908, AFA; Manuel Coronado a Catalino Coronado, 16 de noviembre de 1917, AFA; Gregorio Castaños a Catalino Coronado, 10 de marzo de 1909, AFA; contrato de enganche entre Eduardo Tiravante y Hacienda Pomalca, 20 de junio de 1917, AFA (en el contrato se estipula que si un peón debía dinero a uno o más enganchadores, el que estuviera "en posesión" del peón tendría que cancelarle las deudas pendientes a los demás enganchadores)

manipular al sistema en provecho propio, ya que en el enganche había una ineficiencia y desperdicio considerables.[100]

Los estudiosos del peonaje por deudas asumieron por lo general que la permanencia no tenía ningún beneficio para los peones. Este ciertamente fue el caso en las plantaciones de henequén de Yucatán y dondequiera que existieran semejantes condiciones viles de trabajo y de vida. Pero los trabajadores permanentes conformaban una élite entre los peones allí donde predominaban mejores condiciones, como en algunas partes del norte y centro de México.[101] En la costa norte peruana, sin embargo, la permanencia no necesariamente confería un estatus especial. Aun así, el empleo a largo plazo podía resultar deseable en épocas de crisis, cuando la oferta de mano de obra superaba la demanda. No es fácil precisar cuándo fue que estas condiciones existieron, pero en 1901 el ingeniero en jefe de Cayaltí acusó a los trabajadores del ingenio de estar acumulando intencionalmente sus deudas para asegurarse un empleo permanente.[102] Estos trabajadores, claro está, eran más calificados que los peones y no podemos asumir que su comportamiento haya sido indicativo de un patrón general. Pero tampoco podemos asumir que otros trabajadores hayan descartado dicha estrategia, especialmente durante la sequía de 1916 y la Gran Depresión.

En condiciones normales, la permanencia era menos deseable para quienes venían de la sierra y conservaban sus vínculos con dicha zona. Para estos peones, el endeudamiento no necesariamente constituía una barrera infranqueable que impedía su retorno a casa. A veces recibían permiso de sus enganchadores y hacendados para visitar la sierra, con la condición de que regresaran a cancelar sus deudas. Pero algunos serranos endeudados buscaban cortar sus lazos con las haciendas y tomaron la medida extrema de huir. La correspondencia de los hacendados de la costa norte y del enganchador Catalino Coronado, indica que un gran número de peones endeudados huía con regularidad de las haciendas. A veces los huidos explicaban a sus enganchadores las razones por las

---

100. Carta de Huambos a Catalino Coronado, 9 de diciembre de 1917, AFA. Los otros enganchadores involucrados fueron Tiravante y Arrascue.

101. Katz 1974; Cross 1979.

102. Thomas Colston a AH, 14 de octubre de 1901, AFA.

cuales fugaban. En la mayoría de los casos mencionaban como las principales razones de la fuga una jornada laboral desmesuradamente larga y cargas laborales excesivas. Esto sugiere problemas en la adaptación a una rutina laboral regimentada, así como a las presiones de la vida en la hacienda. En un caso notable de 1903, los peones huidos de Laredo se quejaron a su enganchador de que se les había exigido que trabajaran desde las cuatro de la mañana hasta las ocho de la noche. A veces para cuando terminaba el día estaban demasiado agotados como para preparar su comida. Los peones sostenían haberse quejado a la gerencia, afirmando que "no eran esclavos", pero como la extensa jornada persistió, simplemente huyeron.[103]

La fuga no era algo nuevo en las haciendas azucareras peruanas, ni tampoco en las plantaciones latinoamericanas en general. Un gran número de esclavos africanos había huido desde el siglo XVI, y a veces formaron colonias en el interior. La incidencia de las fugas naturalmente era mucho mayor en las zonas dominadas por las economías esclavistas, como Brasil y el Caribe, pero también era algo común en la costa peruana.[104]

Tras la emancipación de los negros en el Perú, se importaron trabajadores chinos para que ocuparan su lugar. Los chinos a veces huían de las haciendas azucareras de la costa, especialmente en épocas de grandes calamidades, como la invasión chilena de 1880 (véase el cuadro 33).[105] Con la desaparición de la población china y la opción por el enganche, las oportunidades de fuga se incrementaron significativamente. Los hacendados ahora no contaban ya con una fuerza de trabajo "cautiva", sino con otra que fluctuaba tanto en tamaño como en su personal. El número de trabajadores también subió dramáticamente, lo que hizo que la supervisión fuera aún más difícil. Además, una vez que los serranos huían se mimetizaban con la población en general y no se

103. Manuel E. Espinoza a José Ignacio Chopitea, 24 de agosto de 1903, AFA. Para otro ejemplo de peones que huían debido a una carga laboral excesiva, véase Administrador de Tumán a Señor Sub-Prefecto e Intendente de Policía de la Provincia de Chiclayo, 20 de abril de 1907, AFA.

104. Bowser 1974; Degler 1971: 47-52; Kent 1965.

105. Cap. 5.

les podía individualizar sobre la base de su raza, como sí se hacía con negros y chinos.

En Cayaltí, los Aspíllaga intentaron impedir las fugas haciendo que los caporales supervisaran a los peones mientras trabajaban. Pero la supervisión resultaba difícil porque los caporales tenían a su cargo de 50 a 100 hombres, los cuales podían estar esparcidos sobre un área considerable. Los peones que estaban decididos a huir podían esconderse en arboledas de caña madura (que se alzaba por encima de su cabeza) o en canales de riego profundos, y luego aprovechar la falta de luz eléctrica para huir en la noche. También podían emplearse tácticas más taimadas, como cuando los originarios de la sierra pedían permiso para visitar su hogar o los pueblos vecinos y jamás regresaban.[106]

Una vez que los peones endeudados huían de las haciendas, eran perseguidos por los caporales y enganchadores. Algunos de los fugados simplemente se dirigían a las haciendas vecinas, donde aceptaban un préstamo de otro enganchador y comenzaban a trabajar. Esto creaba una situación difícil, como ya se indicó, porque los enganchadores rivales eran reacios a devolver a los peones fugados después de adelantarles dinero. Cuando se capturaba rápidamente a los fugitivos, se les metía en la cárcel de la hacienda y a veces se les daba una fuerte golpiza.[107] Pero si llegaban a la sierra se hacía más difícil capturarlos. Para la década de 1950, las haciendas del valle de Lambayeque habían organizado cuadrillas que patrullaban la sierra en busca de fugitivos, y a los que prendían los devolvían a la costa en grandes camiones.[108]

En los casos más difíciles, los enganchadores y hacendados podían generalmente contar con la asistencia de funcionarios públicos, algunos

---

106. Negrete Hnos. a AH, 12 de junio de 1903, AFA; S. Tello a AH, 26 de octubre de 1905, AFA; VAT a AH, 14 de octubre de 1908, AFA; BAB a AH, 26 de octubre de 1908, AFA; Manuel Coronado a Catalino Coronado, 9 de agosto de 1918, AFA.

107. Véase la p. 231; Manuel Torres a Carlos Gutiérrez, 1 de julio de 1907, AFA; M. Coronado a Catalino Coronado, 25 de junio de 1915, AFA; Manuel Coronado a Catalino Coronado, 15 de noviembre de 1918, AFA; V. Mires a Catalino Coronado, 25 de marzo de 1910, AFA; J. Orrego a Catalino Coronado, 22 de septiembre de 1911, AFA; J. Orrego a Catalino Coronado, 10 de marzo de 1909, AFA; J. Orrego a Catalino Coronado, 15 de septiembre de 1916, AFA; V. Mires a Catalino Coronado, 22 de abril de 1910, AFA.

108. Scott, "Peasants", p. 328.

de los cuales eran también enganchadores.[109] Se conocen varios casos en los cuales los jueces de paz encarcelaron a los fugitivos en la sierra hasta que se les pudiera procesar o devolver a las haciendas a la fuerza. Pero a veces los enganchadores y hacendados debían estimular a los funcionarios para que actuaran, pagándoles una gratificación. En 1908, los enganchadores del valle de Chicama pagaban al gobernador local un sol por cada fugitivo al que prendía, y ese mismo año los Aspíllaga estaban considerando emplear un sistema de recompensas similar.[110] De este modo, aunque los funcionarios locales no siempre eran honrados o eficientes, sí ayudaban a prender a los peones fugados.[111]

Cuando no era posible atrapar al huido, los enganchadores podían sin embargo recuperar su dinero a través de los tribunales. Cuando los peones aceptaban el adelanto inicial, ponían como garantía a sus propiedades y el trabajo de un fiador.[112] Si los peones incumplían su préstamo, los tribunales podían obligar a los fiadores a ir a la costa, u otorgar propiedades a los enganchadores. Dos de los que enganchaban para Cayaltí acumularon de este modo varias parcelas en la zona de Sorochuco, y lo mismo hizo Catalino Coronado en Chota.[113] El gobierno local actuó una vez más para proteger los intereses de los enganchadores.

Con todo, las salvaguardias empleadas por enganchadores y hacendados no ofrecían una protección total del incumplimiento en el pago del préstamo. Algunos de los serranos simplemente no tenían ninguna propiedad que confiscar y no siempre era posible ubicar a los fiadores, ni obligarles a trabajar. Los agentes de Catalino Coronado en Pátapo

---

109. Véase la p. 213.

110. VAT a AH, 14 de octubre de 1908, AFA.

111. VAT a AH, 14 de octubre de 1908, AFA; N. Tello a AH, 29 de noviembre de 1905, AFA; VAT a AH, 11 de agosto de 1908, AFA; Manuel Coronado a Catalino Coronado, 6 de octubre de 1916, AFA; V. Mires a Catalino Coronado, 18 de febrero de 1910, AFA; V. Mires a Catalino Coronado, 25 de febrero de 1910, AFA.

112. Véanse las pp. 214-215.

113. Yanés Abarca 1972; H. Banda a Catalino Coronado, 3 de marzo de 1918, AFA; Ángel Dias a Catalino Coronado, 15 de marzo de 1918, AFA. Los siguientes son ejemplos de fiadores a los cuales se obligó a pagar el préstamo de un peón: V. Mires a Catalino Coronado, 7 de enero de 1910, AFA; V. Mires a Catalino Coronado, 6 de mayo de 1910, AFA.

metieron a varios de los fiadores en la cárcel de la hacienda por no trabajar.[114] Aún más, al enganchar los peones de otro, los enganchadores hacían que fuera más difícil para ellos recuperar las deudas pendientes.

La competencia por los trabajadores creó asimismo una atmósfera de dinero fácil que permitía que los peones acumularan grandes deudas. Las sumas que alcanzaban los 300 soles o más podían no ser recuperables confiscando una pequeña parcela de tierra u obligando a un fiador a que trabajara. No debiera por ello sorprender que tanto enganchadores como hacendados sufrieran con regularidad algunas pérdidas financieras debido a los fugados. En febrero de 1921 uno de los enganchadores de Cayaltí sostuvo que los fugitivos le debían 2.000 soles, y en 1926 los Aspíllaga estaban intentando ubicar a 170 fugitivos. Es más, en enero de 1946, 79 fugitivos debían a la hacienda Laredo 1.763,37 soles.[115]

La ventaja de los fugitivos claramente contradice toda teoría de la permanencia que dependa exclusivamente del peonaje por deudas. Es cierto que sí abundaron el peonaje y otras formas de coerción y brutalidad, pero no siempre tuvieron éxito en controlar e intimidar a los peones, ni tampoco llevaron a la formación de fuerzas de trabajo estables.

Resumen y conclusiones

La interpretación tradicional del enganche subraya la importancia que la coerción tuvo en el reclutamiento de la mano de obra de la sierra, así como la eficacia del peonaje por deudas para la formación de fuerzas de trabajo permanentes. El análisis precedente muestra, sin embargo, que tanto la coerción como el mercado tuvieron papeles importantes en el reclutamiento de la mano de obra, y que el peonaje por deudas solamente fue una de varias causas de la permanencia de los trabajadores.

En el transcurso de varias décadas, muchos originarios de la sierra respondieron a los incentivos salariales emigrando cientos de millas desde sus poblados nada prósperos, para vender su trabajo en la

114. V. Mires a Catalino Coronado, 7 de enero de 1910, AFA; V. Mires a Catalino Coronado, 6 de mayo de 1910, AFA.

115. Manuel Anguello a Kai Krough, 23 de enero de 1946, AFA; VAT a AH, 22 de febrero de 1921, AFA; RAA a RAB, 3 de mayo de 1926, AFA.

costa y desplazándose de una hacienda a otra en busca de un ingreso más alto. Los hacendados podían en general controlar la oferta de mano de obra de sus haciendas asignando dinero para los adelantos a los enganchadores, y mediante la firma de los contratos formales de enganche. La cantidad de dinero que podían invertir en los trabajadores dependía sobre todo del ingreso, y era el precio del azúcar en el mercado mundial lo que determinaba fundamentalmente dicho ingreso. Durante las épocas de crisis el tamaño de la fuerza laboral, en Cayaltí al menos, tendía a fluctuar junto con la capacidad proyectada de pago. Pero a partir de los años de auge de la Primera Guerra Mundial, los productores pudieron permitirse tener fuerzas laborales más grandes y estables.

Fue también durante los años de la guerra que el número de peones libres creció. Los libres habían cortado todo contacto con los enganchadores y vendían su trabajo libremente en la costa. Su presencia significó un creciente dualismo de la fuerza laboral, pero no hay ninguna evidencia de que hayan gozado de un estatus especial entre los peones, o de que hayan trabajado en labores distintas.

Pero el enganche no se desarrolló en un mercado laboral del todo libre y no podemos negar la existencia del peonaje por deudas. Los enganchadores a veces obligaban a los serranos a trabajar en las haciendas para cancelar deudas u obligaciones laborales pendientes. Los peones ocasionalmente también firmaron contratos de enganche mientras estaban ebrios, o adquirieron las obligaciones laborales de arrendatarios, amigos o parientes.

Sin embargo, la coerción y la servidumbre no fueron fundamentalmente responsables de la formación de una fuerza laboral más estable. La permanencia fue el resultado de diversas fuerzas, entre ellas, las mejoras en la vivienda, las raciones alimenticias y las bonificaciones, así como el peonaje por deudas. Es más, la estacionalidad, el agotamiento de los trabajadores y las enfermedades, así como los fugitivos, minaban la permanencia en el largo plazo.

El enganche tuvo éxito en satisfacer las necesidades laborales de los Aspíllaga y los hacendados vecinos, que habían vivido una crisis laboral con la desaparición de los chinos. El enganche era un sistema eficiente puesto que respondía a los incentivos en dinero y daba a los hacendados un medio con el cual reponer la fuerza de trabajo. Pero era también una forma ineficiente de conducir los negocios, pues debía asignarse grandes sumas de dinero para los adelantos de los enganchadores y los préstamos a los peones, parte de las cuales no podía recuperarse.

Por último, el enganche alteró a la comunidad de la hacienda. La fuerza laboral constaba ahora casi exclusivamente de originarios de la sierra, muchos de los cuales llegaron con su familia. Los Aspíllaga y otros hacendados tuvieron que hacer frente a los serios problemas del alojamiento y el control de peones, que trabajaban ahora en un nuevo entorno.

Capítulo 8

La comunidad de la hacienda, 1890-1933

El éxito del enganche cambió la naturaleza, la composición y el tamaño de las comunidades de las haciendas, y representó para los Aspíllaga y otros hacendados nuevos problemas en el control de la fuerza laboral. La transformación era significativa por sí sola en términos demográficos, pues el número de trabajadores de Cayaltí creció de 900 en 1896 a casi 1.421 en 1932. Es más, dado que la mayoría de los serranos habían adquirido compañeras y tenían hijos, Cayaltí se vio transformado de un campamento laboral en una comunidad de unidades domésticas más grande que la mayoría de los pueblos del departamento.

El objetivo de los Aspíllaga con su hacienda era la producción eficiente y rentable del azúcar. Esto requería mantener a los trabajadores y sus familias de modo tal que no la pusieran en desventaja con sus competidores en el reclutamiento de mano de obra. Los servicios proporcionados a los trabajadores, como vivienda, atención médica, recreación y productos a precios justos, fueron el resultado de la necesidad económica antes que de un interés humanitario.

El suministro de una gama más amplia de servicios también refleja el cambio en la filosofía de los Aspíllaga con respecto al control de los trabajadores. Después del cambio de siglo, ellos por lo general preferían los acuerdos y la manipulación por encima de la violencia, como forma de conservar el orden y la producción en la hacienda. Esta política surgió en respuesta al creciente tamaño y complejidad de la población de Cayaltí, así como al desarrollo de un movimiento de clase obrera en la región.

En estas circunstancias, los Aspíllaga advirtieron que la frecuente aplicación de azotes, prisión y ejecuciones tendría como resultado actos de represalia masivos por parte de los trabajadores. Aunque jamás dejaron de amenazar con usar estas tácticas, los propietarios de Cayaltí les restaron importancia y favorecieron la mejora de servicios y mantener a los trabajadores y sus familias ocupados y entretenidos cuando no estaban en sus labores. Su meta era tener trabajadores satisfechos que fueran complacientes, diligentes y productivos. No crearon un régimen paternalista en Cayaltí, pero sí aplicaron un barniz paternal a las relaciones laborales que ayudó a desactivar los conflictos entre la gerencia y los trabajadores, y a retrasar el crecimiento de un movimiento de clase obrera.

El crecimiento demográfico de Cayaltí, 1896-1932

Muchos problemas administrativos que los Aspíllaga tuvieron que enfrentar se debieron al creciente tamaño de la comunidad de la hacienda. Esto era especialmente cierto en lo que respecta a la vivienda, el cuidado de la salud y el control del orden. La característica más significativa del crecimiento demográfico de la hacienda fue la formación de unidades familiares. Aunque la composición de la fuerza laboral cambiaba constantemente, había un gran número de serranos que permanecían en Cayaltí por meses o incluso años. Esto incrementaba su deseo de emigrar con la familia, lo que algunos ya estaban haciendo para comienzos del siglo XX, o bien de conseguir una compañera mientras se estaba en la costa. Esta última práctica se fue haciendo particularmente popular y fue algo usual hasta la década de 1960.[1]

A comienzos del siglo XX, la administración comenzó a tomar cuidadosa nota del tamaño de la población de la hacienda. En 1896 se calculó el número total de habitantes —trabajadores, mujeres y niños— y nuevamente se lo volvió a hacer en 1912. En 1923 y 1932, los Aspíllaga ordenaron que se censara la población de la hacienda. Estos datos muestran que las mujeres y niños conformaban alrededor del 50% de la comunidad de la hacienda desde comienzos del siglo XX hasta 1932. En

1. Miller 1967.

1923, aproximadamente el 50% de todos los trabajadores vivía con una mujer y tenía en promedio 1,3 hijos. Es interesante que apenas 4,9% de estas parejas estaban casadas. Para 1932, el número de trabajadores con familia había subido a 65%; sin embargo, el censo no registró la incidencia del matrimonio ni el número de hijos.

Cuadro 40
LA POBLACIÓN DE CAYALTÍ

AÑO	N.° DE TRABAJADORES	% DE POBLACIÓN TOTAL	POB. NO TRABAJADORA (MUJERES Y NIÑOS)	% DE POBLACIÓN TOTAL	POBLACIÓN TOTAL	% CRECIMIENTO
1896	900	45,0	1.100	55,0	2.000	
1907	1.078	51,1	1.033	48,9	2.111	5,6
1912	980	40,8	1.420	59,2	2.400	13,7
1923	1.315	43,0	1.743	57,0	3.058	27,4
1932	1.421	51,2	1.352	48,8	2.773	- 9,3

Fuente: AH a AH, 28 de enero de 1896, AFA; VAT a AH, 1 de mayo de 1907, AFA; VAT a AH, 12 de enero de 1912, AFA; VAT a AH, 22 de agosto de 1912, AFA; Censo de 1923, AFA; Censo de 1932 AFA. En 1923 había 742 mujeres y 1.001 niños.
Nota: las cifras de población son para los trabajadores, sus parejas e hijos. No se incluyen las familias de los empleados, artesanos y los dueños.

Gráfico 1
LA POBLACIÓN DE CAYALTÍ, 1896-1932

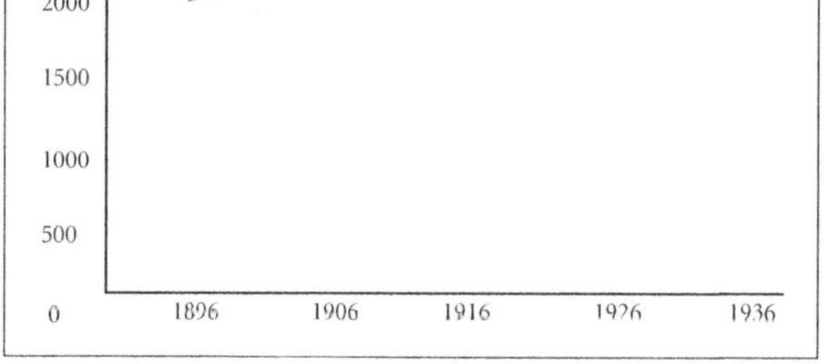

La vivienda

Estas estadísticas demográficas demuestran que en esta época Cayaltí estaba convirtiéndose en una comunidad más compleja. Ya no parecía ser un campamento laboral con los degradados culíes chinos y los campesinos itinerantes de la sierra, sino más bien un pequeño pueblo habitado por una mezcla de transeúntes y trabajadores con familia. Por obvias razones económicas, los Aspíllaga alentaron la permanencia de los trabajadores mejorando las condiciones de vida.[2]

Los trabajadores tradicionalmente se habían alojado en unos dormitorios ruinosos a los que se conocía como galpones. Estas barracas mal construidas les brindaban poca o ninguna privacidad, condición esta que probablemente desalentaba la permanencia en lugar de estimularla. Los propietarios iniciaron, por lo tanto, la construcción de nuevas casas separadas y la renovación de los galpones, convirtiéndolos en apartamentos separados. El patrón de construcción siempre segregaba a los trabajadores del personal administrativo y los artesanos, que vivían en casas más grandes en distintas partes de la hacienda.[3]

Los Aspíllaga intentaron construir nuevas casas a medida que la demanda iba creciendo, pero la oferta siempre estaba rezagada con respecto a la demanda, lo que les obligó a construir entre 80 y 100 unidades cada vez. Se levantaron grandes bloques de nuevas viviendas en 1890, 1894, 1900, 1906, 1915 y 1917. La mayoría de ellas eran simples estructuras de adobe, idóneas para el clima seco pero pequeñas y de tosca construcción.[4]

Pero hubo excepciones. En 1894 se construyeron nuevas casas de madera y adobe con techos de zinc, que habían sido importadas de

---

2. AH a AH, 5 de julio de 1887, AFA.

3. Censo de 1923, AFA.

4. AH a AH, 1 de marzo de 1890, AFA; RAB a IAB, 27 de junio de 1900, AFA; AH a AH, 19 de enero de 1900, AFA ; BAB a AAB, RAB e IAB ("Queridos hermanos"), 25 de abril de 1906, AFA; AAB a AH, 1 de mayo de 1907, AFA; AAB a RAB y BAB, 10 de febrero de 1915, AFA; AAB a RAB y BAB, 25 de febrero de 1915, AFA; AAB a RAB y BAB, 5 de marzo de 1915, AFA; AAB a RAB y BAB, 19 de marzo de 1915, AFA; AAB a RAB y BAB, 11 de mayo de 1915, AFA; AAB a RAB y BAB, 6 de enero de 1917, AFA; AAB a RAB y BAB, 25 de enero de 1917, AFA.

Europa con cierto gasto. Los interiores constaban de una sala, cocina (con un fogón) y un patio donde se podía tener animales domésticos.[5] En 1915 se construyeron casas de similar factura, con el añadido bienvenido de pisos de cemento, lo que mejoró significativamente las condiciones sanitarias.[6]

Pero no todos los trabajadores fueron alojados en unidades nuevas y separadas. Los Aspíllaga en general colocaban a los trabajadores que tenían familia en las mejores casas y a los peones solteros en los galpones. La administración, sin embargo, sí remodeló estos antiguos dormitorios para que pudieran ofrecer cierta privacidad a sus alojados. En 1900 el "Galpón de Pekín" fue reconstruido íntegramente como ocho apartamentos y se asignaron a dos peones por unidad.[7]

Después de 1917, los Aspíllaga evitaron construir nuevas viviendas y prefirieron más bien reparar los edificios más viejos. Esto refleja su renuencia general a invertir en la hacienda en ese momento, cuando comenzaban a rezagarse también en tecnología con respecto a sus competidores.[8] Se permitió así que algunos de los galpones, en particular, se deterioraran hasta el punto que en 1923 se les describió como "muy feos". Ismael Aspíllaga Anderson aceptaba que se les debía reparar, pero solo "poquito a poco y del modo más económico".[9] De igual manera, a las casas dañadas por la inundación de 1925 solamente se les hicieron reparaciones superficiales y se permitió que se deterioraran en unos cuantos años.[10] La gran sobrepoblación agravaba el problema, puesto que más de una familia era colocada en casas o apartamentos individuales, y algunos edificios albergaban entre 25 y 45 personas.[11]

---

5. AH a AH, 24 de marzo de 1894, AFA; AH a AH, 16 de octubre de 1894, AFA.

6. AAB a RAB, 10 de febrero de 1915, AFA; AAB a RAB y BAB, 10 de abril de 1915, AFA.

7. AH a AH, 19 de enero de 1900, AFA; RAB a IAB, 27 de junio de 1900, AFA.

8. Véase la sección sobre tecnología en el cap. 3.

9. IAA a RAB, 17 de diciembre de 1923, AFA.

10. IAA a RAB, 24 de febrero de 1925, AFA; AAA a RAB, 9 de marzo de 1925, AFA; AAA a Señor Gerente, Negociaciones Agrícolas Cayaltí y Palto, 22 de marzo de 1925, AFA; LAA a RAB, 22 de mayo de 1925, AFA; IAA a RAB, 11 de septiembre de 1928, AFA; IAA a RAB y Hermanos, 17 de septiembre de 1928, AFA.

11. Censo de 1932, AFA.

El estado general de la vivienda en Cayaltí parece haberse repetido en las haciendas vecinas. Un informe sobre las haciendas del valle de Chicama en 1912 sostuvo que la mayoría de los trabajadores vivía en unidades separadas de calidad variable, "según lo que el hacendado cree son las necesidades del trabajador y la cantidad de dinero que está dispuesto a invertir". Las mejores casas eran las de Chiclín. En efecto, el autor del informe, que era un miembro de la élite, creía que eran demasiado buenas para los trabajadores ("superiores a la cultura del bracero"). Las casas de los trabajadores en Chiclín eran más grandes que cualquiera de las de Cayaltí y constaban de dos habitaciones, además de una cocina y patio. Como materiales de construcción se usaron el adobe, la madera y la caña.[12]

Una segunda descripción de las viviendas en el valle, redactada en 1921, presenta un cuadro algo distinto. Para ese entonces algunas haciendas estaban experimentando sobrepoblación y no era raro encontrar entre tres y diez personas viviendo en casas de una o dos habitaciones con pisos de tierra.[13]

Los contratos de construcción que han sobrevivido en el vecino valle de Lambayeque muestran que algunas de las casas construidas en Pomalca eran mejores que cualquiera de las de Cayaltí. En 1904 y 1915 se construyeron casas que constaban de dos habitaciones, una cocina y un corral. Al año siguiente, los materiales de construcción usados fueron adobe, cemento, ladrillo y piedra, y las habitaciones individuales medían 4,5 por 4,5 metros.[14]

El suministro de bienes

La vivienda solamente era uno de los servicios que los hacendados proporcionaban a los trabajadores y a sus familias. A medida que la población crecía, se fueron ofreciendo cantidades más grandes de alimentos y de otros productos. Los Aspíllaga habían operado su propia tienda por

---

12. Osma 1972: 13-14.

13. Curletti 1972: 12.

14. Contrato entre Cosme Rojas H. y Enrique Brüning, 15 de febrero de 1915, Contratos de la Hacienda Pomalca, 1900-1920, AFA.

décadas con miras a tener una ganancia anual moderada. Ellos jamás buscaron tener el monopolio de las ventas en la hacienda y más bien permitían que los enganchadores abrieran tiendas, que los vendedores ofrecieran sus bienes en la hacienda, y que los peones viajaran a los pueblos vecinos a comprar. La competencia entre los distintos minoristas tendía a mantener los precios a un nivel razonable.

Hacia comienzos del siglo XX, los Aspíllaga vieron en el cierre de los mercados chinos una oportunidad para ampliar el tamaño de la tienda de la hacienda e incrementar las utilidades en las ventas.[15] Encargaron por ello mercadería por valor de decenas de miles de soles a Chiclayo y Lima, entre ella jamón, sardinas, salmón, harina, café, garbanzos, frijoles, arroz, kerosén, cigarrillos, almidón, velas, fósforos, telas de algodón y juguetes.[16] A todos los productos se les subió el precio entre 20 y 30% para que estuvieran a la par con los precios de Chiclayo.[17]

Pero la tienda de la hacienda jamás arrojó una gran utilidad. Una razón para ello era la naturaleza de la competencia. Las tiendas de los contratistas eran populares porque vendían productos importados de la sierra y permitían a los clientes comprar a crédito. Muchos peones, y sobre todo los que acababan de inmigrar, se aferraban a sus gustos tradicionales y no tenían el dinero —o tal vez la paciencia— para pagar siempre en efectivo. Esto al parecer pesaba más que el riesgo de endeudarse aún más y quedarse en la hacienda por periodos más prolongados.[18] Los vendedores ambulantes y los agentes de pequeños puestos en las esquinas también gozaban de cierta popularidad entre los peones, estos últimos debido en parte a que vendían a crédito. Y los trabajadores siempre estaban dispuestos a viajar unos cuantos kilómetros hasta las comunidades vecinas para ahorrarse unos cuantos soles, como sucediera

15. AH a AH, 18 de marzo de 1896, AFA.

16. AH a AH, 13 de diciembre de 1897, AFA; AH a Señor Jefe del Almacén, 20 de noviembre de 1900, AFA.

17. AH a AH, 4 de enero de 1898, AFA; AH a AH, 7 de enero de 1899, AFA; AH a AH, 10 de enero de 1899, AFA; AH a AH, 29 de noviembre de 1900, AFA, AH a Señor Jefe del Almacén, 20 de noviembre de 1900, AFA.

18. AH a AH, 27 de junio de 1894, AFA; AH a AH, 13 de diciembre de 1897, AFA; Francisco Pérez-Céspedes a AH, 24 de noviembre de 1902, AFA.

en septiembre de 1912, cuando los comerciantes vecinos vendían arroz y harina a precios de ganga.[19]

La tienda de la hacienda sufrió además durante varias décadas por los malos manejos y desfalcos que se cometían. Los Aspíllaga se la encargaron a un administrador hasta 1908 y rara vez se molestaban en revisar los libros. Pero en septiembre de 1908, advirtieron que ese año no había casi ninguna ganancia a pesar de que las ventas sumaban 20.855 dólares con un alza de precios del 30%.[20] Al siguiente año, los Aspíllaga investigaron el manejo de la tienda de modo más exhaustivo. Descubrieron así que ella había sufrido una pérdida de 1205 dólares con 24.250 dólares en ventas, y concluyeron que el administrador y su asistente se habían apoderado de sumas considerables. Aunque no presentaron ningún cargo porque el administrador yacía gravemente enfermo, en adelante los Aspíllaga mostraron mayor interés por el manejo de la tienda.[21] Las utilidades subieron de 429 dólares en 1911 a 2862 dólares en 1913 como reflejo de esta nueva actitud.[22]

Su interés además se incrementó con el estallido de la Primera Guerra Mundial. El conflicto trajo consigo una época de precios al alza, especialmente de los productos de primera necesidad, lo que amenazaba con generar el descontento de los trabajadores de las haciendas. Al igual que otros hacendados, los Aspíllaga eran reacios a otorgar un gran incremento salarial para compensar el alza en los precios, argumentando que las utilidades caerían con el fin de las hostilidades. La única concesión que hicieron fue la de vender algunos productos de primera necesidad cruciales a precio de compra, y conservar el de otros productos a la par con los precios en otros lugares. Estas tácticas lograron mantener el alza en el costo de vida al mínimo hasta 1919, cuando el índice subió un alarmante 73% (cuadro 41). Cabe poca duda de que esta fue una causa del descontento laboral que se produjo en la hacienda en dicho año.[23]

---

19. VAT a AH, 5 de septiembre de 1912, AFA.
20. T. Cañas a AH, 12 de septiembre de 1908, AFA.
21. VAT a AH, 5 de abril de 1910, AFA; VAT a AH, 13 de febrero de 1910, AFA; AH a Carlos E. Gutiérrez, 24 de febrero de 1910, AFA,
22. AAB a RAB y BAB, 27 de noviembre de 1913, AFA.
23. Estas agitaciones en la región se examinarán en el siguiente capítulo.

Cuadro 41

ÍNDICE DE PRECIOS Y SALARIOS EN EL VALLE DE SAÑA (1913 = 100)

1913	1914	1915	1916	1917	1918	1919	1920	1921	1922
100	100	118	109	100	109	182	136	136	136

Fuente: Albert 1976, cuadro 50, p. 171a, adaptado.
Nota: los salarios son para los peones [*field workers*] varones y no incluyen las raciones (excepto 1916 y 1920).

La situación se vio exacerbada ese año cuando Augusto B. Leguía, cuyo principal contrincante en la campaña presidencial era Ántero Aspíllaga Barrera, aprovechó con éxito la cuestión de la inflación, y sobre todo su impacto adverso sobre los trabajadores. Una vez al mando, Leguía siguió presionando para que los precios bajaran, creando incluso una comisión especial para que supervisara la comercialización. No sorprende que se haya prestado atención particular a Cayaltí y a otras haciendas propiedad de opositores políticos prominentes del régimen. Sucumbiendo a esta presión y a la creciente preocupación que la posible violencia trabajadora provocaba, los Aspíllaga vendieron algunos productos de primera necesidad a pérdida y otorgaron una modesta alza salarial a sus trabajadores. El costo de vida cayó en consecuencia en 46% entre 1919 y 1920, y no volvió a subir durante dos años.[24]

Con el fin de la crisis inflacionaria, la forma de comercialización dejó de ser una cuestión política. Leguía, cuyo interés en las clases trabajadoras se debía a la conveniencia política, ya no podía usar la inflación para castigar a sus adversarios. Los Aspíllaga ahora perdieron interés por la tienda de la hacienda y delegaron su manejo diario a un empleado. La política de la tienda era vender los productos de primera necesidad con una ganancia mínima —usualmente de 8% por encima del precio de costo— y ganar más con los productos suntuarios, como el licor y la

24. Lukkari North 1973: 26. Leguía nombró visitadores de subsistencias a fin de que inspeccionaran las tiendas de las haciendas para controlar que no se cobrara sobreprecio; véase VAT a AH, 21 de septiembre de 1920, AFA; AAB a VAT, 2 de febrero de 1921, AFA. Para los salarios, véase el cap. 7. Los productos de primera necesidad eran eventualmente vendidos en un "almacén de subsistencias"; véase VAT a Señor Gerente Negociaciones Agrícolas Cayaltí y Palto, 21 de junio de 1921, AFA; cuadro 25.

ropa de calidad, que se vendía 15 a 25% por encima del costo. Los propietarios jamás esperaban ganar una gran utilidad con la tienda, pero en 1923 se vieron decepcionados por la ganancia anual de menos de 2.055 dólares. Esto lo atribuyeron a los malos manejos y a los hurtos obra de los clientes. Con una nueva administración, la tienda ganó 5.600 dólares en 1925.[25] Las ventas fueron creciendo a medida que los dueños desalentaban el ingreso de vendedores ambulantes en la hacienda y regulaban los precios en las tiendas de los contratistas. Esta decisión indudablemente enfureció a estos últimos, pero debemos verla en el contexto de la importancia decreciente de los trabajadores contratados y el número cada vez más grande de mano de obra libre.[26]

La Gran Depresión obligó a los Aspíllaga a efectuar aún más reformas en la comercialización. Al derrumbarse el precio del azúcar, redujeron los salarios y despidieron a más de 100 trabajadores. La administración suavizó estas medidas, que podrían haber provocado la agitación de los trabajadores, bajando el precio de los productos de primera necesidad, permitiendo que los peones libres y el personal recibieran cada semana 4,00 dólares a crédito, y ordenando a la tienda que permaneciera abierta siete noches a la semana.[27]

Es claro que con estas reformas los Aspíllaga también alcanzaron un mayor control sobre la comercialización en Cayaltí. Pero ninguna de estas decisiones fue tomada con miras a desarrollar la tradicional tienda de la compañía. La extensión de crédito fue estrictamente limitada y la tienda de la hacienda no tenía el monopolio de la venta. En este periodo, los propietarios veían su tienda como una forma de tener una ganancia modesta y de apaciguar a los trabajadores reduciendo el precio de los principales productos de primera necesidad.

---

25. Informe sobre la Hacienda Cayaltí, 1923, 5 de octubre de 1923, AFA; LAA a RAB, 23 de mayo de 1924, AFA; RAA a RAB, 29 de mayo de 1925, AFA; LAA a RAB, 9 de enero de 1926, AFA.

26. RAA a RAB, 29 de mayo de 1925, AFA; AAA a RAA, 26 de diciembre de 1927, AFA.

27. IAA a Señores Aspíllaga Anderson Hermanos, S. A., 14 de noviembre de 1929, AFA; IAA a Señores Aspíllaga Anderson Hermanos, S. A., 23 de diciembre de 1929, AFA; LAA a RAA, 18 de noviembre de 1929, AFA; LAA a RAA, 25 de noviembre de 1929, AFA; RAA a IAA y LAA, 20 de noviembre de 1929, AFA; AAA a RAA, 25 de mayo de 1930, AFA; Aviso, 9 de agosto de 1930, AFA; IAA a M. Asián, 11 de agosto de 1930, AFA.

El cuidado de la salud

Podemos también ver la emergente filosofía gerencial de los Aspíllaga, que prefería el acomodamiento y la manipulación a la represión, en el suministro de los servicios de salud. En lugar de simplemente expulsar de la hacienda a los trabajadores enfermos, los propietarios les brindaban a ellos y su familia la atención médica gratuita de un profesional. Esta era una extensión de los servicios proporcionados a los chinos, con la diferencia de que ahora se ofrecían más y mejores servicios a más personas. Los Aspíllaga reconocían la necesidad de impedir que estallara una epidemia que pudiera paralizar la producción, y esta fue su principal motivación a la hora de suministrar el cuidado de la salud. Ellos rara vez manifestaron algún interés real por el bienestar de sus trabajadores y sus familias.

Las condiciones de la salud en todo el Perú se encontraban en un estado deplorable,[28] lo que se reflejaba en Cayaltí y en otras haciendas y comunidades de la costa norte. La población de la región había crecido significativamente desde el advenimiento del enganche, y los originarios de la sierra eran particularmente susceptibles a las enfermedades costeñas, contra las cuales no tenían inmunidad alguna. Y a medida que los inmigrantes adquirían familia, los problemas del hacinamiento y el suministro del agua potable exacerbaban un ambiente ya de por sí peligroso. El deterioro de las condiciones sanitarias invitaba al estallido de una epidemia, lo cual potencialmente podía cerrar Cayaltí. En una carta dirigida a los Aspíllaga en 1909, el médico de la hacienda hizo una gráfica descripción de la inmundicia en medio de la cual vivían los peones y sus familias:

> Quiero ahora tocar un punto que es quizás el de mayor trascendencia por lo que a la higiene de esta hacienda se refiere. Los moradores de aquí, principalmente en los barrios que habita la peonada y aun en el centro [...] tienen arraigada la antihigiénica costumbre de arrojar al suelo las aguas sucias y las materias excrementicias o, en el mejor de los casos, satisfacer sus necesidades en lugares inmediatamente vecinos a la casa habitación de esta gente. No escapa a la ilustración de Uds., aun cuando no son médicos,

---

28. Dobyns y Doughty 1976: 169-170, 212.

> que ciertas enfermedades infecto-contagiosas, como la fiebre tifoidea y la disentería, que pongo a guisa de ejemplo por existir ambas aquí, muy particularmente la última, son altamente peligrosas, porque el micro-organismo productor de la enfermedad vive algún tiempo en las deyecciones de los enfermos y convalecientes. Las moscas y diversos insectos que se pasan en esos productos de deshecho, son agentes transmisores [...] pues van a contaminar los objetos, alimentos, etc., de los individuos sanos. El viento mismo, que aquí levanta densas nubes de tierra, será un agente de igual clase, sobre todo si existen fuentes de agua potable a la intemperie.[29]

Condiciones como las que el médico señalaba servían de fértil semillero para las enfermedades infecciosas. Además de los desórdenes intestinales, las enfermedades comúnmente encontradas en la región conforman una lista de los más grandes asesinos de todos los tiempos: peste bubónica, viruela, sarampión, gripe, cólera, malaria, neumonía, fiebre amarilla, tifoidea, tifus y tuberculosis. Hubo brotes periódicos de estas enfermedades hasta la década de 1930, pero algunos eran más letales que otros. La malaria era endémica en la región, pero rara vez alcanzó proporciones epidémicas. Ella más bien provocaba una enfermedad prolongada en un gran número de personas y se cobraba algunas vidas periódicamente.[30] Ismael y Rafael Aspíllaga Anderson estuvieron entre quienes contrajeron la enfermedad.[31]

También eran endémicos los desórdenes intestinales, particularmente entre los niños, que cobraban docenas de víctimas con regularidad, entre ellos el hijo de Ismael Aspíllaga Anderson en 1930.[32] Las otras enfermedades golpeaban periódicamente, pero a veces alcanzaban niveles epidémicos y se llevaban a más de 100 personas. La gripe, la tu-

---

29. Ricardo Palma a AH, 22 de septiembre de 1909, AFA.

30. AH a AH, 8 de febrero de 1900, AFA; AH a AH, 24 de noviembre de 1906, AFA; Juan M. Vásquez a RAB, 16 de julio de 1907, AFA; VAT a AH, 16 de marzo de 1910, AFA; AAB a AH, 15 de junio de 1910, AFA; Ricardo Palma a AH, 4 de diciembre de 1910, AFA; RAB a AAB y BAB, 12 de enero de 1916, AFA; RAB a AAB y BAB, 23 de enero de 1916, AFA; RAB a AAB y BAB, 25 de enero de 1916, AFA; BAB a AH, 11 de abril de 1916, AFA; VAT a AH, 3 de mayo de 1916, AFA.

31. LAA a RAA, 21 de octubre de 1930, AFA; LAA a RAA, 22 de octubre de 1932, AFA; LAA a RAA, 5 de noviembre de 1932, AFA.

32. LAA a RAA, 21 de octubre de 1930, AFA.

berculosis y el sarampión (en los niños) resultaron ser las más difíciles de combatir.

Desde finales del siglo XIX, los Aspíllaga asumieron un papel activo en la lucha contra las enfermedades en Cayaltí. Sería, sin embargo, inexacto concluir que lo que les movió a proporcionar cuidado médico fue principalmente un interés humanitario. Estaban en el negocio de producir azúcar y para ello necesitaban tener trabajadores saludables. En general, no les preocupaban los peones y sus familias como personas. Los Aspíllaga equilibraban su interés por la salud con la preocupación por los gastos médicos, y hubo ocasiones en que regañaron a los médicos por los pedidos "extravagantes" que hacían. La naturaleza de su relación con los trabajadores también moderó su interés por el cuidado de la salud. Los trabajadores eran considerados "sirvientes", no niños, tutelados o clientes. Había un límite a lo que se podía hacer por ellos. Era, además, difícil desarrollar vínculos duraderos con los trabajadores dada la rotación periódica de la fuerza de trabajo. Estas actitudes y circunstancias influyeron sobre el compromiso que los Aspíllaga tenían con los servicios de salud, y ayudan a definir su filosofía del control:

> Aquí hay mucha gente, muchas mujeres y muchachos, este número de gente de muy relativa utilidad es cosa que llegará a preocuparnos, por la cuestión [de las] habitaciones y demás circunstancias. Los muchachos son insoportables [y] malcriados, dañinos y ociosos, los tengo sujetos a vigilancia o en la escuela o [en] el trabajo. Creo que lo que pasa en Cayaltí no ocurre en otras haciendas donde hay más negocio y mucha menos o ninguna filantropía.
>
> Los enfermos, aunque se lucha con la ignorancia, están atendidos, no hay felizmente pestes, como sucede en Chiclayo y otras poblaciones. Le he prevenido al médico que se abstenga de pedir especialidades que son costosas y [que] solo sirven para [un] largo régimen [de recuperación].[33]

---

33. AAB a RAB, 30 de octubre de 1913, AFA. También resultan instructivas en este sentido las siguientes afirmaciones de, respectivamente, Ántero Aspíllaga Barrera y Luis Aspíllaga Anderson: "Donde no hay salud no puede haber trabajo ni satisfacción para nadie" (AAB a RAB y BAB, 30 de octubre de 1913, AFA); "Respecto a los pedidos de medicinas, estamos controlando esta margen para evitar gastos inútiles y de lujo, a que son muy aficionados los médicos, pero que la negociación no puede tolerar [...]" (LAA a RAA, 22 de septiembre de 1924, AFA).

Ántero estaba fastidiado porque Cayaltí estaba gastando sumas cada vez más grandes en el cuidado de la salud. La necesidad de efectuar tales gastos quedó demostrada gráficamente en 1888, cuando toda la población serrana murió o fue expulsada de la hacienda por un estallido de tifus.[34] Después de ello los peones recibieron comida más fresca y un agua más limpia, y se les advirtió que debían limpiar sus casas exhaustivamente. En 1894 también se vacunó a los trabajadores y sus familias contra la viruela, y se les dio quinina y desinfectantes como medidas preventivas contra la malaria y la disentería.[35]

El efecto de estas medidas fue mixto. En adelante solo unas cuantas personas murieron de viruela, ya sea porque no fueron vacunadas o debido a un lote defectuoso de vacunas.[36] La distribución de quinina también ayudó a combatir la malaria. Sin embargo, esta enfermedad continuó siendo endémica, pues los mosquitos que la transmiten proliferaban en los muchos canales de riego que atravesaban la hacienda. Su omnipresencia eventualmente hizo que los Aspíllaga la caracterizaran como un riesgo ocupacional,[37] como la neumoconiosis en la minería del carbón. Además, la distribución de desinfectantes por sí sola jamás podría prevenir la disentería, dados los problemas persistentes de la sanidad, el deterioro de la comida, el agua contaminada y la higiene personal. Los médicos también se quejaban de que las madres no siempre

---

34. AH a AH, 27 de marzo de 1888 (a), AFA; AH a AH, 29 de marzo de 1888, AFA; AH a AH, 31 de enero de 1889, AFA; AH a AH, 3 de febrero de 1889, AFA; AH a AH, 21 de febrero de 1889, AFA.

35. AH a AH, 23 de enero de 1890 (a), AFA; AH a AH, 6 de febrero de 1890, AFA; AH a AH, 25 de marzo de 1891, AFA; AH a AH, 9 de junio de 1891, AFA; AH a AH, 23 de agosto de 1892, AFA; AH a AH, 3 de septiembre de 1892, AFA; AH a AH, 21 de marzo de 1893, AFA; AH a AH, 15 de abril de 1893, AFA; AH a AH, 20 de febrero de 1894, AFA; AH a AH, 17 de julio de 1894, AFA; AH a AH, 2 de abril de 1897, AFA; AH a AH, 3 de mayo de 1897, AFA; AH a AH, 19 de mayo de 1897, AFA; AH a AH, 7 de julio de 1897, AFA; G. López a AH, 12 de octubre de 1899, AFA; G. López a AH, 19 de octubre de 1899, AFA.

36. AH a AH, 10 de junio de 1901, AFA; VAT a AH, 16 de marzo de 1916, AFA; AAB a AH, 15 de junio de 1910, AFA; Ricardo Palma a AH, 4 de diciembre de 1910, AFA; RAB a AAB y BAB, 12 de enero de 1916, AFA; RAB a AAB y BAB, 23 de enero de 1916, AFA; RAB a AAB y BAB, 25 de enero de 1916, AFA; BAB a AH, 11 de abril de 1916, AFA; VAT a AH, 3 de mayo de 1916, AFA

37. IAA a RAA, 5 de junio de 1932; RAA a IAA y LAA, 10 de junio de 1932, AFA.

ejercían el cuidado apropiado en la limpieza y alimentación de sus niños. En consecuencia, la disentería y otros desórdenes intestinales siguieron siendo algo común, especialmente durante el verano, además de la causa principal de la muerte entre los jóvenes.[38]

Cayaltí tuvo más éxito a comienzos del siglo XX en su lucha con la peste bubónica. Asociada por lo general solo con la Edad Media, la peste seguía siendo una importante amenaza para los peruanos en el siglo XX. Como la enfermedad era propagada por las pulgas de los cuyes, los intentos que se hicieron para combatirla se vieron estorbados por los gustos culinarios tradicionales (el cuy es un plato popular en la sierra). Una vez contraída era siempre fatal. La peste asoló la costa norte varias veces en la década de 1900-1910, e infligió un gran golpe a las comunidades nativas de Monsefú y Reque, en el valle de Lambayeque.[39] Con todo, los médicos de Cayaltí lograron impedir que alcanzara proporciones epidémicas en la hacienda, expulsando de inmediato a todos los trabajadores afectados, matando y quemando a todos los cuyes, fumigando las casas y prohibiendo el ingreso a los forasteros.[40]

Los médicos tuvieron menos éxito en el tratamiento del sarampión, la gripe y la tuberculosis, puesto que cada una de estas enfermedades alcanzó proporciones epidémicas al menos una vez en el temprano siglo XX. Hubo serios brotes de gripe en 1900, 1906 y 1907, cada uno de los cuales produjo más de 100 muertes.[41] La tuberculosis tomó varias vidas en 1905 y nuevamente en 1907, y muchos trabajadores más que estaban enfermos simplemente fueron expulsados de la hacienda, condenados a

38. C. Medina a AH, 9 de septiembre de 1912, AFA.

39. N. Salcedo a AH, 9 de mayo de 1903, AFA; AH a AH, 20 de diciembre de 1904, AFA; AH a AH, 15 de febrero de 1906, AFA; Francisco Pérez Céspedes a AH, 28 de junio de 1907, AFA; BAB a AAB y RAB, 25 de octubre de 1908, AFA; VAT a AH, 21 de noviembre de 1908, AFA; VAT a AH, 5 de diciembre de 1908, AFA.

40. AH a AH, 20 de diciembre de 1904, AFA; AH a AH, 15 de febrero de 1906, AFA; Francisco Pérez Céspedes a AH, 28 de junio de 1907, AFA; BAB a AAB y RAB, 25 de octubre de 1908, AFA; VAT a AH, 5 de diciembre de 1908, AFA.

41. AH a AH, 8 de febrero de 1900, AFA; AH a AH, 24 de noviembre de 1906, AFA; Juan M. Vásquez a AH, 16 de julio de 1907, AFA.

morir en otro lado.[42] El sarampión también alcanzó niveles de epidemia en 1908 cuando dio muerte a 103 personas, la mayoría de ellas niños.[43]

La cantidad de enfermedades serias constituía una gran carga para los médicos de Cayaltí. A diferencia de sus predecesores en la hacienda, estos hombres parecen haber estado íntegramente dedicados a su profesión, y debiéramos dar algo de crédito a los Aspíllaga por haberlos contratado. Una epidemia era un momento particularmente difícil para los médicos, pero un día de trabajo normal también era difícil. Un informe presentado en 1912 detalló la magnitud de sus responsabilidades cotidianas: durante un lapso de cinco meses, entre abril y el 21 de agosto, el doctor trató 7566 casos, esto es un promedio de 1513 al mes. Ello quiere decir que entre el 56 (en julio) y el 76% (en mayo) de la población de la hacienda fue tratada en estos meses por alguna enfermedad.[44] Aunque estas cifras parecen ser alarmantemente altas, ellas en realidad no eran anormales. No hubo ninguna epidemia en este lapso; estos meses no caen dentro del verano, que siempre era la época más insalubre del año, y algunas mujeres y niños usualmente no iban a ver al médico cuando enfermaban. El informe presenta una imagen clara de una comunidad con mala salud.

Este mismo documento también presenta algo de información sobre la mortandad. Nos muestra así que en condiciones normales, la vida era más precaria para los niños, pues 37 de las 52 muertes registradas fueron de este grupo. Trágicamente, 23 de los niños murieron sin haber recibido atención médica, subrayando así cuán frágiles eran los primeros años de vida, además de la renuencia de las madres a llevar a sus hijos a que recibieran tratamiento médico.[45]

El hecho de que el médico haya redactado este informe nos indica su interés por mejorar el cuidado de la salud. Comenzó así a sugerir nuevas formas de disminuir la incidencia de las enfermedades comunes y de tratar a los enfermos. Los Aspíllaga eran por lo general receptivos, pero

---

42. Juan M. Vásquez a RAB, 14 de septiembre de 1905, AFA; Juan M. Vásquez a AH, 16 de julio de 1907, AFA; Sebastián Tello a AH, 25 de octubre de 1905, AFA.

43. Juan M. Vásquez a AH, 14 de octubre de 1908, AFA.

44. C. Medina a AH, 9 de septiembre de 1912, AFA.

45. Ibíd.

tomaban cuidadosa nota de los gastos y advertían que no hubiese una convalecencia prolongada.

Los esfuerzos realizados para prevenir las enfermedades se concentraron en la mejora de las condiciones de vida y sanitarias, la ampliación de los programas de vacunación y el examen de los nuevos trabajadores en busca de alguna señal de enfermedad seria. Según el médico, las enfermedades se veían facilitadas fundamentalmente por la aglomeración en las casas, su mala construcción, la dieta nada nutritiva y las malas condiciones sanitarias. Tanto el médico como los Aspíllaga también pensaban que los originarios de la sierra tenían un estilo de vida heredado y una visión fatalista que les impedía cuidar debidamente de sí mismos. Este sentimiento quedó claramente expresado con la carta que el médico de Cayaltí escribiera en 1912:

> Otro punto relacionado directamente con la morbilidad de los adultos que felizmente no guarda proporción con el número de defunciones, es la manera [y] hábitos especiales de vida del peón, el que no obstante encontrarse en un medio desde luego superior a aquel en que ha nacido, no puede sustraerse a la influencia y costumbres que ha adquirido en el lugar de su nacimiento, siendo su rasgo característico la falta completa de higiene, la frecuencia con que se entrega al abuso de la bebida, la mala alimentación a que está sometido y en muchos casos hay que señalar su despreocupación por la vida que imprime a su carácter el sello de fatalismo que caracteriza a las razas orientales.[46]

Al igual que otros estereotipos raciales, podemos también dejar de lado este último punto como una explicación, conveniente y simplista, de un problema complejo.

El hacinamiento, como ya se señaló, era otra causa de los serios problemas de salud en Cayaltí. El médico anotó que no era inusual que ocho a diez personas vivieran en casas diseñadas para recibir a tres o cuatro. También lamentaba que la mayoría de las unidades domésticas agravara los problemas de salud criando cuyes y cerdos como alimento, cocinando dentro de casa sobre un fuego abierto sin una ventilación adecuada y durmiendo sobre el piso, lo que facilitaba el contacto con los insectos

---

46. Ibíd.

y ayudaba a causar reumatismo.[47] Aunque los Aspíllaga sí mejoraron las viviendas, la construcción por lo general se rezagaba con respecto a la demanda.

Las enfermedades también estaban ligadas a las deficientes condiciones sanitarias. Aquí la administración sí tuvo éxito en efectuar mejoras significativas. Se colocaron tachos por toda la hacienda junto con letreros para alentar a la gente a que dispusiera correctamente de su basura, y se creó un cuerpo de limpiadores de calles. Además, a partir de noviembre de 1922 los trabajadores de sanidad aseaban todas las casas al menos una vez al mes, mataban a todos los cuyes y retiraban a otros animales domésticos que estuviesen presentes. Estas últimas medidas fueron importantes para impedir todo brote serio de peste bubónica.[48]

Las mejoras adicionales incluyeron la inspección periódica de las casas de los trabajadores para ubicar a los que estaban enfermos y no deseaban buscar asistencia médica; el examen de los trabajadores que acababan de llegar, rechazándose a los que mostraban alguna señal de tener una enfermedad seria;[49] la ampliación del hospital de la hacienda;[50] y la oferta de comida gratuita para los trabajadores enfermos y, si tenían familia, de media paga.[51]

Estas mejoras hicieron que Cayaltí resultara un lugar más atractivo y saludable donde vivir. Pero los Aspíllaga moderaron estas medidas con su preocupación por el gasto excesivo en el cuidado médico. La mayoría de las mejoras que autorizaron eran intensivas en mano de obra, especialmente la creación de las cuadrillas de sanidad y la de dar más responsabilidades a los médicos. Los Aspíllaga eran reacios a satisfacer

---

47. Ibíd.

48. Informe de la visita de inspección de la Hacienda Cayaltí por el señor don Ramón Aspíllaga, octubre y noviembre, 1916, AFA; C. Medina a Señor Gerente, Negociaciones Agrícolas Cayaltí y Palto, 18 de febrero de 1921, AFA; VAT a Señor Gerente, Negociaciones Agrícolas Cayaltí y Palto, 13 de noviembre de 1922, AFA; LAA a RAA, 11 de abril de 1924, AFA.

49. IAA a RAB ("Querido Papá"), 10 de enero de 1926, AFA; AAA a RAB, 3 de junio de 1927, AFA.

50. LAA a RAB, 7 de septiembre de 1925, AFA, C. Medina a Señor Gerente, Negociaciones Agrícolas Cayaltí y Palto, 28 de febrero de 1921, AFA

51. AAB a VAT, 8 de diciembre de 1921, AFA.

los pedidos que los médicos hacían de medicinas, fuera de la vacunación de los trabajadores y sus familias. Se quejaban de que el tratamiento no hacía otra cosa que prolongar las enfermedades e ignoraban algunas medicinas por ser algo "exótico", no obstante carecer de todo conocimiento médico. También se rehusaron a construir letrinas porque "la gente no las usaría". Basaron este supuesto en su evaluación de los trabajadores como palurdos y serviles, actitud esta que minaba el suministro de mejores servicios.[52]

El control

Mantener a los trabajadores alojados, alimentados y lo suficientemente bien como para que trabajaran eran de los más importantes intereses empresariales de los Aspíllaga. A medida que el tamaño y la complejidad de la hacienda crecían, tuvieron que enfrentar también serios problemas para conservar la paz. Para quienes venían de la sierra, la transición de campesino a trabajador cañero no resultaba fácil. La naturaleza y el ritmo de trabajo, así como las condiciones de vida, cambiaban casi por completo, lo que tenía como resultado cierta desorientación social y sicológica. Las principales manifestaciones de estas dificultades fueron el alcoholismo y el ausentismo, que amenazaban con minar los cronogramas de la producción y la tranquilidad.

Además, durante la Primera Guerra Mundial los trabajadores azucareros comenzaron a hacer huelgas con mayor frecuencia, así como a formar sociedades de auxilio mutuo y primitivos sindicatos. Esto constituía una amenaza aún más grande para los Aspíllaga, quienes buscaron impedir estas actividades en Cayaltí. Diseñaron así métodos de control social más sofisticados, que dependían menos de la violencia y más de la manipulación y el acomodamiento de la fuerza laboral. Este programa estaba calculado para prevenir las represalias violentas por parte de los trabajadores, que podrían causar grandes daños físicos a la hacienda e incrementar la solidaridad trabajadora.

---

52. Ricardo Palma a AH, 22 de septiembre de 1909, AFA; VAT a AH, 8 de octubre de 1909, AFA; Ricardo Palma a AH, 1 de marzo de 1911, AFA; LAA a RAA, 22 de septiembre de 1924, AFA; IAA a "Querido Papá y Hermanos", 20 de octubre de 1928, AFA; AAB a RAB, 30 de octubre de 1913, AFA.

Los Aspíllaga expresaron esta filosofía del control en varias ocasiones:

> Nuestra opinión es, que en esta Hacienda, se deje todo lo que sea violencias y fuerza, a lo cual, no se debe autorizar a nadie, porque es un grave error y contraproducente.[53]
>
> Todo con calma, pues se matan más moscas con miel que a palos. Y así digo a Ventura, que está bien la energía para sus órdenes y sistemas de trabajo, pero no con violencia.[54]
>
> Deseamos igualmente que se conserve en el ingenio la misma disciplina establecida hace años, pero sin violencias, con tino y sagacidad, para mantener a los trabajadores respetuosos y a la vez gratos y respetuosos para la Hacienda y sus representantes.[55]

La gerencia reconocía que algunos trabajadores eran más díscolos que otros, siendo la distinción básica la que había entre los trabajadores con familia, que se comportaban mejor, y los peones solteros, que tendían a ser alborotadores. Esta evidentemente fue una razón importante por la cual la administración alentó a los serranos a que emigraran con su familia. Pero los dueños también se quejaban de que sus hijos eran demasiado pendencieros, groseros y que instigaban la violencia y el crimen.[56] Estaban cosechando así los resultados de tener niños criados en un medio atiborrado e insalubre sin la influencia estabilizadora de la religión o, en muchos casos, de una vida familiar normal.

Al centro de muchos de estos problemas, creían, yacía el consumo excesivo de licor. Se sabía que los serranos consumían grandes cantidades de chicha durante las fiestas y las celebraciones, pero en Cayaltí la bebida excesiva pasó a ser algo cotidiano y contribuyó a los brotes de violencia y criminalidad.

Hay claras evidencias de que los serranos efectivamente sí consumían gran cantidad de alcohol en la hacienda. En Cayaltí se vendía

---

53. AH a AH, 29 de junio de 1901, AFA.

54. Administrador General a RAB, 23 de enero de 1927, AFA.

55. AH a Guillermo Aspíllaga y Taboada, 5 de octubre de 1906, AFA.

56. Informe de la visita de inspección de la Hacienda Cayaltí por el señor don Ramón Aspíllaga, octubre y noviembre, 1916, AFA.

cerveza y vino, pero la bebida alcohólica más popular era el cañazo o alcohol de caña, un producto derivado del procesamiento del azúcar disponible en gran cantidad a bajo precio. En 1912, un galón de cañazo se vendía en 15 céntimos.[57] Ese mismo año el administrador de la hacienda calculó que cada mes se vendía en la hacienda un promedio de 1.600 galones, con un consumo per cápita mensual de 2,9 galones, o casi una pinta al día.[58]

La administración se quejó sarcásticamente de que los serranos trabajaban principalmente para comprar alcohol, lo que implicaba varios días de bebida y prolongados periodos de ausencia del trabajo. Los propietarios tendieron a atribuir tal comportamiento a la falta de personalidad y a las deficiencias raciales, una explicación evidentemente superficial. En la siguiente carta criticaron también a la recién formada Sociedad Pro-Indígena, un grupo de presión fundado para mejorar la condición del indio peruano, por no concentrarse en el problema del alcoholismo:

> Mientras [los peones] tienen dinero que gastar no trabajan, y solo a los dos o tres días, salen, por la ración [de comida], y el contingente de dinero para su próximo pago, [lo] que viene [a] significar un nuevo contingente de alcohol. A medida que estos hombres ganen más, perderán más días de trabajo [...] El tratar de mejorar la condición del trabajador en este sentido es cosa grave. La "Sociedad Pro-Indígena" que se titula defensora de los derechos del indio, debía comenzar, por ver la forma de defenderlo de su enemigo más pernicioso, el alcohol, que todo el que trate gente, pro-indígena o no, sabe que es la causa de que el peón peruano, no sea lo que debía ser. Un individuo que bebe queda al margen de sus derechos, defendidos hoy por una sociedad que tiene el rol de una "Sociedad protectora de Animales", que creada como aquella, obedeciendo a un sentimiento romántico, de altruismo, verdadero o falso, y como no hay interés de hacer labor real, sino un simulación, sus resultados son perfectamente nulos, y todo sigue como antes.[59]

---

57. VAT a AH, 1 de marzo de 1912, AFA.

58. Ibíd.

59. Carta fechada el 12 de diciembre de 1919, AFA.

Para los Aspíllaga, el alcoholismo era una de las causas principales de violencia entre los trabajadores.[60] La violencia usualmente tomaba la forma de peleas con cuchillo y de golpizas propinadas a las mujeres.[61] Pero también se daban choques entre el gran número de peones emigrados a Cayaltí desde distintas partes del Perú. En 1894 estalló una pelea entre los peones de dos lugares de la sierra (Bambamarca y Sorochuco), la cual tuvo como resultado un muerto y varios heridos. Veinticinco trabajadores fueron posteriormente encarcelados en la prisión de la hacienda junto con sus esposas, y se notificó a las autoridades. Otro choque se produjo en 1899 entre piuranos y serranos, que produjo varios heridos pero ningún muerto. Los Aspíllaga culparon de los desórdenes a los piuranos, a quienes caracterizaron como "insolentes y revoltosos". La administración expulsó a estos trabajadores de la hacienda y no siguió intentando reclutar peones de dicha región.[62]

En 1915 estalló un motín que fue más serio. Los actos de un comerciante visitante de la sierra, al que se encarceló por ebrio y revoltoso, precipitaron la violencia. Después de que se le encarcelara, se formó una turba furiosa de peones que exigían su libertad inmediata. La policía de la hacienda disolvió a la multitud con fuerza extrema, golpeando enérgicamente a varios trabajadores y amenazando con matar a otros. Pero pronto aparecieron más trabajadores, los cuales obligaron a los policías a refugiarse en la casa hacienda. El disturbio fue convirtiéndose en un motín a medida que los trabajadores saqueaban las casas de la policía, hurtaban alcohol de las tiendas locales y corrían descontrolados por todo el conjunto, animados todo el tiempo por los adolescentes de Cayaltí. El motín solamente fue aplastado cuando un contingente de empleados armados unió fuerzas con la policía del pueblo de Saña, para obligar a los peones a regresar a su casa. La noche del motín tuvo como resultado un

60. AAB a RAB y BAB, 11 de febrero de 1917, AFA.

61. AAB a RAB y BAB, 11 de diciembre de 1913, AFA; AAB a RAB y BAB, 11 de febrero de 1917, AFA; AH a AH, 13 de febrero de 1894, AFA.

62. AH a AH, 30 de enero de 1894, AFA; AH a AH, 3 de febrero de 1894, AFA; N. Salcedo a AH, 9 de octubre de 1899, AFA; VAT a BAB, 1899 (sin día ni mes), AFA; Guillermo López a AH, 9 de octubre de 1899, AFA; Guillermo López a AH, 12 de octubre de 1899, AFA.

muerto y varios heridos graves. Luego un silencio "semejante al de una tumba" cayó encima de la hacienda.[63]

El motín demostró el potencial que había en Cayaltí para la violencia generalizada, así como la ira reprimida que algunos trabajadores tenían para con la policía de la hacienda. El incidente despertó gran preocupación entre los Aspíllaga, quienes temían que se hubiese sentado un peligroso precedente. El motín hizo que concentraran aún más su atención sobre la seguridad de la hacienda.

Además de la violencia, el ausentismo también preocupaba bastante a los propietarios. Este había sido un problema crónico con los chinos a medida que envejecían y que eran menos capaces de trabajar seis días a la semana. A pesar de su juventud, los serranos también demostraron su renuencia a trabajar tan duro como los Aspíllaga lo exigían. Esta actitud obligó a la gerencia a contratar mano de obra excedente y a proporcionar servicios adicionales, todo ello a costa de un gasto considerable. El ausentismo era particularmente alto los sábados, el día de paga, y los lunes, el primer día laborable de la nueva semana.[64] Si bien es cierto que debemos considerar a la enfermedad como una causa seria de la ausencia de los trabajadores, su prevalencia los sábados y domingos sugiere que no querían trabajar la semana completa. Los Aspíllaga con buena razón le echaron la culpa al alcoholismo y a la falta de una ética de clase obrera. El problema de adaptación del trabajo campesino al trabajo asalariado, especialmente al trabajo duro y metódico en cuadrillas, era algo muy serio. La administración se quejó de que un salario más alto no disminuía automáticamente la tasa de ausentismo, ni tampoco incrementaba la productividad de un trabajador: "Nuestros jornaleros o peones son de tal condición que el aumento de salario no quiere decir aumento de jornaleros o de trabajo, pues como tienen tan pocas aspiraciones, si ganan más trabajan menos [...]".[65]

---

63. RAB a AAB y BAB, 30 de diciembre de 1915, AFA.

64. AH a AH, 22 de mayo de 1885, AFA; AH a AH, 23 de abril de 1890, AFA; AH a AH, 19 de enero de 1892, AFA; AH a AH, 1 de noviembre de 1892, AFA; AH a AH, 24 de octubre de 1896, AFA; AH a AH, 25 de noviembre de 1897, AFA.

65. AH a AH, 8 de diciembre de 1898, AFA.

El ausentismo, el alcoholismo y la violencia obligaron a los Aspíllaga a reevaluar la seguridad en Cayaltí. Durante el tardío siglo XIX dependieron de la fuerza para controlar a los chinos, actuando los mayordomos y contratistas de policías y ellos mismos de jueces y ejecutores. Gradualmente, a medida que el Estado se organizaba mejor, los peones sospechosos de haber cometido un delito fueron siendo entregados a los funcionarios públicos. Sin embargo, la policía local no podía ocuparse eficazmente de los problemas cotidianos en la hacienda, especialmente cuando la población alcanzó los millares. Además, los Aspíllaga no querían delegar toda la responsabilidad de vigilar los trabajadores a funcionarios públicos, pues deseaban conservar lo más posible el control de los asuntos en Cayaltí.

Para supervisar a los peones en el campo y en el ingenio, los propietarios siguieron dependiendo de los mayordomos y caporales. Pero los problemas de control también se produjeron en las instalaciones después del trabajo, o los fines de semana y los días de fiesta. Para ocuparse de ellos, los Aspíllaga crearon su propia fuerza policial en febrero de 1894.[66]

La fuerza policial de Cayaltí siempre fue pequeña y jamás tuvo más de seis hombres y un comisario. A los oficiales se les pagaba 12,15 dólares al mes, casi tanto como al mayordomo mejor remunerado, y al comisario, 19,40 dólares.[67] La policía recibió varias responsabilidades relacionadas fundamentalmente con el mantenimiento del orden y la limpieza. Ella patrullaba las calles con regularidad para detener peleas, amonestar a los trabajadores por ensuciar o flojear, hacer cumplir la prohibición del cañazo y cuidar la casa hacienda y otras propiedades del latifundio. Tenían la facultad de poner en la cárcel a todo aquel que se viera sospechoso.[68]

Pero el impacto que la policía de la hacienda tuvo fue más cosmético que represivo. La mayoría de sus responsabilidades eran rutinarias, puesto que era imposible que cinco hombres mantuvieran el orden entre miles de personas. Los Aspíllaga pronto estuvieron quejándose, tal vez

66. AH a AH, 7 de febrero de 1894, AFA; AH a AH, 13 de febrero de 1894, AFA; AH a AH, 12 de febrero de 1896, AFA; AH a AH, 29 de febrero de 1896, AFA.

67. AH a AH, 29 de febrero de 1896, AFA.

68. "Principales obligaciones de los guardianes de la Hacienda, 1928", AFA.

irracionalmente, de la ineficacia de la policía. Para finales de la década de 1890 la describieron como "inepta" y "contraproducente", puesto que el alcoholismo, el ausentismo y los tumultos seguían siendo problemas cotidianos. Para los Aspíllaga, la ociosidad de la policía era uno de los factores que contribuían a ello, y para el cambio de siglo tres oficiales y el comisario habían sido despedidos.[69]

El motín de 1915 hizo que la administración evaluara seriamente la seguridad interna. Ramón Aspíllaga Barrera creía que los oficiales habían provocado en realidad el motín y que fueron totalmente ineficaces para suprimirlo. Ramón reemplazó al comisario con el gobernador de Saña, un politicastro al cual los Aspíllaga controlaban, y le agregaron un policía más al personal. Ramón esperaba que el gobernador pudiera controlar a los trabajadores de Cayaltí tan bien como lo hacía con la gente de Saña.[70] Para ayudar a asegurar esto, la administración prohibió la venta de cañazo en la hacienda y confiscó todas las armas de fuego, excepto las de su personal.[71]

Pero en un año Ramón nuevamente volvió a quejarse de la ineficacia de la policía de la hacienda. La prohibición del cañazo resultó inútil, puesto que los vendedores metían grandes cantidades de contrabando en la hacienda. Eventualmente se levantó su prohibición y se lo comenzó a vender a un precio más alto, lo que redujo su consumo, al menos temporalmente.[72] Sin embargo, la sobriedad era más evidente entre los libres y los trabajadores que tenían familia, los dos grupos que mejor se habían adaptado a la vida en la hacienda.[73]

La policía de la hacienda le planteó un difícil problema a los Aspíllaga: ellos querían orden en su propiedad, pero no a costa de un enfrentamiento con los trabajadores. Debía evitarse la violencia innecesaria a como diera lugar, y era posible que una fuerza policial más grande y más

---

69. N. Salcedo a AH, 4 de agosto de 1899, AFA; AH a AH, 29 de junio de 1901, AFA.

70. RAB a AAB y BAB, 7 de enero de 1916, AFA.

71. RAB a AAB y BAB, 11 de enero de 1916, AFA; RAB a AAB y BAB, 15 de enero de 1916, AFA.

72. AAB a RAB y BAB, 3 de enero de 1917, AFA; AAB a RAB y BAB, 11 de febrero de 1917, AFA; AH a VAT, 13 de noviembre de 1917, AFA.

73. Carta fechada el 12 de diciembre de 1919, AFA; Informe de la visita de inspección de la Hacienda Cayaltí por el señor don Ramón Aspíllaga, octubre y noviembre, 1916, AFA.

represiva iniciara choques contraproducentes con los trabajadores. Al final, los Aspíllaga decidieron vivir con cierto desorden en lugar de promover una disciplina estricta que podría provocar represalias, las cuales podían ser tan serias como el abandono del trabajo y las huelgas.

Otras decisiones administrativas también demostraron esta filosofía del control. Los Aspíllaga seguían siendo reacios a permitir que la policía nacional, la Guardia Civil, se estacionara en la hacienda incluso después de una década de descontento laboral en la costa norte. En palabras de Ismael Aspíllaga Anderson, el resultado "seguro" serían "muchos problemas y sorpresas porque ellos [los guardias] son muy abusivos".[74]

Es más, los Aspíllaga siempre advertían a los mayordomos del peligro del abuso físico innecesario de los trabajadores y reprendían rápidamente al miembro del personal que contraviniera sus deseos. El mejor ejemplo de este punto es un incidente que involucró a Guillermo Aspíllaga Taboada, el hijo ilegítimo de Ántero Aspíllaga Barrera. A Guillermo y su hermano Víctor se les dieron importantes puestos gerenciales en Cayaltí, y sería de asumir que gozaban de más privilegios que otros empleados dada su relación sanguínea con el jefe de la familia. Pero Guillermo aprendió que los errores graves eran severamente castigados. En 1908 era el supervisor en jefe del ingenio, con responsabilidad general sobre la producción. Una mañana descubrió a un trabajador que hurtaba un poco de cal para mezclarla con su coca. Enfurecido, Guillermo atacó al peón con un mazo y le infligió serias heridas en la cabeza y el hombro. Lo que siguió fue del todo inesperado. Urgido por sus compañeros de trabajo, el peón herido se quejó primero ante el gobernador de Saña y después con el subprefecto de Chiclayo. Exigía que los Aspíllaga le pagaran 97 dólares como compensación por sus heridas o los demandaría. Aunque pudieron arreglar fuera de los tribunales en 76,15 dólares, los Aspíllaga estaban molestos: se habían visto obligados a explicarle el incidente a las autoridades políticas locales y los trabajadores del ingenio habían apoyado a su camarada. Eran dos precedentes peligrosos. Guillermo Aspíllaga Taboada, el hijo del copropietario de Cayaltí, fue

74. IAA a Señores Aspíllaga Anderson Hermanos S. A., 6 de enero de 1930, AFA.

despedido. Su padre lamentó que su hijo no tuviera ningún empleo posible inmediato y sí una gran familia que mantener.[75]

El control de los trabajadores sin depender fundamentalmente de la violencia requería de una planificación y ejecución administrativas más sofisticadas. Pero los Aspíllaga estaban dispuestos a invertir el tiempo y el dinero. Cayaltí era un negocio familiar, su fuente principal de ingresos y el símbolo de su estatus y orgullo. También confiaban en su habilidad, frecuentemente recordándose entre ellos que para dominar a los peones solo necesitaban tener tacto, inteligencia y control de sí mismos. En el largo plazo, los beneficios hacían que valiera el esfuerzo, pues era menos probable que una fuerza laboral más contenta se amotinara, entrara en huelga o se uniera a sindicatos o a movimientos políticos peligrosos.

La administración reconoció tempranamente que la población de la sierra necesitaba de diversiones para liberar las tensiones y frustraciones acumuladas, que de otro modo podrían tener como resultado la ebriedad y la violencia. Los dueños les proporcionaron por ende instalaciones recreativas, lo que incluyó equipos deportivos y películas de cine mudo, las cuales se exhibían dos veces por semana y en las fiestas. A los trabajadores frecuentemente se les recordaba que estos servicios eran proporcionados por sus patrones.[76]

De igual modo, los Aspíllaga permitieron a los trabajadores asistir a las fiestas locales tres veces al año: Carnaval en febrero, una fiesta en Monsefú en septiembre y Guadalupe en diciembre. Estas fiestas eran inmensamente populares entre los peones y la gerencia calculaba que se ganaría más permitiéndoles asistir a ellas que obligándoles a trabajar. No fue una decisión fácil para unos administradores profundamente preocupados por el ausentismo, especialmente dado que eran usualmente sus mejores trabajadores los que asistían.[77] En una ocasión, los Aspílla-

---

75. Francisco Pérez Céspedes a AH, 15 de febrero de 1908, AFA; VAT a AH, 15 de febrero de 1908, AFA; Francisco Pérez Céspedes a AH, 24 de febrero de 1908, AFA; AAB a RAB y BAB, 6 de julio de 1908, AFA

76. Informe de la visita de inspección de la Hacienda Cayaltí por el señor don Ramón Aspíllaga, octubre y noviembre, 1916, AFA; RAB a AAB y BAB, 25 de octubre de 1916, AFA; IAA a RAB, 28 de diciembre de 1926, AFA.

77. VAT a Señores Gerentes, Negociaciones Agrícolas Cayaltí y Palto, 11 de septiembre de 1922, AFA.

ga proporcionaron transporte gratuito en tren hasta la hacienda para 500 residentes de Cayaltí, luego de una fiesta en Monsefú. Según Ismael Aspíllaga Anderson, los celebrantes que regresaban apreciaron enormemente este gesto paternalista:

> Como te dije en mi carta anterior, di el pasaje gratis para los que regresarán de Monsefú el viernes y el sábado, teniendo la satisfacción de decirte que todos nuestros trabajadores que fueron a esa fiesta regresaron y con sus familias en número de quinientos sin accidente alguno. Les recibí en la estación [del tren] y los tres trenes cargados de gente como racimos [...] entraron dando vivas a la hacienda y a sus patrones como una verdadera fiesta. En la noche cuando fuimos al cinema se nos recibió entre vítores y palmas y la gente se muestra toda, desde las más altas hasta las más modestas, de lo más cariñosa, respetuosa y atenta. A todos escucho, pero en una mano el pan y la ayuda pero en la otra la justicia. Tengo el presentimiento, la certidumbre, que lo que nos dijiste, que procurásemos ser el ídolo de nuestros servidores y trabajadores, será muy pronto una realidad, satisfacción y orgullo que queremos y debemos darte y que nosotros también lo queremos y deseamos y que Dios nos bendiga a todos. Mis enfermos me han dicho esta mañana que mis visitas son un remedio y me reciben contentos de manera que nunca dejo de verlos. Todo esto nos va formando el ambiente que debemos tener, que nos quieran y que nos respeten y así la seguridad de nuestro Cayaltí, de sus capitales valiosos por todas partes, nosotros mismos [y] todos los pobladores de Cayaltí estará garantida.[78]

El tipo de lazo paternalista que Ismael buscaba crear estaba calculado explícitamente para generar un clima favorable para la seguridad de la hacienda. Era una política basada en las grandes brechas sociales, económicas y políticas que separaban a los Aspíllaga de sus trabajadores. Se asumía que los peones estarían tan agradecidos a sus patronos por los servicios y expresiones de interés personal, que los Aspíllaga se convertirían así en sus "ídolos". Tomada al pie de la letra, esta era una postura idealista, pero su política sí logró crear un barniz paternalista en las relaciones laborales que proporcionó un entorno más seguro para su capital.

La filosofía de control de los Aspíllaga tuvo tal vez su expresión más plena en la fiesta anual de Año Nuevo. Lo que comenzó como un simple

---

78. IAA a RAB, 18 de septiembre de 1923, AFA.

periodo de tres días de descanso en 1877 se convirtió en una celebración bastante elaborada, explotada por la administración para crear lazos paternalistas y facilitar la formación de una ética laboral. Las actividades de recreación incluían partidos de fútbol, corridas de toros, peleas de gallos, baile, acrobacias, teatro, fuegos artificiales y un banquete. Pero desde la perspectiva de la administración, los sucesos más importantes eran el otorgamiento de bonificaciones, pensiones, presentes y premios especiales por trabajo meritorio.

A partir de 1907, las bonificaciones se convirtieron en una parte acostumbrada de la fiesta. Los trabajadores recibían entre 1,50 dólar y 2,43 dólares, los empleados entre 5,00 dólares y dos semanas de salario, y los niños de la escuela de la hacienda unos cuantos céntimos. También se entregaban con regularidad bonificaciones y pensiones especiales por servicios encomiables prestados a la hacienda. En 1900, los Aspíllaga ascendieron a un mecánico al puesto de empleado debido a su buen trabajo y a que aprendió a leer. Ellos señalaron que esto podría servir de incentivo para que los demás trabajadores se cultivaran a sí mismos. Ese mismo año la gerencia también jubiló a un empleado en una extensa ceremonia que hizo llorar a este buen hombre. Claramente complacidos consigo mismos, describieron la fiesta de ese año como "solemne y significativa".[79] En 1906 se otorgó 2,40 dólares a "unos diez trabajadores que se habían distinguido bastante en su conducta y trabajo", entre ellos los de la costa y de la sierra que más tiempo habían estado en la hacienda. Del mismo modo, en 1910 se dieron bonificaciones a los 25 trabajadores con los mejores registros de asistencia, y en 1927 a los diez que más tiempo tenían trabajando en la hacienda. Luis Aspíllaga Anderson nombró a unos 12 que habían estado en Cayaltí entre 35 y 40 años.[80]

La fiesta de Año Nuevo era un importante periodo de descanso para los trabajadores, y una oportunidad para que los Aspíllaga implementaran su política de control. Un miembro de la familia presidía cada una de las actividades para recordar a sus trabajadores que su disfrute se debía a la generosidad de sus patronos. Al otorgar bonificaciones por buen

---

79. AH a AH, 6 de enero de 1900, AFA; AH a AH, 18 de diciembre de 1906, AFA; "Programa de 1925", AFA.

80. AH a AH, 18 de diciembre de 1906, AFA; "Programa para las fiestas del año nuevo, 1910", AFA; LAA a RAB, 26 de julio de 1927, AFA.

trabajo, asistencia sobresaliente y una residencia prolongada, la administración estaba asimismo alentando a los peones a que se comportaran como asalariados eficientes. Para los Aspíllaga, el objetivo principal era crear una fuerza laboral que fuera tanto industriosa como respetuosa.

La gerencia tenía el mismo objetivo para los hijos de Cayaltí, aunque en un contexto algo distinto. Los niños eran trabajadores potenciales y era importante inculcarles actitudes apropiadas con respecto al trabajo y la autoridad. La administración intentó alcanzar esta meta en la escuela de la plantación. Se la estableció en 1887, "formando de esta manera verdaderos ciudadanos e inculcando en ellos la idea de progresar y dándoles aspiraciones a mejorar [su] condición".[81] También se esperaba que la escuela ejerciera una influencia "moralizadora" que tuviera como resultado un comportamiento "disciplinado".[82]

La escuela fue estructurada para que cumpliera con dichos objetivos. Idealmente, todos los niños asistían a clases hasta los 12 años y luego asumían un empleo en el campo.[83] Los Aspíllaga no esperaban que la instrucción produjera un "resultado intelectual", sino más bien una adaptación social.[84] Aunque se enseñaba a leer, lo que se enfatizaban eran los ejercicios, las marchas y el aprendizaje de tocar en una banda.[85]

Pero la escuela no fue un éxito total. El problema principal era la escasa asistencia, pues la matrícula fluctuaba entre 100 y 130 alumnos, muy por debajo del número total de niños en edad escolar.[86] Los Aspíllaga atribuyeron esto a la falta de interés de los padres, pero un factor que contribuyó a ello fue que la administración insistía en que debían ser ellos quienes corrían con la mayor parte del costo de su administración. Esto sumaba 120 dólares al año y básicamente representaba el salario del profesor y del jefe de la banda, así como el costo de los útiles.

---

81. AH a AH, 18 de noviembre de 1887, AFA.
82. AH a AH, 7 de febrero de 1893, AFA; AH a AH, 2 de agosto de 1898, AFA.
83. AH a AH, 11 de septiembre de 1914, AFA.
84. AH a AH, 7 de febrero de 1893, AFA.
85. VAT a AH, 25 de septiembre de 1914, AFA; AH a AH, 22 de junio de 1901, AFA.
86. María Mercedes García a Administración, 17 de octubre de 1907, AFA; VAT a Señores Gerentes, Negociaciones Agrícolas Cayaltí y Palto, 15 de diciembre de 1922, AFA.

Probablemente habría sido más fácil para los Aspíllaga pagar toda la suma que esperar que el peón típico pagara unos cuantos soles.[87]

Es, además, difícil juzgar qué impacto tuvo la escuela sobre aquellos niños que sí asistían. Durante el motín de 1915 los Aspíllaga destacaron a los adolescentes como merecedores de una crítica especial. Parecería que la influencia de un entorno duro, atestado e insalubre tenía un efecto más contundente que unos cuantos años de educación primaria.

El paternalismo

La fundación de una escuela de la hacienda no es sino un ejemplo de la cambiante filosofía administrativa de los Aspíllaga, que buscaba controlar a los trabajadores más a través de la manipulación que de la violencia. Su estrategia de control involucraba menos riesgos en una sociedad hacendada que estaba haciéndose más compleja y menos receptiva a métodos de dominación más primitivos. A partir del cambio de siglo, Cayaltí adquirió una fuerza laboral más grande, los trabajadores formaron unidades domésticas en la hacienda, y a lo largo de toda la costa se dejaron oír los rumores de un movimiento de clase obrera.

La dependencia de métodos de control relativamente menos violentos, también reflejaba la necesidad que había de ayudar a los trabajadores de la hacienda de primera generación, a que se adaptaran a un medio duro y desconocido para ellos. Los Aspíllaga se esforzaron por minimizar los problemas de adaptación, que minaban la producción eficiente, proporcionando incentivos en forma de servicios de recreación, un ingreso no monetario —vivienda y raciones de alimentos—, así como multas y bonificaciones. En un contexto histórico más amplio, resulta significativo que la primera generación de trabajadores industriales de Gran Bretaña y Estados Unidos haya estado experimentando problemas similares de adaptación, y que los primeros industriales de dichos países hayan buscado soluciones parecidas.[88]

Podría parecer curioso que los Aspíllaga jamás hayan intentado usar la religión como mecanismo de control. Los dueños de Cayaltí a

87. AH a AH, 18 de noviembre de 1887, AFA; AH a AH, 20 de febrero de 1894 (a), AFA.

88. Gutman 1976: 20-21; Pollard 1965, cap. 5.

veces pedían la ayuda del Señor para superar problemas empresariales, pero jamás contrataron a un sacerdote para que dijera misa en la hacienda, o para que instruyera la Fe a los peones. El uso de la religión como una herramienta con la cual controlar la mente y el comportamiento de los trabajadores rurales se encuentra, sin embargo, más asociado con haciendas tecnológicamente menos avanzadas, como los ranchos de ganado y trigo, y con las plantaciones más pequeñas del sur estadounidense anteriores a la Guerra de Secesión. Su efectividad relativa probablemente declinó en las grandes haciendas azucareras como Cayaltí, donde la organización del trabajo se asemejaba más al modelo fabril, y donde había una rotación periódica de la fuerza laboral.

Las estrategias de control que los Aspíllaga y otros industriales tempranos diseñaron, podrían fácilmente ser descritas como paternalistas, pero queda la pregunta de si constituían o no regímenes paternales. El paternalismo por lo general se encuentra en sociedades industriales tempranas, donde representa una adaptación de las relaciones de patronazgo personal corrientes en las comunidades campesinas. Unos sentimientos humanos cálidos dominan las relaciones entre empleador y empleado, por oposición al funcionamiento impersonal del mercado. Las consideraciones de parentesco, casta o de un "estado" hereditario influyen en el empleo antes que el simple desempeño en el trabajo mismo. El trabajo se encuentra asimismo organizado sobre la base del deber o la lealtad, antes que del dinero a cambio de la mano de obra.[89]

Cayaltí constituye un caso interesante. Esta hacienda combinaba elementos de las relaciones industriales tempranas dentro de una empresa agrícola, y después de 1890 captó el grueso de su fuerza laboral en comunidades campesinas tradicionales. Ello no obstante, sería difícil concluir que el paternalismo regía las relaciones laborales en Cayaltí.

En primer lugar, los trabajadores contratados servían a dos amos, el enganchador y el hacendado. Los primeros eran a veces miembros de la élite del pueblo natal de los peones, y en cuanto tales eran personas con una posición fuertemente superior. Los peones frecuentemente solicitaban favores y préstamos a sus enganchadores, y en tales ocasiones se subordinaban en una forma tal que sugiere una relación paternalista.

---

89. Según Dore 1973: 270.

Estos son dos ejemplos de peones que se dirigían al enganchador Catalino Coronado: "Conozco que mi patrón es a la vez más que mi padre"; y: "Tú eres el padre de todos tus peones, pues no hay nadie a quien pedir un favor [más] que a ti".[90] Si asumimos que esas cartas son expresiones veraces, significa que para los peones debe haber sido difícil servir tanto a los enganchadores como a los hacendados con igual compromiso emocional.

En Cayaltí, un sentimiento humano cálido no dominaba las relaciones entre los Aspíllaga y sus trabajadores. A la hora de suministrar los servicios, ellos no se veían motivados por una humanidad común o una sensibilidad cristiana, sino más bien por el egoísmo económico. El ofrecimiento de préstamos y del cuidado de la salud no giraba en torno a la lealtad de los trabajadores o la gratitud del empleador, sino que eran más bien servicios institucionalizados disponibles para todos los empleados, independientemente del tiempo que tenían en el trabajo o de su desempeño laboral. Estos servicios eran considerados esenciales para el reclutamiento y el mantenimiento de una fuerza laboral estable.

Es más, el desarrollo de sentimientos humanos cálidos se vio inhibido por la rotación de la fuerza laboral y la visión que los Aspíllaga tenían de los serranos como racial y socialmente inferiores. Aunque la existencia del racismo no elimina la posibilidad de un paternalismo, en Cayaltí hizo que fuera más difícil plasmarlo. Los Aspíllaga asumieron una visión crítica de los hábitos sociales de los serranos y atribuyeron dichas costumbres a las supuestas deficiencias raciales de los indios, a pesar de que la mayoría de sus peones eran mestizos que hablaban español. Debe ser mucho más difícil forjar sentimientos de afecto verdadero por personas cuya personalidad, hábitos y antecedentes uno desprecia.

Es asimismo importante tener en cuenta que ciertos servicios, fundamentalmente la venta de productos de primera necesidad a pérdida durante la inflación de la Primera Guerra Mundial, fueron reacciones a las presiones políticas externas y un sucedáneo de salarios más altos. En general, el suministro de servicios debe verse como una relación adicional de mercado con los peones, en la cual los Aspíllaga usaron su

---

90. Bernardino Copia a Catalino Coronado, 12 de noviembre de 1918, AFA; Maximiliano Quebara a Catalino Coronado, 16 de junio de 1918, AFA.

posición de negociación superior para, en palabras de Alfred Marshall, recuperar "por medios deshonestos parte de los salarios que pagaron nominalmente".[91]

Los elementos adicionales del paradigma del paternalismo no encajan en Cayaltí. Las prácticas de contratación no se vieron influidas por consideraciones de parentesco[92] ni por las manifestaciones de lealtad de los trabajadores para con los Aspíllaga, sino más bien por arreglos contractuales establecidos con los enganchadores o con los mismos peones. Es más, la base fundamental de las relaciones entre propietarios y trabajadores no era el intercambio de patronazgo por lealtad, sino de dinero por trabajo. En realidad, en el campo las relaciones tenían como base el trabajo a destajo, lo que según Marx era el sistema más idóneo para el capitalismo.[93]

Con todo, habiendo dicho esto, en las relaciones laborales de Cayaltí sí hubo elementos paternalistas de cierta importancia. Los Aspíllaga claramente buscaban identificarse personalmente con el suministro de los servicios y el pago de los salarios, y estas actividades estaban asociadas con la familia y no con una corporación abstracta. El toque personal podía asimismo ser explotado para aprovecharlo al máximo en ocasiones especiales. Cuando Ismael Aspíllaga Anderson proporcionó a los trabajadores transporte gratuito en tren desde la fiesta de Monsefú, sabía que le estarían agradecidos a él y a la hacienda. Este tal vez no fue sino un gesto, pero aun así despertó muestras de sincera gratitud por parte de los trabajadores.

Los trabajadores y sus familias también se beneficiaron con la mejora en el cuidado de la salud, la vivienda y otros servicios, independientemente de los motivos que los Aspíllaga hayan tenido. En realidad, la parte no monetaria de su ingreso cubría muchos gastos tradicionales y les dejaba más dinero que gastar en otros artículos. En Lima, en 1900, los trabajadores más pobres, que ganaban menos que los azucareros,

91. Citado en Dore 1973: 407.

92. La principal excepción sería la contratación de Víctor y Guillermo Aspíllaga Taboada con un cargo entre los empleados. Sin embargo, la relación de los propietarios con el personal no es el tema real de este examen.

93. Hobsbawm 1967.

gastaban todo su ingreso en la renta y en alimentos.[94] Es más, las encuestas del costo de vida de familias de bajos ingresos en Estados Unidos en 1874-1875, 1888-1889, 1901 y 1917-1918 muestran que los alimentos y la renta comprendían unas dos terceras partes del gasto.[95] En última instancia, el ingreso no monetario (así como las instalaciones de recreo y otros gestos paternalistas) hicieron la vida algo más soportable para estas personas y no las dejaron íntegramente a merced del nexo monetario del mercado laboral.

Por último, al elegir manipular y adecuarse a los trabajadores en lugar de reprimirles violentamente, como lo hicieran en el tardío siglo XIX, los Aspíllaga también mejoraron sus posibilidades de evitar conflictos laborales serios. Esta era una consideración importante, dada la creciente tensión entre los trabajadores y la gerencia en las haciendas azucareras vecinas. Si lograban impedir que estallaran huelgas graves en Cayaltí, podrían tal vez también evitar la sindicalización y la politización de sus trabajadores. Eran consideraciones importantes que todo hacendado azucarero debía tener en cuenta, y ciertamente no lo eran menos para una familia tan políticamente sensible como la de los Aspíllaga. Aunque su estilo del manejo laboral no constituía una forma de paternalismo, sí les dejó más espacio de maniobra para controlar a los trabajadores cuando surgía un enfrentamiento.

94. Capelo 1973: 69.

95. United States Bureau of Census 1960. 180-181.

Capítulo 9

ENFRENTAMIENTOS

EN DICIEMBRE DE 1927, Ántero Aspíllaga Anderson escribió a su padre:

> Desgraciadamente, la verdad es que nosotros no hemos encontrado aquí los tiempos antiguos en que las gentes eran otras y buenas, y con las que no se luchaba. Eran esos otros tiempos, eran los que se podía confiar; ahora estamos en otra época en que las cosas son completamente distintas. Además en la hacienda se ha reformado mucho y se ha progresado más, y con todo esto [vienen] más trabajos, más vigilancia, más complicaciones, más preocupaciones, más [de] todo, esto es inherente al progreso.[1]

De modo algo emotivo, el joven Ántero describió una atmósfera de enfrentamiento en Cayaltí, la cual atribuyó correctamente a los conflictos "inherentes" al desarrollo económico de la hacienda y, de modo algo más indirecto, a la creciente militancia de los trabajadores cañeros. Desde 1912, los trabajadores hacían huelga periódicamente en las haciendas de la región y presentaban diversas demandas, la principal de las cuales era el deseo de tener un salario más alto. Aunque en esta época Cayaltí no fue inmune a los conflictos laborales, sí evitó los grandes

1. AAB a RAB, 20 de diciembre de 1927, AFA.

enfrentamientos y únicamente sufrió huelgas menores hasta la década de 1940. El centro de la actividad huelguística fue, más bien, el valle de Chicama, donde se encontraban las haciendas más grandes y tecnológicamente avanzadas. Allí las haciendas Casa Grande y Roma fueron el centro de los enfrentamientos entre los trabajadores y el capital, en tanto que las haciendas vecinas frecuentemente quedaron atrapadas en los disturbios.

¿Cómo y por qué razón logró Cayaltí evadir la violencia? La respuesta se encuentra tanto en las diferencias estructurales existentes entre los principales productores, como en los actos de los administradores individuales de las haciendas. Cayaltí había experimentado menos cambios tecnológicos y organizativos que la mayoría de los grandes productores, lo que hizo que hubiese mayor continuidad en las relaciones laborales. Mientras que Casa Grande estaba modernizándose constantemente —erigiendo un nuevo ingenio, comprando los más novedosos tractores, contratando expertos en eficiencia—, Cayaltí se las arreglaba con equipos arcaicos y un grupo de empleados de confianza que habían estado con la familia durante décadas. El resultado final fue una producción significativamente inferior, pero también una tensión relativamente menor entre los trabajadores y el capital.

Estas diferencias, sin embargo, no explican del todo la ausencia de violencia en Cayaltí. Debemos reconocer también que los Aspíllaga lograron desactivar eficazmente muchas situaciones potencialmente peligrosas, y que en general asumieron el control personal del manejo diario de la hacienda. Aunque no hayan sido los empresarios más exitosos de su generación, sí hicieron un gran esfuerzo por proteger a Cayaltí del descontento laboral. Podemos contrastar las medidas que tomaron con las de otros hacendados, los cuales en ocasiones avivaron situaciones explosivas debido a torpezas administrativas.

El telón de fondo político

El surgimiento de un movimiento de clase obrera en la costa norte convirtió al gobierno en un actor más importante en el control social, particularmente en la supresión de huelgas y sindicatos. Esto despertó considerable preocupación entre los hacendados, porque el dominio civilista de la política nacional comenzó a llegar a su fin durante la Primera

Guerra Mundial. Los problemas del civilismo en realidad se iniciaron en 1912, cuando el candidato presidencial del partido, que era nada más y nada menos que el mismísimo Ántero Aspíllaga Barrera, fue vencido por Guillermo Billinghurst, un político advenedizo que contaba con el respaldo de las clases trabajadoras urbanas. Billinghurst fue posteriormente derrocado en 1914 por una coalición de civilistas, Augusto Durand del Partido Liberal y los militares. El general Óscar Benavides, el jefe del golpe, fue presidente interino hasta la elección de José Pardo, el candidato civilista, al año siguiente.[2]

La elección de Billinghurst demostró —algo dolorosamente para Ántero— la posible fortaleza política de la clase obrera. Los Aspíllaga no creían que el gobierno de Pardo representara con eficacia los intereses de los capitalistas durante los turbulentos años de la Primera Guerra Mundial, postura esta que indicaba las crecientes fisuras en la dirigencia civilista y que prefiguraron la aparición de Augusto B. Leguía en 1919. Lo que preocupaba a los Aspíllaga, que representaban al ala más vieja y conservadora del partido, quedó claramente expresado en esta carta que Ramón Aspíllaga Barrera dirigiera a sus hermanos en 1917:

> La verdad es que los grandes propietarios del Perú, especialmente los de la agricultura, estamos alarmados por la emulación, la envidia, la exageración y cuanto malo se puede ocurrir, que despierta a la mayoría de nuestros compatriotas, con representación oficial o sin ella, considerándonos nadando en oro y obligados a compartir con todos, de [lo] que hoy, nos ha costado ganar. Se olvidan de los malos tiempos normales que hemos atravesado, sólo viviendo más o menos bien y de la necesidad que tenemos de formar reserva para los tiempos normales o malos, que han de volver. Estas emulaciones y envidias, tienen a la mayor parte de los propietarios desanimados y hasta resueltos a liquidar sus negocios o pasarlos a manos extranjeras, temerosos de que venga un caos. Francamente, que es un término de esfuerzos para nosotros y un futuro para nuestros herederos muy poco halagador.

Estas doctrinas y estas situaciones no pueden perdurar y los propietarios y los hombres de bien, tendrán pues que tomar la dirección del

---

2. Blanchard 1977.

Estado, y sacarlas de los politiqueros, no solo de oposición, sino hasta de los que forman al Gobierno, que pierden su tiempo en cuestiones políticas o personales en lugar de la muy simple y llana [tarea] de administrar honradamente el país, sobre todo en una tierra como el Perú, que solo necesita que nos dejen andar y así se probó prácticamente, en las administraciones de Piérola y de Romaña, que ni siquiera se atrevieron a hacer huelgas y despertaron las ambiciones de gente que debe conformarse con su posición y su situación.[3]

Está claro que bastantes cosas habían cambiado desde comienzos de siglo, entre ellas la decisión de los trabajadores de organizarse e iniciar huelgas para mejorar su posición en la sociedad. Era algo que no podía ser borrado por decreto presidencial o ley alguna. Esta era ahora una meta importante de los trabajadores, y una amenaza para el margen de ganancia y el dominio político de los capitalistas. En los siguientes años, el movimiento de clase obrera siguió ganando impulso, y en 1919 una serie de huelgas masivas en Lima obligaron al presidente Pardo a conceder la jornada laboral de ocho horas.[4]

Para los Aspíllaga, el decreto fue otra decepción, pero más por razones políticas que financieras. En las haciendas azucareras, el decreto solamente afectaba a los trabajadores del ingenio y a quienes conducían los tractores, pues los peones trabajaban a destajo. De este modo, en Cayaltí la cuenta laboral únicamente creció entre 5 y 10%.[5] Sin embargo, la obtención de la jornada de ocho horas constituyó una significativa victoria política para los trabajadores y una gran derrota para los civilistas y los intereses a los que defendían.

Los Aspíllaga tendrían otra decepción más en 1919. Ese año, Ántero volvió a perder la elección presidencial, esta vez con Leguía, quien permanecería en el poder durante once años. Leguía resultó ser un adversario tenaz, que primero cortejó el apoyo político de las clases trabajadoras y que eventualmente exilió a Ántero y a otros dirigentes civilistas. Sin embargo, Leguía hizo poco o nada por minar el dominio económico de la oligarquía costera, de donde él provenía, y se puso del lado de los

---

3. RAB a AAB, 14 de junio de 1917, AFA.

4. Blanchard 1982.

5. Albert 1976: 192a-193a.

hacendados en la huelga del valle de Chicama de 1921. Aun así, los Aspíllaga y otros hacendados lo consideraban un enemigo y se sintieron amenazados durante todo su régimen.[6]

El coronel Luis M. Sánchez Cerro depuso al dictador en 1930 y estableció el Partido Unión Revolucionaria para gobernar hasta que se pudieran organizar nuevas elecciones presidenciales. Aunque el Partido Civil había quedado fuertemente afectado durante el gobierno de Leguía, los Aspíllaga y otros de sus integrantes trabajaron ahora de cerca con Sánchez Cerro y la junta. Todos ellos tenían en común el odio que sentían por Leguía, y el políticamente inexperto coronel del ejército buscaba a estos viejos dirigentes gubernamentales en pos de consejos con que manejar el país y planear la elección.[7]

Las actividades huelguísticas en los valles de Chicama, Moche y Lambayeque

Esta evolución política tuvo comprensiblemente una gran importancia para los hacendados de la costa norte, en especial durante una época de descontento laboral, cuando era posible que necesitaran la asistencia del ejército y la guardia civil. Durante estos años se produjeron huelgas por toda la región, estallando las más grandes fuera del valle de Saña.

El análisis del enfrentamiento laboral en las haciendas regionales nos brinda un útil marco comparativo con el cual estudiar las relaciones laborales en Cayaltí. Dicha perspectiva muestra las razones del éxito o fracaso de los Aspíllaga en evitar las huelgas y nos proporciona una imagen del ámbito laboral más amplio dentro del cual ellos operaban.

La historia de los conflictos laborales en el valle de Chicama ya ha sido examinada con cierto detenimiento, por lo cual no hay necesidad alguna de presentar aquí un análisis extenso.[8] Desde finales del siglo XIX, un puñado de grandes productores dominó el valle, encabezado

---

6. La correspondencia de los Aspíllaga contiene amplios testimonios acerca de este punto. Leguía sí gozó del respaldo de los De la Piedra, los propietarios de Pomalca. Esta familia había llegado hacía relativamente poco a la agricultura de plantación y no era miembro del Partido Civil.

7. Consúltese la correspondencia de los Aspíllaga de este periodo.

8. Klarén 1973, cap. 2; Albert 1976: 178a-218a.

por las haciendas Casa Grande, Cartavio y Roma. Una serie de huelgas las golpeó en 1912, 1917, 1921 y 1931. Cada una de ellas tuvo sus rasgos distintivos, los cuales estaban relacionados con los agravios cometidos en haciendas individuales, una mala administración, cambios en la estructura de las economías regional y nacional, y la evolución política. La violenta historia del valle fue un campo fértil para la formación de la Alianza Popular Revolucionaria Americana (APRA),[9] la organización centro-izquierdista más exitosa del Perú y la fuerza dominante en la politización y sindicalización de los trabajadores cañeros de la región.

La huelga que estalló en Casa Grande en 1912 fue la más grande en la historia del país. La hacienda estaba viviendo un proceso de rápida transformación por medio de mejoras tecnológicas, una extensa consolidación de la tierra en el valle, su reorganización gerencial y el reemplazo gradual del enganche con trabajadores sin contrato ("libres").[10] Al perturbar las relaciones sociales y los patrones laborales usuales, estos cambios generaron un considerable descontento tanto entre los trabajadores como entre el personal administrativo. Fue particularmente controvertido el reemplazo de varios empleados peruanos por alemanes, a quienes los Aspíllaga caracterizaron como "imperiosos",[11] así como el incremento de la carga laboral sin compensación.

Durante las primeras etapas de la huelga, los disgustados contratistas y exempleados incitaron a los trabajadores a la violencia. Los huelguistas desataron una orgía de destrucción, la quema de los cañaverales, el saqueo de las tiendas y el destrozo de la maquinaria. Desde Lima se despacharon tropas para aplastar los disturbios en medio de rumores según los cuales se había pedido la muerte de todos los empleados alemanes. Entretanto, la huelga se propagó a las haciendas vecinas de Cartavio y Chiquitoy, y a Laredo en el valle de Moche. Todas estas propiedades sufrieron daños significativos antes de que el ejército, junto con la policía y

9. Klarén 1973.

10. Para la consolidación de la tierra y las mejoras tecnológicas, véase el cap. 3; AH a VAT, 16 de abril de 1912, AFA; *La Reforma* (8 de abril de 1912); Osma 1972: 12.

11. Carta fechada el 18 de abril de 1912, en Macera (ed.) 1973: 224.

la milicia local, impusiera una paz temporal en la región. En total, hasta 150 trabajadores perdieron la vida.[12]

Peter Klarén y Bill Albert han enfatizado la naturaleza violenta y desorganizada de la huelga y el fracaso de los trabajadores en conseguir ganancias permanentes.[13] Los trabajadores fueron efectivamente violentos y desorganizados durante la mayor parte del paro, pero eventualmente conformaron un comité de huelga, contrataron a dos abogados y negociaron formalmente con la gerencia.[14] En el acuerdo subsiguiente, los Gildemeister hicieron varias concesiones significativas, entre ellas un aumento general de salario, la construcción de un hospital más grande y de nuevas viviendas, el despido de un empleado alemán y la cancelación de la paga pendiente a varios empleados. Los huelguistas, por su parte, acordaron volver al trabajo en unos cuantos días.[15]

Además de su obvia importancia, la huelga de 1912 reveló a todos los hacendados de la región el potencial para el conflicto que había en sus propias haciendas. La mayoría de ellas estaban experimentando la misma transformación que Casa Grande, aunque a un ritmo más lento, y las tensiones que estallaron allí podían algún día estallar más cerca de casa. Sin embargo, los hacendados eran asimismo conscientes de que los Gildemeister habían cometido una torpeza al contratar a empleados recién desembarcados del barco proveniente de Alemania. Aunque se

12. Albert 1976: 106a; *La Reforma* (8-11 de abril de 1912; 15 de abril de 1912; 18 de abril de 1912; 19 de abril de 1912).

13. Klarén 1973: 36; Albert 1976: 108a.

14. Esta interpretación tiene como base fundamentalmente las crónicas del diario trujillano *La Reforma*. Podría decirse que este periódico es una fuente controvertida, puesto que era propiedad de Víctor Larco Herrera, el dueño de la hacienda Roma y un adversario de los Gildemeister. Podría argumentarse que los Larco exageraron lo ganado por los huelguistas para incomodar a sus rivales peruano-alemanes, especialmente dado que su hacienda había quedado libre de daños. Sin embargo, esto habría significado correrse el riesgo de publicitar adelantos inexistentes que podrían haber alentado a sus propios trabajadores a buscar la igualdad. Y un reporte falso habría abierto la puerta a juicios de parte de los poderosos Gildemeister, así como de los funcionarios peruanos y alemanes que se decía formaban parte del acuerdo. Parecería, por ende, haber más razones para creer en la autenticidad de los reportajes que para descartarlos por ser inherentemente sesgados.

15. *La Reforma* (30 de abril de 1912; 1 de mayo de 1912; 6 de mayo de 1912)

trataba de técnicos bien calificados, mostraron poco conocimiento de la cultura local y pocas de las sutiles habilidades gerenciales necesarias para controlar a los trabajadores en un entorno que tenía un elevado potencial para la violencia.

La huelga de 1912 no fue sino el preludio de un periodo de conflictos más intensos que estallaron después del inicio de la Primera Guerra Mundial.[16] La guerra transmitió una onda de choque a través de la economía de exportación peruana, incrementando dramáticamente el valor del azúcar (y de otras exportaciones), al mismo tiempo que provocaba una inflación significativa. El resultado de este proceso fue la elevación del costo de vida de los trabajadores, mientras las utilidades de los hacendados se elevaban. Los hacendados exacerbaron los problemas de sus trabajadores al rehusarse a otorgarles una gran alza salarial —el sueldo real cayó en esta época— y al incrementar aún más el costo de los alimentos, reemplazando así a los productos de primera necesidad cultivados en sus haciendas con la caña de azúcar. La contradicción inherente a la creciente pobreza de los trabajadores y la cada vez más grande riqueza de los hacendados alimentó violentos enfrentamientos en las haciendas. Además, también influyeron en estas luchas los trabajadores urbanos, que a veces urgían a los azucareros a que se organizaran e hicieran huelga.

Aunque hubo una agitación considerable de los trabajadores azucareros en toda la costa norte, Casa Grande nuevamente volvió a ser el epicentro de la actividad huelguística. El conflicto más importante tuvo lugar en 1917, cuando los peones de campo se enteraron de que su contraparte en Cartavio ganaba casi el doble que ellos. El pedido de los huelguistas de una mejor paga y un menor precio de los alimentos pronto se extendió a Cartavio y Chiclín, y los hacendados tuvieron que enfrentar la perspectiva de que la producción se paralizara en el momento en que su producto alcanzaba precios récord. A diferencia de lo que sucediera en 1912, esta huelga sorprendentemente no fue violenta, y solo hubo unos cuantos casos de cañaverales incendiados. Los huelguistas eventualmente formaron comités de lucha y negociaron con los

16. Para un extenso examen de las huelgas en esta época, consúltese Blanchard 1982, caps. 9 y 10; y Albert 1976: 178a-198a.

hacendados, pero su falta de cohesión y la renuencia de los hacendados a efectuar concesión alguna tuvieron como resultado un punto muerto. En lugar de proseguir con las negociaciones y correr el riesgo de aún mayores pérdidas en la producción, los hacendados decidieron aplastar a los trabajadores con todas las fuerzas con las que contaban. Se llamó entonces al ejército y los huelguistas fueron obligados a regresar al trabajo sin haber ganado nada importante.[17]

Este mismo año hubo una huelga en la hacienda Pomalca, uno de los más grandes productores de azúcar del valle de Lambayeque. Los trabajadores pararon pidiendo un salario más alto para compensar la aceleración de la inflación.[18] La administración estaba dispuesta a ofrecerles un alivio temporal en forma de bonificaciones en dinero y alimentos gratuitos, pero no quería negociar el salario. Entonces, en lugar de correr el riesgo de un punto muerto que cortara la producción durante una época de ganancias nunca antes vistas, los hacendados llamaron al ejército para que obligara a los huelguistas a regresar al trabajo. Al aplastar la huelga, las tropas dieron muerte a varios trabajadores e hirieron a muchos otros. Escribiendo desde Cayaltí, Ramón Aspíllaga Barrera predijo que la sangre derramada disuadiría toda huelga futura en el valle, pero convenientemente olvidó mencionar una de sus máximas del manejo de la mano de obra, a saber, que la represión genera represalias.[19]

Aunque estas huelgas fracasaron, los trabajadores aprendieron una valiosa lección en lo que se refiere a las relaciones de clase. Al preferir la represión masiva por encima de la conciliación, los hacendados dejaron en claro a los trabajadores, al menos a algunos de ellos, que para conseguir avanzar, tendrían que organizarse. De este modo, al año siguiente los trabajadores de Cartavio lograron formar un primitivo sindicato, la Sociedad Obrera de Auxilios Mutuos y Caja de Ahorros de Cartavio, que logró la jornada de ocho horas para los trabajadores del ingenio y taller de la hacienda.[20]

---

17. *La Reforma* (1-2 de junio de 1917; 4 de junio de 1917; 6 de junio de 1917); *La Industria* (4 de junio de 1917); Albert 1976: 187a-188a.

18. Albert 1976: 171a.

19. RAB a AAB, 12 de julio de 1917, AFA; RAB a AAB, 17 de julio de 1917, AFA.

20. Klarén 1973: 38; Díaz Ahumada s. f.: 18-20, 25. Díaz Ahumada tomó parte en las huelgas de 1912, 1917 y 1921 y fue un temprano organizador sindical.

El fin de la Primera Guerra Mundial no alteró de inmediato el curso de la economía azucarera peruana. La economía europea arrasada por el conflicto se recuperó lentamente y pasaron dos años antes de que los productores de remolacha lograran reiniciar la producción plena y reingresar al mercado mundial. Entretanto, la demanda del azúcar creció y el precio alcanzó picos más altos, lo que tuvo como resultado una ganancia sin precedentes para los productores peruanos.[21] La inflación de los años de guerra también continuó, lo que erosionó el salario de los trabajadores y armó el escenario para otros conflictos más con los hacendados.[22]

Entre 1919 y 1921, los trabajadores en las haciendas de la costa norte clamaban que se les subiera el sueldo y mejoraran las condiciones de vida. Esta vez, sin embargo, los hacendados asumieron una posición más conciliadora y aceptaron muchas de sus demandas. Varias fueron las razones de este cambio de postura. En primer lugar, los hacendados no confiaban en Leguía, quien había asumido la presidencia. Ellos no sabían si estaría dispuesto o no a autorizar el uso de la tropa para aplastar las huelgas, como lo hicieron José Pardo y otros presidentes civilistas. Los hacendados debían además tener en cuenta la creciente militancia de los trabajadores azucareros, lo poco atractivo que resultaba el paro en una época en que se tenía un récord en las ganancias, y la creciente demanda de trabajadores a medida que las haciendas ampliaban su capacidad productiva.

Para 1921, la economía azucarera mundial finalmente estaba regresando al equilibrio que tuvo antes de la guerra. La demanda ya no superaba a la oferta y los precios se derrumbaron. En el Perú, las utilidades de los hacendados se redujeron, al igual que la espiral inflacionaria.[23] Las relaciones laborales en las haciendas, sin embargo, ya jamás regresarían a las condiciones existentes antes de la guerra. Los conflictos que surgieron en su transcurso establecieron una relación de enfrentamiento entre los trabajadores y el capital en las haciendas desgarradas por las huelgas, y prepararon el escenario para pugnas más intensas en la posguerra.

---

21. Véase en el cap. 2, la sección sobre las utilidades.

22. Albert 1976: 171a.

23. Ibíd., cap. 2.

En respuesta a la demanda que los trabajadores hacían de un salario más alto, Víctor Larco Herrera, el propietario de la hacienda Roma en el valle de Chicama, concedió un incremento de 33% en 1920. Al año, sin embargo, el mercado del azúcar colapsó y Larco anuló el aumento, explicando que solamente había sido una bonificación temporal. Este fue un serio error de cálculo de su parte, puesto que los trabajadores no solamente exigieron el reintegro total de su salario, sino además un aumento adicional. También le sumaron a esto una larga lista de demandas, entre ellas la abolición del enganche, la ampliación del cuidado médico, la eliminación de la policía de la hacienda y el reconocimiento formal de la recientemente formada Sociedad Obrera de Auxilios Mutuos y Caja de Ahorros de Roma. Al rechazar Larco todos estos pedidos, la fuerza laboral íntegra se declaró en huelga.[24]

La huelga de 1921 fue particularmente importante debido a la solidaridad mostrada por los trabajadores y al papel que tuvo el gobierno de Leguía. Esta fue la primera manifestación que abarcaba toda una hacienda en la región y que era dirigida formalmente por un sindicato, y fue una importante fuerza organizadora y vehículo con que ganar el respaldo de otros trabajadores. Los hombres de las haciendas vecinas, los trabajadores ferroviarios y los estibadores de Salaverry se unieron rápidamente a los huelguistas, actos estos que ligaron el movimiento de los trabajadores azucareros con el proletariado urbano. El sindicato asimismo estableció un fondo de huelga que resultó de vital importancia cuando Larco negó el alimento y el agua a los trabajadores.[25]

Las autoridades locales respondieron a las huelgas arrestando a los dirigentes sindicales e intentando obligar a los trabajadores de Roma a que regresaran al trabajo. Esta táctica fracasó, sin embargo, cuando el sindicato organizó un éxodo masivo de trabajadores hacia las afueras de los poblados vecinos, donde fueron mantenidos gracias a las contribuciones hechas por sus compañeros huelguistas. Fue en esta coyuntura que el presidente Leguía se involucró, despachando de Lima a Agustín Haya de la Torre como representante de la Sección de Trabajo del

24. Díaz Ahumada s. f.: 28-29. Díaz Ahumada presenta una lista completa de demandas.

25. Díaz Ahumada s. f.: 29-34. En cierto momento de la huelga subsiguiente, el gobierno supuestamente también alimentó a los huelguistas; consúltese Albert 1976: 212a.

Ministerio de Fomento.[26] Haya ordenó que se liberara a los dirigentes sindicales e instaló una junta de arbitraje conformada por dichos dirigentes, los funcionarios locales del gobierno y la gerencia de Roma. La negociación subsiguiente tuvo como resultado un acuerdo que incorporó la mayoría de las demandas de los trabajadores.[27]

Pero Víctor Larco Herrera pronto anuló el acuerdo al cerrar el ingenio de Roma y procesó más bien su caña en Casa Grande. Esta medida hizo que tuviera que despedir a docenas de trabajadores, entre ellos a varios dirigentes sindicales, y los trabajadores lo interpretaron como un intento de quebrar su sindicato. El resultado fue otra huelga más apoyada por los trabajadores de las haciendas y de las áreas urbanas vecinas. Para fortalecer su posición negociadora, esta vez los trabajadores también conformaron el Sindicato Regional de Trabajo, la primera organización regional de trabajadores agrícolas del Perú.[28]

Los funcionarios locales y del Estado central intervinieron una vez más y urgieron a los hacendados a que adoptaran una postura conciliadora. Estos, sin embargo, se rehusaron tercamente e hicieron arrestar a los dirigentes sindicales, lo que trajo apoyo adicional a los huelguistas de parte de los sindicatos locales y obligó a Leguía a enviar a Lauro Curletti, el ministro de Fomento, como nuevo árbitro del gobierno. Curletti, en general, era crítico de las condiciones laborales y de vida en las haciendas del valle de Chicama, pero se rehusó a recomendar un alza del salario o a aprobar los sindicatos sin contar con el visto bueno del gobierno. Su informe indicaba un endurecimiento de parte del gobierno central con respecto a los trabajadores, posición esta que fuera manifestada aún más por el decreto presidencial diseñado para poner fin a la huelga. En su pronunciamiento, Leguía hizo varias concesiones a los trabajadores, entre ellas la jornada de ocho horas y el fin del enganche por parte de contratistas independientes, pero respaldó a Curletti en las cuestiones cruciales del salario y el reconocimiento del sindicato.[29]

---

26. Agustín era el hermano de Víctor Raúl Haya de la Torre, el fundador del Partido Aprista.
27. Díaz Ahumada s. f.: 31-32; Klarén 1973: 46.
28. Klarén 1973: 46-47.
29. Curletti 1972: 31-33.

El decreto desafortunadamente no dejó satisfechos ni a los trabajadores ni a los hacendados y la huelga continuó.[30] Leguía se encontraba ahora en una posición difícil. La huelga estaba dañando la industria azucarera que ya de por sí venía perdiendo fuerza, y el presidente debía preocuparse por la caída en los impuestos a la exportación, así como por las cifras desfavorables de la balanza comercial. Su propio prestigio se había visto menoscabado debido al fracaso del gobierno a la hora de alcanzar un acuerdo. Los historiadores asimismo sostienen que su respaldo inicial a la clase trabajadora no era sincero y que solamente buscaba ayudar a consolidar su régimen y desconcertar a sus adversarios políticos. Es más, el pasado del propio Leguía lo vinculaba más con los intereses del capital que con los de la mano de obra; pues él, en cierto momento, fue el administrador de una gran hacienda azucarera en el valle de Cañete. Todos estos factores influyeron en su decisión de aplastar a los sindicatos de los trabajadores azucareros y obligar a los huelguistas a que regresaran al trabajo a punta de pistola. El proceso tomó unos tres meses, de enero al 21 de marzo de 1922, y tuvo como resultado veintenas de muertes entre los trabajadores. Para impedir futuras agitaciones, se acuartelaron tropas en el valle.[31]

La huelga de 1921 claramente aceleró la lucha entre los trabajadores y el capital en el valle de Chicama. La formación de los sindicatos marcó un hito importante en la historia local, y su brutal aplastamiento a manos de las tropas demostró la intransigencia de los hacendados y del gobierno central. Esta huelga asimismo volvió a mostrar que los administradores podían exacerbar situaciones explosivas al tomar decisiones imprudentes. Víctor Larco Herrera cometió errores decisivos al anular el alza salarial y luego decidir moler su caña en Casa Grande. Irónicamente, Larco también perdió no obstante el aplastamiento final de la huelga. Jamás logró recuperarse de las pérdidas financieras sufridas debido al cierre, y luego de una desastrosa inundación sufrida en 1925, vendió Casa Grande.[32]

30 Albert 1976: 217a.

31. Díaz Ahumada s. f.: 47-54; Albert 1976: 217a-218a.

32. Véase el cap. 3.

Las relaciones laborales en el valle de Chicama se mantuvieron tensas durante todo el resto de la década, pero la presencia de las tropas impidió que estallaran huelgas importantes. Sin embargo, la Gran Depresión trastornó la economía exportadora y provocó la caída de Augusto B. Leguía. Ahora los hacendados enfrentaban una crisis económica y un futuro político incierto. Ellos esperaban evitar su ruina financiera despidiendo a trabajadores y reduciendo los salarios, y ligaron su fortuna política a la candidatura presidencial del coronel Luis M. Sánchez Cerro, el caudillo militar que depuso la dictadura de Leguía.

Lo que preocupaba a los trabajadores era, claro está, algo del todo distinto. La reducción del salario y los despidos habían generado huelgas antes, y su destino político en realidad jamás había contado con representación alguna; ninguna, es decir, hasta este momento. La campaña política de 1931 vio el surgimiento del APRA y la candidatura presidencial de su fundador y líder Víctor Raúl Haya de la Torre. Tal como Klarén señalara, Haya era de Trujillo y era por tanto sensible a las cuestiones sociales y económicas locales. La plataforma del partido, que exigía el derecho a la huelga y a organizar sindicatos, un salario mínimo, la abolición del enganche y una mejor asistencia médica, estaba claramente diseñada para ganarse el apoyo de los trabajadores azucareros. Según Klarén, surgieron células del partido en Cartavio, Laredo, Chiclín y Casa Grande. El APRA también se ganó el apoyo de los comerciantes locales y de los pequeños agricultores que se habían visto afectados por la expansión de Casa Grande.[33]

Las elecciones de 1931 fueron muy reñidas. Haya recibió nueve de cada diez votos en la provincia de Trujillo y una clara mayoría en los departamentos norteños. Esto, sin embargo, no bastaba para compensar el respaldo que Sánchez Cerro recibió de la oligarquía y de las clases trabajadoras urbanas. Los hacendados azucareros acogieron favorablemente la victoria del mestizo coronel del ejército, pero la dirigencia aprista, que posteriormente conspiraría para captar el respaldo de los trabajadores azucareros y así provocar la caída del presidente, rechazó las elecciones alegando que habían sido fraudulentas.[34]

---

33. Klarén 1973: 123-127.

34. Ibíd., pp. 129, 136; Stein 1980.

El APRA organizó una masiva huelga en el valle, a lo que siguió una revolución política. Captó además el apoyo de un puñado de oficiales militares descontentos, pero el grueso de las fuerzas rebeldes constaba de los trabajadores azucareros. El partido logró paralizar la producción de azúcar del valle y capturar la capital departamental de Trujillo. Ello no obstante, el gobierno rápidamente despachó tropas desde Lima y Piura, y la aviación bombardeó las posiciones rebeldes. La dirigencia aprista huyó a través de la frontera con el Ecuador, dejando a los trabajadores azucareros para que respondieran por la ejecución de 34 oficiales del ejército y la guardia civil, asesinados durante la ocupación de Trujillo. Cuando se tomó la ciudad y se descubrieron los cuerpos, el ejército fusiló tal vez hasta 500 sospechosos de ser rebeldes. Una incómoda calma volvió a las haciendas azucareras del valle una vez aplastada la revolución.[35]

La rebelión aprista de 1931 puso fin a un ciclo de conflictos entre los trabajadores y el capital en el valle de Chicama, el cual culminó con la participación de los trabajadores azucareros en una revolución política izquierdista. En el camino se formaron sindicatos y se los disolvió a la fuerza, y muchos de estos trabajadores perdieron la vida. Al aplastarse la rebelión de 1931, el APRA se vio obligado a pasar a la clandestinidad y se prohibieron los sindicatos en las plantaciones azucareras. Pero lo cierto es que los acontecimientos vividos en las décadas anteriores habían dejado una huella indeleble en los trabajadores locales, quienes se habrían de mantener leales al partido en las siguientes décadas.

Una importante huelga estalló en el valle de Lambayeque el mismo año en que se produjo la revolución de Trujillo. No parece haber sido inspirada por el APRA y más bien se debería a problemas económicos causados por la Gran Depresión. Ella comenzó en Pátapo, un importante productor ubicado en el extremo oriental del valle. Sus trabajadores habían formado un sindicato en secreto, el Sindicato de Obreros de Pátapo, afiliado al Sindicato General de Chiclayo. Esta asociación presentó una larga lista de demandas a Juan Pardo y Miguel, el administrador de la hacienda, que incluía el reconocimiento formal del sindicato y el

35. Klarén 1973, cap. 7; Thorndike 1973; Rodríguez Manffaurt 1932; Merino Arana 1966.

derecho a la huelga, el incremento del salario, una jornada de ocho horas y horas extras, así como mejores condiciones de vida.[36]

El sindicato y la huelga cogieron completamente desprevenido a Pardo y Miguel. Los Aspíllaga creían que él en realidad había provocado la huelga al golpear a los obreros y, más recientemente, al obligarles a trabajar el 1 de mayo.[37] Abrumado y superado en astucia, Pardo y Miguel convocó a una asamblea general de los hacendados azucareros locales, entre ellos Ismael Aspíllaga Anderson. Este salió de la reunión preocupado por la aparente disposición de Pardo y Miguel a satisfacer la mayoría de las demandas de los huelguistas, excepción hecha del alza salarial. Él creía que el reconocimiento del sindicato alentaría a los trabajadores de las demás haciendas a organizarse. Señaló además que la huelga ya se había extendido a Pucalá, una hacienda contigua a Pátapo, y que su administrador también parecía dispuesto a transar con los huelguistas.[38]

Por estos motivos, los Aspíllaga usaron la considerable influencia que tenían en el Partido Unión Revolucionaria, forjada mientras se llevaban a cabo las elecciones de 1931, para que se aplastara la huelga. Trabajando con el prefecto de Lambayeque, los Aspíllaga lograron que se arrestara a varias personas y se las expulsara del departamento. La lista de deportados incluía a los editores del periódico obrero *El Trabajador*, un sindicalista de Pátapo y tres dirigentes sindicales de Chiclayo.[39] Además, los Aspíllaga convencieron a la junta de que emitiera un decreto prohibiendo a los hacendados pagar un mayor salario o disminuir el tamaño de la carga laboral.[40]

---

36. IAA a RAA, 28 de mayo de 1931 (a), AFA.

37. IAA a RAA, 28 de mayo de 1931 (a), AFA; IAA a RAA, 31 de mayo de 1931 (a), AFA. Se ignora cuándo fue que los trabajadores azucareros comenzaron a celebrar el 1 de mayo, pero este es un indicio importante de que estaban comenzando a desarrollar una conciencia de clase.

38. El administrador de Pucalá era Edgardo Seoane, el hermano del líder aprista Manuel Seoane. Ismael creía que Edgardo también era un aprista y que estaba detrás de muchos de los disturbios; sin embargo, no se ha podido encontrar ninguna evidencia que respalde esto.

39. IAA a RAA, 28 de mayo de 1931 (a), AFA; IAA a RAA, 31 de mayo de 1931 (a), AFA.

40. RAA a IAA, LAA, GAA, 29 de mayo de 1931, AFA.

Estas medidas, sin embargo, no lograron influir sobre el curso de los acontecimientos de modo significativo. Pardo y Miguel llegó a un acuerdo con los trabajadores de Pátapo que incluía la mayoría de sus demandas, entre ellas el reconocimiento del Sindicato de Obreros de Pátapo.[41] El acuerdo conmocionó a los demás hacendados, quienes se pusieron a conspirar para romper el sindicato y dispusieron el arresto y deportación de dos de los dirigentes huelguistas de Pátapo. Pero esta orden subestimaba fuertemente la unidad y tenacidad de los trabajadores, ya que una huelga general estalló casi de inmediato en el departamento. Entre los que se unieron a ella estuvieron los trabajadores de Pátapo, Pucalá y Pomalca, los operarios de campo de Tumán y los estibadores de Pimentel.[42]

El gobierno local y los hacendados respondieron armando una campaña de terror y represión. Varios centenares de trabajadores que se dirigían a una asamblea general en Chiclayo fueron detenidos por las tropas y luego dispersados a tiros. Esto tuvo como resultado hasta once muertos.[43] La policía arrestó entonces a docenas de dirigentes sindicales, abogados laboralistas y periodistas favorables a los obreros. El periódico pro-obrero *El Trabajador* fue cerrado y los hacendados conspiraron para lanzar una campaña contra los trabajadores del periódico conservador *La Hora*. En las haciendas, los dirigentes sindicales fueron arrestados y expulsados del departamento, y los hacendados hicieron que los aviones de la fuerza aérea sobrevolaran sus fundos como manifestación de fuerza. Ismael Aspíllaga Anderson pudo escribir en unas cuantas semanas que una paz forzosa había sido impuesta en la zona.[44]

Aunque la huelga de 1931 en el valle de Lambayeque no estuvo ligada al APRA, ella era un indicio de los profundos cambios políticos que se

---

41. IAA a Señores Aspíllaga Anderson Hnos. S. A., 6 de junio de 1931, AFA.

42. RAA a IAA y LAA, 13 de junio de 1931, AFA.

43. IAA a Señores Aspíllaga Anderson Hnos. S. A., 14 de junio de 1931, AFA; LAA a RAA, 16 de junio de 1931, AFA.

44. IAA a Señores Aspíllaga Anderson Hnos. S. A., 14 de junio de 1931, AFA; IAA a Señores Aspíllaga Anderson Hnos. S. A., 16 de junio de 1931, AFA; IAA a Señores Aspíllaga Anderson Hnos. S. A., 23 de junio de 1931, AFA; RAA a IAA y LAA, 15 de junio de 1931, AFA; RAA a IAA y LAA, 18 de junio de 1931, AFA; RAA a IAA y LAA, 25 de junio de 1931, AFA; LAA a RAA, 16 de junio de 1931, AFA.

habían producido en la región. Lo más importante fue la creación de un sindicato en Pátapo, la solidaridad manifestada por los trabajadores rurales y urbanos, y la existencia de una prensa pro-obrera. Estos cambios asustaron a los Aspíllaga y otros hacendados porque presagiaban una época de creciente enfrentamiento con los trabajadores.

Pero por el momento, los hacendados contaban con el poder político con que aplastar a los sindicatos y a toda amenaza proveniente de la izquierda. El problema era, tal como los Aspíllaga lo reconocían, que la dependencia que los hacendados tenían de la represión violenta generaba ira, frustración y odio entre los trabajadores. Aunque los Aspíllaga recomendaron usar las tropas para aplastar al sindicato de Pátapo, ellos evitaban usar la fuerza innecesariamente en el manejo cotidiano de los trabajadores, y se esforzaban por evitar todo conflicto que pudiera producir la sindicalización de Cayaltí. Fueron extremadamente críticos con administradores de haciendas como Pardo y Miguel, cuyos brutales métodos de control ayudaron a provocar la huelga en Pátapo, un suceso que generó problemas a todos los hacendados del departamento.

Cayaltí

Cayaltí fue virtualmente el único productor importante de la zona que logró escapar de la huelga de 1931 ileso. Esto no era algo inusual. Los Aspíllaga no habían experimentado un conflicto laboral serio, de los que provocaban un cierre prolongado o un daño significativo a las propiedades de la hacienda, desde que las huelgas se volvieron algo común en la región. Una razón era de tipo estructural. Al decidir invertir menos en la expansión tecnológica después de 1911, Cayaltí se rezagó detrás de Casa Grande y otras haciendas en su capacidad productiva; sin embargo, al conservar un sistema de producción más arcaico, los Aspíllaga también conservaron mayor capacidad de maniobra en el control de los trabajadores mediante recursos paternalistas cuyos orígenes yacían en las relaciones sociales preindustriales. Los propietarios de Cayaltí también lograron conservar un estrecho contacto con los trabajadores al participar activamente en el manejo cotidiano de la hacienda.

Los Aspíllaga eran sumamente conscientes de que Cayaltí podía quedar envuelta en una ola de violencia laboral, lo que eventualmente podría llevar a la sindicalización y la politización. Este era su gran temor y dedicaron un tiempo y esfuerzo considerables a prevenirlo. No se oponían al uso de la represión, pero la emplearon juiciosamente. Ellos achacaban gran parte de las actividades huelguísticas en la costa norte a forasteros agitadores, especialmente los sindicalistas urbanos y los periodistas pro-obreros. También observaron que los huelguistas a veces se trasladaban a otras haciendas y que los trabajadores de los ingenios tendían a ser más militantes. Estas observaciones hicieron que se revisaran cuidadosamente las nuevas contrataciones, especialmente en el ingenio, y que se redoblara la seguridad en la hacienda cada vez que una huelga estallaba en la región. Los Aspíllaga también expulsaban periódicamente a los alborotadores de la hacienda y usaban su influencia política para reprimir las actividades políticas izquierdistas en la región.

Cuando se producían huelgas en Cayaltí, los Aspíllaga intentaban convencer a los trabajadores de que sus demandas no eran razonables. Pero si los huelguistas seguían resueltos, en lugar de correr el riesgo de tener un conflicto violento y prolongado que pudiera emponzoñar las relaciones laborales durante años, los propietarios por lo general estaban dispuestos a conceder alzas modestas del salario y mejoras en las condiciones de vida. Por prudencia, el uso de las tropas era considerado el último recurso.

El primer conflicto laboral en Cayaltí digno de resaltar tuvo lugar en 1912. Los Aspíllaga habían tomado ciertas precauciones tras la violencia producida en Casa Grande, como la de armar a su personal. También expulsaron a los trabajadores que venían del sur luego de darles unos cuantos soles para que se trasladaran a la siguiente hacienda.[45] Pero estas medidas no impidieron que un gran número de los cortadores de caña exigiera un salario más alto y una carga laboral más pequeña. Ántero Aspíllaga Barrera, que en ese entonces estaba a cargo de la hacienda, manejó la situación con mucha cautela. Al advertir que los cortadores se habían estado quejando de lo bajo del salario y de que en las haciendas vecinas pagaban 15 a 20 centavos la hora más que en Cayaltí, Aspíllaga redujo la carga laboral y subió el salario en 10 centavos la hora. El arreglo complació a los trabajadores y Cayaltí siguió pagando menos que su competencia. Ántero explicó a sus hermanos que "no era posible seguir

45. VAT a AH, 21 de abril de 1912, AFA; VAT a AH, 1 de mayo de 1912, AFA.

como estábamos a menos de perder peones y tener molestias que la prudencia y nuestro propio bien entendido interés nos aconseja evitar".[46]

Como ya vimos, el estallido de la Primera Guerra Mundial intensificó dramáticamente los conflictos laborales en la costa norte. Cayaltí fue objeto del mismo tipo de presiones que otras haciendas —el creciente costo de vida para los trabajadores, unido a utilidades récord de los hacendados—, pero logró evitar todo disturbio serio. Esto fue fundamentalmente gracias al éxito que la gerencia tuvo en aplacar a los trabajadores y en mejorar la seguridad de la hacienda.

La policía de la hacienda fue ampliada luego del motín que se produjo en ella en 1915 y de las huelgas del año siguiente en el valle de Moche, y se dijo a los guardias que tuvieran cuidado con los agitadores externos, que los Aspíllaga creían eran responsables de que las relaciones laborales normales se perturbaran:

> Está comprobado que hay agitadores que se introducen en las haciendas a perturbar la tranquilidad de los trabajadores y las relaciones de estos con los patrones y que de las factorías salen también los elementos peligrosos, de lo cual como ya se lo hemos dicho debe Ud. pues verse y no consentir ningún individuo o familia nociva en la hacienda.[47]

La administración al mismo tiempo limitó a 24 horas las visitas de parientes o amigos de los trabajadores, y solicitó al gobernador de Chiclayo que reprimiera las actividades anarquistas en la capital departamental y en Saña.[48]

En 1917, el creciente costo de vida fue una de las principales causas de las huelgas en los valles de Chicama y Lambayeque.[49] Los Aspíllaga respondieron conteniendo el costo de los productos de primera

---

46. AAB a AH, 13 de noviembre de 1912, AFA.
47. AH a VAT, 12 de septiembre de 1916, AFA.
48. VAT a AH, 19 de septiembre de 1917, AFA.
49. AAB a RAB y BAB, 16 de junio de 1917, AFA; AAB a RAB y BAB, 21 de junio de 1917, AFA; RAB a AAB, 2 de julio de 1917, AFA; RAB a AAB, 12 de julio de 1917, AFA. Véase también las pp. 282-283.

necesidad en Cayaltí, argumentando que sería "estúpido y peligroso" hacer lo contrario.[50]

También pensaban que el alza del costo de vida estaba siendo injustamente explotado por los agitadores políticos como un arma con que criticar a los hacendados y sus intereses. Esto formaba parte de la creciente preocupación que les despertaba el dominio económico y político de que la oligarquía había gozado, en alianza con los intereses extranjeros, y que estaba llegando a su fin. Les inquietaba no solo el crecimiento del movimiento obrero y la propaganda anticapitalista que generaba, sino también el débil liderazgo del civilismo.

Su preocupación culminó en la derrota de Ántero Aspíllaga Barrera en las elecciones presidenciales de 1919. Ese mismo año fueron también testigos del estallido de una serie de disputas laborales menores en Cayaltí. La causa fundamental de los disturbios fue la disparada del costo de vida, que subió 73% en el transcurso del año (cuadro 41). Los trabajadores exigieron un aumento salarial para compensar el alza en los precios en cuatro ocasiones distintas, comenzando en marzo y continuando hasta noviembre. En una ocasión, los Aspíllaga inusualmente solicitaron la presencia de soldados como disuasivo de la violencia de los trabajadores. Pero la situación se mantuvo en calma y en cada ocasión accedieron a los pedidos de los trabajadores y subieron los salarios.[51]

Los primeros años de la nueva década fueron relativamente tranquilos en Cayaltí, pues el costo de vida cayó en 46% en 1920 y se mantuvo estable durante los siguientes dos años (cuadro 41). En años posteriores hubo algunas disputas menores, pero los Aspíllaga lograron apaciguarlas antes de que se convirtieran en huelgas. En 1923, Ismael Aspíllaga Anderson interrumpió un enfrentamiento en el ingenio antes de que este pudiera ganar impulso y convenció a los trabajadores de que siguieran laborando. Luego despidió a los organizadores e hizo que los desterraran del departamento.[52] En 1927, los cargadores de caña se rehusaron a aceptar un nuevo método de paga que exigía que trabajaran más

---

50. AAB a RAB y BAB, 29 de abril de 1917, AFA.

51. Carta fechada el 22 de julio de 1919, en Macera (ed.) 1973: 231; carta fechada el 7 de agosto de 1919, AFA; carta fechada el 28 de agosto de 1919, AFA; y Albert 1976: 197a.

52. IAA a RAB, 5 de octubre de 1923, AFA; IAA a RAB, 8 de octubre de 1923, AFA.

a cambio de menos sueldo. Los Aspíllaga explicaron que todas las demás haciendas de la costa norte habían pasado al mismo sistema, y los cargadores eventualmente cedieron luego de un mes de regateo.[53]

Los Aspíllaga en general no concebían que las disputas laborales se debieran a agravios legítimos, y opinaban más bien que eran producto de la propagación de las ponzoñosas ideologías y sindicalismo obreros. Esto explica la gran preocupación que les despertaban los agitadores externos, en particular los organizadores de sindicatos y los periodistas pro-obreros. Estas personas constituían una genuina amenaza para los intereses de los Aspíllaga. Ellos quedaron por ende alarmados en 1921 cuando varios contratistas, mayordomos y 25 trabajadores pidieron permiso para formar una sociedad de ayuda mutua en Cayaltí. Aunque la institución propuesta estaba dedicada íntegramente a promover la buena voluntad y la camaradería, Ántero vio en ella un peligroso precedente de nefastas consecuencias para los intereses de su familia. Así le explicó a su hijo las razones que hicieron que rechazara el pedido:

> Los términos del oficio y del acta los encontramos correctos y atentos para la administración y la hacienda, la finalidad que persiguen aparece muy santa y muy buena, pero como detrás de la cruz puede encontrarse el demonio y como ya le hemos prevenido, de ninguna manera y por motivo alguno debemos consentir o permitir sociedades, instituciones, clubes en la hacienda, que se tiene el peligro de que se conviertan en focos de intrigantes pretenciosos y de [...] agitadores perniciosos.[54]

A la gerencia asimismo le preocupaban las actividades de los radicales en el vecino pueblo de Saña, que amenazaban con inculcar ideas peligrosas a sus trabajadores. Solicitaron así la ayuda de las autoridades políticas locales para aplastar al Centro Socialista de Saña y manifestaron su preocupación por las pintas de lemas políticos, que alababan a la Revolución rusa y en general a la revolución social.[55]

---

53. LAA a RAA, 2 de julio de 1927, AFA; AAA a RAA, 2 de julio de 1927, AFA; LAA a RAA, 7 de julio de 1927, AFA; IAA a RAA, 8 de julio de 1927, AFA; AAA a RAA, 12 de julio de 1927, AFA; LAA a RAA, 2 de agosto de 1927, AFA.

54. AAB a VAT, 26 de diciembre de 1921, AFA.

55. VAT a AAB, 16 de diciembre de 1920, en Huertas (ed.) 1974: 175; carta fechada el 10 de diciembre de 1921, en Huertas 1974: 177.

Pero una amenaza más seria a la tranquilidad laboral de Cayaltí surgió al estallar las huelgas en las haciendas vecinas. La historia reciente había mostrado que los disturbios podían propagarse rápidamente de una hacienda a otra, y que ninguna de ellas era inmune a la violencia. Para Cayaltí, la situación más amenazante tuvo lugar en 1931, durante la huelga en el vecino valle de Lambayeque.

En respuesta a la depresión, Cayaltí despidió a unos 150 trabajadores y redujo los salarios, reformas que muy probablemente provocaron el descontento de la fuerza laboral. Como vimos ya, cuando la huelga estalló en Pátapo, los Aspíllaga ayudaron a orquestar la represión por parte del gobierno. Al mismo tiempo, tomaron medidas para prevenir la propagación de la huelga a Cayaltí, lo que incluyó el redoblamiento de la seguridad para prevenir la difusión de materiales peligrosos, especialmente la del periódico *El Trabajador*, y el ingreso de los ubicuos agitadores externos.[56] Tuvieron así éxito en impedir que un camionero de Saña distribuyera copias de este periódico y detuvieron a dos trabajadores captando hombres para un sindicato en Chiclayo. La gerencia expulsó a los alborotadores de la hacienda y dispuso su salida del departamento. Orgulloso de la ausencia de conflictos laborales en Cayaltí, Ismael Aspíllaga Anderson concedió una entrevista a un diario local en la cual sostuvo que a sus trabajadores se les pagaba y trataba bien. La entrevista provocó una respuesta aparecida bajo la forma de una carta, dirigida a *El Trabajador* por alguien que sostenía ser un trabajador de Cayaltí. El autor acusó sarcásticamente a Ismael de exagerar las escalas salariales y las condiciones de vida, y sostuvo que los trabajadores de la hacienda estaban a favor de la sindicalización. Cerró su misiva saludando al proletariado y firmando como "Marejildo Izquierdo".[57]

Es imposible saber si la carta fue realmente escrita por un trabajador o si fue obra de los editores del diario, los dirigentes sindicales o los huelguistas de otras haciendas. Es posible que en Cayaltí haya nacido un sentimiento sindicalista gracias al pensamiento socialista y al resentimiento que provocaban los Aspíllaga. Sin embargo, el curso de los

---

56. IAA a RAA, 28 de mayo de 1931, AFA; IAA a RAA, 2 de junio de 1931, AFA; IAA a RAA, 14 de junio de 1931, AFA; IAA a Señores Aspíllaga Anderson Hnos. S. A., 16 de junio de 1931, AFA.

57. Marejildo Izquierdo a los editores de *El Trabajador*, 14 de junio de 1931, AFA.

acontecimientos muestra que dichas creencias recibieron poca expresión práctica, especialmente en comparación con otras haciendas. En efecto, lo que destaca en la historia de las relaciones laborales en aquellos años, es el éxito que los Aspíllaga tuvieron en reprimir el desarrollo de un movimiento de clase obrera en su hacienda.

Conclusión y posdata

El periodo que se extiende de 1912 a la década de 1930 vio un creciente enfrentamiento entre los trabajadores y el capital en las haciendas azucareras de la costa norte. Una serie de huelgas remecieron a las haciendas regionales, produciéndose los conflictos más serios en Casa Grande en 1912, Roma en 1921, y en los latifundios del valle de Chicama y Pátapo en 1931. La cuestión central en cada caso era un salario más alto, pues los trabajadores luchaban por conseguir una parte más grande de las utilidades de los hacendados. La dicotomía de salarios decrecientes y utilidades en alza fue particularmente aguda durante la Primera Guerra Mundial, época en la cual las huelgas estallaron en prácticamente todas las haciendas de la región.

Estos conflictos no se produjeron aislados el uno del otro. Las huelgas en los valles de Chicama y Lambayeque frecuentemente se propagaron a las haciendas vecinas, y a veces incluso a los valles adyacentes. Es más, los trabajadores urbanos y los organizadores obreros de ciudades vecinas a veces intentaron organizar a los trabajadores de las haciendas, y la prensa pro-obrera apoyaba a los huelguistas y la sindicalización. Este era un indicio de los cambios más amplios que se habían producido en la sociedad peruana, cuando un movimiento de clase obrera se desarrolló en estos años y desafió a la élite costeña.

En la costa norte, los hacendados resistieron este desafío con éxito, pero solo gracias al uso de una fuerza extrema. Ellos gozaban del apoyo de los gobiernos civilistas, especialmente de los que encabezaban hacendados azucareros como José Pardo. Dichos gobiernos no dudaron en enviar tropas a que aplastaran las huelgas. Y luego de un breve periodo de incertidumbre, los hacendados también recibieron el respaldo de Leguía para su represión. A pesar de las diferencias políticas que tenía con muchos de los hacendados de la costa norte, el dictador compartía su temor a la clase obrera.

Pero las convulsiones dejaron a pesar de todo un legado. Se formaron sindicatos, los trabajadores de diversas haciendas unieron fuerzas para exigir salarios más altos y mejores condiciones de vida, y un movimiento político pro obrero —el APRA— surgió en la región. En un futuro inmediato todavía podría usarse la fuerza para controlarlos, pero ellos volverían a aparecer en años posteriores como poderosas herramientas de un cambio duradero.

Cayaltí no quedó del todo libre de la violencia del temprano siglo XX. En la hacienda estallaban periódicamente huelgas de menor intensidad y a los Aspíllaga les preocupaba justificadamente la propagación del movimiento de clase obrera a su hacienda; sin embargo, sí lograron prevenir huelgas importantes y la formación de sindicatos.

Podemos atribuir estos logros en gran medida al programa de control social de los Aspíllaga. A partir del temprano siglo XX se concentraron en la desactivación del conflicto laboral mediante gestos paternalistas: adoptaron una política conciliadora con respecto a los incrementos salariales, mantuvieron relativamente bajo el precio de los productos de primera necesidad, se cuidaron de la difusión del pensamiento socialista y depuraron a los nuevos contratados. Era un programa que combinaba las concesiones con la vigilancia y funcionó porque Cayaltí retuvo un sistema de producción más receptivo al control social, así como gracias a la habilidad gerencial de los Aspíllaga. Al igual que otros hacendados, los propietarios de Cayaltí, claro está, también gozaron del apoyo del gobierno. Aunque no dependieron mucho de las tropas, sí hicieron que las autoridades exiliaran del departamento a los dirigentes sindicales y a los periódicos pro-obreros.

El apoyo del gobierno también fue de crucial importancia para contener al APRA y al movimiento de clase obrera de la región durante el resto de la década. El general Óscar Benavides asumió el control del Ejecutivo luego del asesinato del presidente Sánchez Cerro en 1933, y gobernó como dictador militar durante seis años. En ese periodo el APRA y el sindicalismo quedaron al margen de la ley.[58]

Cuando Benavides dejó el poder en 1939, lo reemplazó Manuel Prado, un miembro de la élite. El gobierno de Prado (1939-1945) coincidió

58. Gilbert 1977: 116-119.

con una época de prosperidad general, ya que la demanda de las exportaciones peruanas creció durante la Segunda Guerra Mundial. Aunque el APRA y los sindicatos seguían siendo ilegales, se habían sentado ya las bases para su legalización después de la siguiente elección presidencial.[59]

En 1945, José Luis Bustamante fue elegido presidente con el apoyo declarado del APRA, que ganó varios escaños en el Congreso de la República. La dirigencia aprista rápidamente organizó un sindicato nacional de trabajadores azucareros afiliado a la Confederación de Trabajadores del Perú.[60] En Cayaltí, los Aspíllaga no estaban en buena posición para hacer frente a esta nueva amenaza. En 1943, la familia empacó sus pertenencias y entregó la administración de la hacienda a los empleados, perdiendo así todo contacto personal con los trabajadores y el control directo de las relaciones laborales. Al hacer esto, retiraron el eje de su régimen de control social, justo cuando los trabajadores azucareros intensificaban sus esfuerzos por sindicalizarse.[61]

A mediados del decenio de 1940 se fundaron sindicatos en casi todas las haciendas azucareras de la costa norte, incluida Cayaltí. Tal como se lamentara un viejo empleado de la hacienda, "Es una vergüenza que los Aspíllaga no siguieran con la hacienda, porque el superintendente y su nuevo [hombre] en Cayaltí, Elías [el jefe del sindicato], están arruinando la hacienda, y en el largo plazo son los pobres trabajadores quienes tendrán que pagar las consecuencias".[62] El nuevo estilo de los Aspíllaga, dijo, era contratar abogados que negociaran con el sindicato en lugar de tratar ellos mismos directamente con los trabajadores. Añoraba así el estilo personal de Ismael y Luis Aspíllaga Anderson, quienes ya no se ocupaban del manejo de la hacienda.[63]

Al estar su control de las relaciones laborales sumamente debilitado, los Aspíllaga debían ahora depender más del gobierno para que vigilara a los trabajadores. Mientras el APRA conservara el poder en Lima, tendrían que soportar a los sindicatos. Pero a medida que la coalición de

---

59. Ibíd.

60. Sulmont 1974: 48.

61. Gilbert 1977: 193.

62. Ibíd.

63. Ibíd.

Bustamante y el APRA se iba quebrando, ellos y otros hacendados comenzaron a presionar al Ministerio de Trabajo para que dejara de reconocer sindicatos escogidos. El ministerio finalmente aceptó el pedido de Cayaltí y el sindicato y sus funcionarios fueron expulsados de la hacienda.[64]

Ello no obstante, los Aspíllaga y otros hacendados aún temían el estallido de las huelgas y el regreso de los sindicatos, en especial bajo las presiones de la recesión de la posguerra. Crearon así un fondo secreto de seguro con el cual cuidarse de los daños producidos por las huelgas, pero reconocieron que una solución política sería una mejor protección.[65]

Es bien sabido que los hacendados azucareros, entre ellos los Aspíllaga, figuraron entre los organizadores del golpe de estado que derrocó al tambaleante gobierno de Bustamante y que llevó al poder al general Manuel Odría (1948-1956). Durante su dictadura, el APRA se vio obligado a pasar a la clandestinidad y los sindicatos fueron suprimidos. Los hacendados azucareros volvieron a gozar de la protección política del gobierno central y del ejército.[66]

Con todo, en Cayaltí las relaciones laborales cambiaron de modo irreversible durante la década de 1940. La semilla del sindicalismo había sido sembrada y la administración de la hacienda dependía ahora más de la fuerza para resolver los problemas laborales, lo que incluyó la colocación de la guardia civil en el fundo.

Fue en estas circunstancias que Cayaltí sufrió su peor conflicto laboral. Para compensar la galopante inflación, en 1950 el gobierno emitió un decreto que elevaba el salario de todos los trabajadores. Estos fueron a la huelga cuando la administración de Cayaltí neutralizó el alza elevando los precios en la tienda de la hacienda. Entonces se pidieron refuerzos policiales, a lo que siguió una serie de arrestos y la muerte de un trabajador. Cuando la huelga parecía haber sido detenida, la policía inexplicablemente se volvió y disparó a los trabajadores reunidos en la estación de la guardia civil, siguieron disparando indiscriminadamente, persiguiéndolos por toda la hacienda. Al menos 120 trabajadores

64. Véase la serie de cartas de la correspondencia de Cayaltí publicadas en Huertas (ed.) 1974: 236-285.

65. Gilbert 1977: 195.

66. Ibíd., pp. 195-196.

murieron y muchos otros huyeron de la hacienda, quemando tras de sí los cañaverales.[67]

Años más tarde, un trabajador lo recordaría así: "Recogieron a los muertos y heridos con camiones de la compañía y los condujeron directamente al cerro La Guitarra, donde se cavó un pozo y allí se les echó". Uno de sus amigos condujo uno de los camiones y "se enfermó del horror de lo que vio y murió sin recuperarse".[68] Otro testigo ocular recordó las secuelas inmediatas del conflicto:

> Después todo estaba tranquilo. La compañía tenía el respaldo de todas las autoridades. Amenazaron a la gente que se quejaba con el despido o el fusilamiento. La policía se llevó a los dirigentes y nunca se supo más de ellos. Lo único que se escuchaba era el llanto de muchas viejas, hijas y esposas preguntando por sus seres queridos. Al final fue como un terremoto: sin sentido. Había tranquilidad, sí, pero estaba este odio.[69]

El administrador de la hacienda atribuyó la huelga al alza de los precios, pero creía que la violencia podría haberse evitado si los Aspíllaga hubiesen estado en la hacienda para negociar con los trabajadores.[70] Sin embargo, este toque personal hacía tiempo faltaba en las relaciones laborales de Cayaltí. La hacienda estaba ahora sujeta a los mismos conflictos sangrientos entre trabajadores y capital que caracterizaron la historia de las haciendas del valle de Chicama a partir de 1912, y de la mayoría de los latifundios de Lambayeque durante décadas.

---

67. R. Neumann a RAA, 2 de diciembre de 1950, en Huertas (ed.) 1974: 268-289; Plaza 1971: 10.

68. Plaza 1971: 11. Citado por Gilbert 1977: 197.

69. Plaza 1971: 10. Citado por Gilbert 1977: 197.

70. R. Neumann a RAA, 2 de diciembre de 1950, en Huertas (ed.) 1974: 286-289.

Conclusiones

En la desastrosa década que siguió a la Guerra del Pacífico, la recuperación económica y política del Perú tuvo como base el resurgimiento de los sectores agrícola y minero, así como el retorno al gobierno civil bajo la dirección de la élite costeña. La industria azucarera y sus hacendados tuvieron papeles importantes en este proceso. Un grupo fundamentalmente nuevo de hacendados, muchos de ellos de reciente origen inmigrante, condujo el desarrollo de la industria y se benefició de sus contactos con las casas comerciales extranjeras y nacionales. Ellos adquirieron grandes haciendas en la costa norte, entre las ciudades de Trujillo y Chiclayo, e invirtieron fuertemente en la consolidación de la tierra y en mejoras tecnológicas. Para finales del siglo XIX, la producción de azúcar se había elevado significativamente en la región, convirtiéndola en uno de los principales productos de exportación del país. Los hacendados azucareros usaron su riqueza recién adquirida para ingresar a la élite nacional y ocupar puestos de importancia política. En efecto, José Pardo y Eduardo López de Romaña, dos de estos hacendados, fueron presidentes del Perú durante la época a la que se conoce como la República Aristocrática.

El éxito inicial de los hacendados azucareros se forjó durante una época de adversidad, pues hasta el estallido de la Primera Guerra

Mundial, estas personas condujeron sus empresas a lo largo de periodos de estancamiento provocados por la baja demanda del azúcar en el mercado mundial. Ellas demostraron tener una considerable habilidad en la adquisición de capital y en la reducción de los costos de producción mediante innovaciones tecnológicas que ahorraban mano de obra.

El periodo de auge de la industria tuvo lugar durante la guerra, cuando los productores europeos de azúcar de remolacha se retiraron del mercado, reduciendo así la oferta e impulsando el alza de su precio. Para los barones del azúcar, esta fue una época de grandes ganancias. Pero con el fin de las hostilidades, los productores europeos volvieron al mercado y el precio del azúcar fue cayendo gradualmente hasta alcanzar los niveles previos a la guerra. Esta también fue la época en que la élite perdió el control del gobierno a manos del dictador Leguía, quien tomó el poder en 1919 y lo retuvo hasta 1930. Su caída coincidió con el advenimiento de la Gran Depresión, durante la cual el precio del azúcar bajó hasta mínimos nunca antes vistos y los hacendados tuvieron que vérselas con fuertes pérdidas.

Un aspecto importante y controvertido de esta etapa en la historia del Perú concierne al grado relativo del control extranjero directo sobre la industria azucarera. Todos los estudiosos de esta industria coinciden en que ella dependía del mercado de exportación para su supervivencia. Sin embargo, Peter F. Klarén y otros investigadores también han sostenido que la industria azucarera —al igual que las del cobre y el petróleo— estaba fundamentalmente controlada por corporaciones extranjeras. Esta conclusión tiene como base principalmente la historia del valle de Chicama, donde las haciendas más grandes eran propiedad de W. R. Grace & Co. de Nueva York y de la familia Gildemeister. Ello no obstante, y tal como Klarén señala, los Gildemeister no son fácilmente clasificables ya sea como extranjeros o como peruanos.[1] Es más, casi todas las grandes haciendas fuera del valle de Chicama eran propiedad de peruanos,[2] y juntas superaban de lejos a la producción de la hacienda de Grace.

---

1. Klarén 1973: 16.
2. Con respecto a este punto, consúltese también Albert 1976; Thorp y Bertram 1978.

Resulta también significativo que los hacendados azucareros peruanos no hayan recibido todo su capital de fuentes extranjeras. Aunque el capital británico fue importante, la industria se capitalizó en un inicio con los fondos generados en el país durante el auge del guano, y posteriormente recibió capital de bancos constituidos localmente, así como de sus ganancias.

Por lo tanto, la industria azucarera fue una excepción, en un sentido importante, al patrón de desarrollo económico de esos años, a saber, que mientras que otros sectores principales de la economía nacional cayeron en manos de empresas extranjeras, ella estuvo mayormente controlada por nacionales.[3] Esto otorgó a los hacendados una voz significativa en la configuración del futuro económico peruano, especialmente debido a su fuerza política.

Rosemary Thorp y Geoffrey Bertram han criticado a los hacendados azucareros, y a otros miembros de la élite nacional, por no haber diversificado sus inversiones y arrebatado así el control de la economía nacional a los inversionistas extranjeros.[4] Los Aspíllaga, Pardo, Gildemeister y otros más sí efectuaron grandes inversiones en bienes raíces urbanos, en la banca, compañías de seguros y —de manera mucho más modesta— también en la minería. Es, sin embargo, cierto que nunca buscaron comprar sistemáticamente la parte de las corporaciones extranjeras, pues jamás vieron la necesidad de hacerlo. Su prosperidad se basó en sus vínculos con mercados y comerciantes extranjeros, y ellos daban la bienvenida a dichos lazos y se esforzaron por mejorarlos. También quisieron aprender de capitalistas más experimentados, como los Kendall, y de administradores y técnicos extranjeros. Su visión del Perú no incluía una economía controlada por peruanos y no les parecía que habría algún beneficio para ellos de corto o de largo plazo sin sus lazos tradicionales con los intereses extranjeros.

Durante la República Aristocrática, los hacendados azucareros se enriquecieron mientras ocupaban altos cargos como miembros del Partido Civil. En esta época también le dieron la bienvenida a las corporaciones extranjeras y se hicieron a un lado mientras estas multinacionales

3. Thorp y Bertram 1978.

4. Ibid.

sacaban grandes utilidades del país. Este fue un patrón estructural similar, al menos en apariencia, a lo que sucedió durante el gobierno de Porfirio Díaz en México, cuando una pequeña élite dominó la política mientras que intereses extranjeros tomaban el control del petróleo y de la minería.

El Porfiriato llegó a su fin con la Revolución mexicana, que depuso a la oligarquía y buscó acabar con el predominio del capital extranjero en la economía nacional. La República Aristocrática no sufrió un destino similar, pero la élite sí comenzó a perder el control de la política nacional durante la Primera Guerra Mundial. Surgieron entonces peligrosas fisuras en la dirigencia del Partido Civil, que contribuyeron a las derrotas que Ántero Aspíllaga Barrera sufriera en las elecciones presidenciales de 1912 y 1919. Ambos comicios marcaron importantes puntos de quiebre en la historia peruana, el primero porque mostró la vulnerabilidad de los civilistas y la amenaza política de la clase obrera, y el segundo porque llevó al poder a Augusto B. Leguía.

Los años de la guerra también vieron el surgimiento de un movimiento de clase obrera en las ciudades y el campo. Los hacendados azucareros sentían que la prensa obrera les pintaba injustamente como codiciosos capitalistas, y también se vieron decepcionados por algunos de los dirigentes de su partido que no enfrentaron la amenaza de las peligrosas clases con suficiente contundencia. Los hacendados naturalmente eran los más preocupados con los actos que los trabajadores llevaban a cabo en sus propias haciendas.

Al analizar a sus trabajadores, los hacendados nos ayudan a revelar la naturaleza y moralidad del desarrollo capitalista en el Perú. La ambición de los jóvenes Ántero y Ramón Aspíllaga Barrera de convertirse en héroes dependía de su capacidad de hacer de Cayaltí una hacienda próspera en una época de caos. Si eso hacía que fuera necesario tratar a sus trabajadores asalariados chinos como esclavos, pues así sería. La riqueza y el poder eran su principal interés.

El examen de las relaciones sociales de producción plantea cuestiones que tienen importancia temática para los estudiosos del trabajo rural en América Latina. Desde Engels, los investigadores han advertido que es posible que existan formas de "servidumbre" en sistemas de producción predominantemente capitalistas.[5] Es más, son muchos los latinoamericanistas que llevaron esta postura un paso más allá, al enfatizar la importancia que la coerción extraeconómica tiene en la formación de regímenes laborales asalariados en haciendas y plantaciones.[6] El presente estudio también encuentra que la coerción fue significativa para la movilización y el control de la mano de obra, pero demuestra que su importancia fue disminuyendo con el tiempo.

En Cayaltí, los sistemas laborales evolucionaron gradualmente hacia un régimen de trabajo asalariado libre. En etapas anteriores, los hacendados dependieron fuertemente de la coerción extraeconómica para reclutar a trabajadores y controlarlos. Sin embargo, la adaptación y la manipulación fueron reemplazando progresivamente a la fuerza y el endeudamiento, a medida que la comunidad de la hacienda iba creciendo y haciéndose más compleja; que los trabajadores se movían más y se volvían más agresivos; y que la estructura política se estabilizaba.

La primera etapa en el desarrollo del trabajo asalariado se extendió desde 1875, el año en que el tráfico de trabajadores contratados chinos llegó a su fin, hasta el temprano decenio de 1880. En esta etapa hubo pocos cambios para los trabajadores, pues los chinos contratados vieron cómo sus contratos eran extendidos o cómo se les volvía a contratar con acuerdos de corto plazo y un salario mínimo. Sin embargo, una minoría fue empleada como trabajadores no contratados y con un salario más alto.

La segunda etapa, que abarca aproximadamente de 1880 a 1890, vio el paso de trabajadores chinos contratados a comerciantes de la misma nacionalidad. Estos contratistas laborales vendieron los servicios de sus paisanos a los hacendados a cambio del derecho a abrir tiendas en las haciendas, y de que el salario de sus trabajadores fuera pagado a través de ellos. Aunque los trabajadores contratados fueron creciendo en número a medida que transcurría la década, los asalariados chinos y peruanos sin contrato conformaban minorías considerables.

Los chinos se encontraban sujetos a un duro régimen de control social, el cual fue algo más fuerte durante la primera etapa. El trato que

---

5. Sweezy 1976.
6. Bauer 1979: 34-64.

recibían reflejaba la severa escasez de mano de obra, un intenso racismo y el quiebre temporal de la autoridad pública. La violencia, la intimidación y el endeudamiento fueron todos mecanismos de control comunes que los hacendados emplearon.

La experiencia china en el Perú constituye un capítulo importante en la historia del país, pero son muy pocos los estudios de este tema con los que contamos. El presente análisis es, en efecto, el único que examina las condiciones sociales y económicas con algo de profundidad. Obviamente, queda un espacio considerable para futuras investigaciones sobre este tema, entre ellas las que comparen la experiencia china en distintas partes de América. Los trabajadores chinos en Cuba parecen, por ejemplo, haber vivido bajo un régimen de control social similar al de sus compatriotas en el Perú.[7]

A partir de la década de 1880, las haciendas de la costa norte peruana comenzaron a reclutar trabajadores en la sierra vecina para reemplazar a sus peones chinos que estaban envejeciendo. Se produjo entonces un proceso gradual de sustitución laboral, en el cual los peruanos inicialmente asumieron los trabajos que requerían de más fuerza, mientras que los chinos conservaban los puestos más calificados, como el de conductor de tractor. Algo parecido tuvo lugar en Cuba, donde los chinos frecuentemente manejaban la maquinaria, mientras que los esclavos negros efectuaban las duras labores del campo.[8]

La interpretación tradicional de la contratación de trabajadores —volcada en la obra de los escritores indigenistas, los primeros trabajos de Peter F. Klarén y el de Ernesto Yepes del Castillo— enfatiza la importancia de la coerción extraeconómica. Sin embargo, el presente estudio demuestra que el reclutamiento de trabajadores involucró una compleja interacción de fuerza y manipulación con incentivos económicos y adaptación. Los campesinos tenían fuertes razones para desear dejar la sierra, y las haciendas les ofrecían una recompensa material bajo la forma de adelantos, salarios en dinero, raciones de alimentos y diversos servicios sociales. Esto explica por qué muchos emigraron de la sierra a la costa por voluntad propia. Sin embargo, los contratistas tenían que

7. Pérez de la Riva 1975.

8. Thomas 1971: 186-189.

cumplir con sus cuotas de trabajadores, y esto a veces hizo que engañaran a los peones para que firmaran contratos de trabajo, o que forzaran a los arrendatarios y subarrendatarios de las haciendas serranas a desempeñar sus obligaciones laborales en la costa.

Tampoco cabe duda alguna de que en las haciendas los trabajadores estuvieron sometidos a un régimen de peonaje por deudas. Sin embargo, en Cayaltí esto jamás sirvió como estrategia maestra con la cual formar una fuerza laboral permanente. En realidad, y contra la interpretación tradicional, el peonaje no era un sistema eficiente de control social. Los hacendados y los contratistas se quejaban por igual de las grandes sumas de dinero que tenían que adelantar a los peones para que trabajaran, y los trabajadores endeudados a veces huían y no podían ser atrapados. Además, la idea de un peón que trabajara toda la vida en una hacienda de la costa, abrumado por las deudas, simplemente no era práctica. La productividad caía después de varios años de duro trabajo en un clima insalubre y la fuerza laboral debía reponerse. Los hacendados asimismo descubrieron que su capacidad de conservar a los trabajadores se veía influida por fuerzas que escapaban de su control, a saber, por el precio del azúcar en el mercado mundial. Esta variable era el determinante primario de los márgenes de ganancia, y con ello de la capacidad de cubrir los gastos salariales.

La contratación de trabajadores pasó por dos etapas generales. La primera de ellas, que se extiende desde finales de la década de 1880 hasta el inicio de la Primera Guerra Mundial, vio el reemplazo de los trabajadores chinos por peones peruanos. Inicialmente hubo una rápida rotación de la fuerza laboral, pero después de aproximadamente una década surgió una tendencia a que algunos de los trabajadores contratados permanecieran en la hacienda por varios años cada vez. Algunos de ellos incluso trajeron a sus familias o adquirieron una segunda familia en la costa.

El estallido de la Primera Guerra Mundial marca un hito importante en la historia de las relaciones laborales. En ese momento la fuerza de trabajo comenzó a mostrar las señales de una creciente dualidad a medida que un gran número de peones libres, es decir, trabajadores sin contrato, iban apareciendo en las haciendas. Estos trabajadores, que para 1924 eran la mayoría en Cayaltí, cortaron sus vínculos con la sierra y se establecieron en la costa como asalariados a tiempo completo. Ellos vendían su trabajo directamente a los hacendados sin que mediaran los contratistas, y estaban cerca de ser trabajadores asalariados libres. Aun así, podían todavía recibir préstamos de los hacendados, lo cual podía atarles a las haciendas, y ocasionalmente estuvieron sujetos a otras formas de coerción.

Los Aspíllaga diseñaron métodos más complejos de control después de que pasaron a emplear a trabajadores peruanos. El peonaje por deudas, la violencia y la intimidación siguieron formando parte de su estrategia, pero llegaron a depender mucho más de la adaptación y la manipulación. Los propietarios de Cayaltí buscaron adaptarse a los trabajadores ofreciéndoles mejores viviendas y cuidado médico, un precio justo en los bienes y una ración de alimentos. También intentaron convertir a la primera generación de peones en trabajadores diligentes y eficientes mediante incentivos laborales y gestos paternalistas, tales como la construcción de instalaciones recreativas. Los primeros industriales de Gran Bretaña y los Estados Unidos, a quienes al igual que a los Aspíllaga les interesaba mejorar la producción y ofrecer un entorno más seguro para sus inversiones, utilizaron estrategias de control similares.

El abandono de los métodos de control violentos debiera asimismo considerarse en el contexto del desarrollo de un movimiento de clase obrera. Los propietarios de Cayaltí creían firmemente que la violencia generaba violencia, y advirtieron por ello a los mayordomos que dependieran más del tacto, el intelecto y la manipulación para conservar la tranquilidad. El estallido de huelgas en las haciendas vecinas hizo que los Aspíllaga filtraran los nuevos reclutas, redoblaran la seguridad de la hacienda y adoptaran en general una actitud más conciliadora con los trabajadores para no correr el riesgo de una gran confrontación.

Los Aspíllaga tuvieron por lo general éxito en evadir la violencia que caracterizó a las relaciones laborales en las haciendas vecinas. Debemos atribuir esto en parte a su habilidad para desactivar situaciones explosivas y a que conservaron un sistema de control eficiente, y en parte a su incapacidad para mantener el ritmo de la tecnología. En otras palabras, su sistema de producción más arcaico ofrecía un entorno más favorable a los gestos paternalistas, cuyo origen yacía en unas relaciones sociales de producción preindustriales.

Los Aspíllaga y otros hacendados también se beneficiaron del apoyo del Estado a la hora de controlar a los trabajadores, especialmente en la represión de los sindicatos y las huelgas. Esto fue particularmente importante durante las huelgas que convulsionaron al valle de Chicama en 1912, 1921 y 1931. En apariencia, la política de control social cambió después de 1931, cuando los militares asumieron un mayor papel en la dirección del Estado peruano; sin embargo, los miembros de la élite siguieron siendo influyentes como políticos y asesores, directores de periódicos y líderes corporativos. En efecto, los militares y la oligarquía tendían a tener una visión similar de la economía, y coincidían en la necesidad de reprimir al APRA y de mantener buenas relaciones con los Estados Unidos y las corporaciones extranjeras.

El APRA continuó representando los intereses de los trabajadores azucareros, y durante el gobierno de Bustamante y después de 1956 logró establecer sindicatos en muchas haciendas. Pero jamás ganó la presidencia, ya fuera mediante la revolución o las elecciones, y decidió emprender una política cada vez más comprometida con los moderados y los conservadores.[9]

Para la década de 1960, el APRA había abandonado por completo su imagen reformista y apoyaba abiertamente las políticas que beneficiaban a la oligarquía. Durante el primer gobierno de Belaunde (1963-1968) respaldó la devaluación del sol (una medida que beneficiaba a los exportadores), se opuso a la expropiación de las compañías petroleras de propiedad extranjera (en contradicción directa con su plataforma antiimperialista original) y votó en contra de un arancel proteccionista. Para nuestros fines, su giro político más significativo tuvo lugar cuando ayudó a sabotear una eficaz ley de reforma agraria en el Congreso. En realidad "[a]lgunas de las enmiendas introducidas específicamente por los apristas excluían a las grandes haciendas azucareras de la aplicación de la ley de reforma agraria, siempre que se pudiera mostrar que el área cubierta permitía un uso adecuado de la maquinaria".[10]

El abandono de los trabajadores por parte del APRA les dejó sin ningún respaldo político significativo, y en 1968 tuvo lugar una ruptura decisiva con el pasado cuando el general Juan Velasco Alvarado depuso al gobierno democrático de Fernando Belaunde Terry e instaló una junta

9. Bourricaud 1970, 2ª parte, cap. 1; 3ª parte, cap. 1.

10. Astiz 1969, 106.

revolucionaria. Una de sus primeras medidas fue la confiscación de las haciendas azucareras, una importante fuente de ingreso de la oligarquía, y su conversión en cooperativas.

Los Pardo, Gildemeister, De la Piedra, Larco y en realidad todas las familias propietarias de haciendas azucareras, que tuvieron un papel tan importante en la formación del Perú moderno, se encontraron entonces sin una de sus principales fuentes de riqueza. Aunque recibieron una compensación en forma de créditos, su pérdida económica fue sustancial.

La transición de hacienda a cooperativa no fue fácil. Surgieron problemas debidos a la mala administración, los conflictos entre trabajadores y técnicos, la interferencia política y la competencia en torno a los socios. Con todo, las cooperativas generaron salarios más altos para los trabajadores e incrementaron la producción. También debilitaron sustancialmente a la oligarquía, la cual se alzaba como una importante amenaza política para el gobierno de Velasco.[11]

El destino de las cooperativas azucareras reside en la economía política peruana. El fin de la junta revolucionaria y la reelección de Fernando Belaunde Terry a la presidencia marcan un cambio dramático en la filosofía económica y política. ¿Regresará la oligarquía azucarera o aparecerá otra nueva en su lugar? De ocurrir cualquiera de estos dos casos, los hacendados probablemente tendrán que diseñar métodos más intrincados y eficaces de control para someter a los trabajadores que tomaron parte en la experiencia de las cooperativas.[12]

---

11. Horton 1976; Lowenthal (ed.) 1975.

12. N. del E.: La primera edición de este libro apareció publicada en inglés en 1985, terminando el segundo gobierno de Fernando Belaunde (1980-1985).

Anexo

TABLA DE CONVERSIÓN DEL SOL

Fecha	Peniques por sol	Centavos de EE.UU. por sol
1883	39,67	
1886	36,00	
1887	34,50	
1888	33,25	
1889	32,50	
1890	36,25	
1891	34,25	
1892	30,25	
1893	27,00	
1894	22,00	
1895	22,75	
1896	23,25	
1897-1912		48,50
1913		47,70
1914		47,20
1915		42,30
1916		48,20
1917		49,90
1918		52,30
1919		49,20
1920		45,90
1921		36,00
1922		38,60
1923		41,10
1924		40,50
1925		40,00
1926		37,20
1927		37,30
1928		39,70
1929		40,00
1930		35,30

Fuente: Bollinger 1971: 212, 273; Bertram 1974: 36; Thorp y Bertram 1978, cuadro 3.2: 29.
Nota: el cambio de peniques a centavos refleja el surgimiento de Estados Unidos como el principal socio comercial del Perú.

Bibliografía

Albert, Bill

1976 *An Essay on the Peruvian Sugar Industry, 1880-1920, and the letters of Ronald Gordon, Administrator of the British Sugar Company in Cañete, 1914-1920.* Norwich: School of Social Studies, University of East Anglia.

Arona, Juan de (Pedro Paz Soldán y Unanue)

1947 *La inmigración en el Perú: monografía histórico-crítica.* Segunda edición. Lima: Academia Diplomática del Perú.

Astiz, Carlos A.

1969 *Pressure Groups and Power Elites in Peruvian Politics.* Ithaca, N. Y.: Cornell University Press.

Bachmann, Carlos J.

1921 *Departamento de Lambayeque. Monografía histórico-geográfica.* Lima: Imp. Torres Aguirre.

Barahona, Rafael L.

1915 *Juicio de doña Rosa Ramos de Álamos y otros con La Compañía de Azúcar de Chiclayo.* Valparaíso.

Basadre, Jorge

1949 *Historia de la República del Perú*. Cuarta edición. Dos volúmenes. Lima: Editorial Cultura Antártica.

1971 *Introducción a las bases documentales para la historia de la república del Perú, con algunas reflexiones*, vol. I. Lima: P. L. Villanueva.

Bauer, Arnold J.

1979 "Rural Workers in Spanish America: Problems of Peonage and Oppresssion". En *Hispanic American Historical Review* 59, n.° 1, febrero: 34-64.

Bermúdez, Óscar

1963 *Historia del salitre desde sus orígenes hasta la Guerra del Pacífico*. Santiago de Chile: Universidad de Chile.

Bertram, I. G.

1974 "Development Problems in an Export Economy: A Study of Domestic Capitalists, Foreign Firms and Government in Peru, 1919-1930". Tesis de doctorado. Oxford: Universidad de Oxford.

Blanchard, Peter

1977 "A Populist Precursor: Guillermo Billinghurst". En *Journal of Latin American Studies* 9, n.° 2: 251-273.

1979 "Asian Immigrants in Peru, 1899-1923". En *North/South: Canadian Journal of Latin American Studies* 9: 60-75.

1980 "The Recruitment of Workers in the Peruvian Sierra at the Turn of the Century: The Enganche System". En *Inter-American Economic Affairs* 33.

1982 *The Origins of the Peruvian Labor Movement, 1883-1919*. Pittsburgh: University of Pittsburgh Press.

Bollinger, William A.

1971 "The Rise of U. S. Influence in the Peruvian Economy, 1869 to 1921". Tesis de maestría, Los Angeles: Universidad de California.

Bonilla, Heraclio

1974 *Guano y burguesía en el Perú. Lima:* Instituto de Estudios Peruanos.

Bourricaud, François

1970 *Power and Society in Contemporary Peru.* Traducció de Paul Stevenson. Londres: Faber & Faber.

Bowser, Frederick P.

1974 *The African Slave in Colonial Peru, 1524-1650.* Stanford, Cal.: Stanford University Press.

Burga, Manuel

1976 *De la encomienda a la hacienda capitalista: el valle de Jequetepeque del siglo XVI al XX.* Lima: Instituto de Estudios Peruanos.

Burga, Manuel y Alberto Flores Galindo

1979 *Apogeo y crisis de la República Aristocrática.* Lima: Ediciones Rikchay Perú.

Camprubí, Carlos

1957 *Historia de los bancos en el Perú (1860-1879),* vol. 1. Lima: Editorial Lumen.

Capelo, *Joaquín*

1973 *Lima en 1900: estudio crítico y antología.* Lima: Instituto de Estudios Peruanos.

Censo de 1876

1878 *Censo general de la república del Perú, formado en 1876, vol. V, Huánuco, Ica, Junín, Lambayeque, La Libertad.* Lima: Imprenta del Teatro-Portal de Agustín.

Céspedes del Castillo, Guillermo

1946 "Lima y Buenos Aires. Repercusiones económicas y políticas de la creación del Virreinato de la Plata". En *Anuario de Estudios Americanos* 3: 669-874.

Chavarría, Jesús

1972 "La desaparición del Perú colonial (1870-1919)". En *Aportes*, n.º 23, enero: 121-153.

Collin Delavaud, Claude

1968 *Les régiones côtières du Pérou septentrional.* Lima: Instituto Francés de Estudios Andinos.

Costa y Laurent, Federico

1908 *Reseña histórica de los ferrocarriles del Perú. Lima: Carlos Fabbri-Mercaderes.*

Cotler, Julio

1978 *Clases, Estado y nación en el Perú.* Lima: Instituto de Estudios Peruanos.

Cross, Harry E.

1979 "Living Standards in Rural Nineteenth-Century Mexico: Zacatecas, 1820-80". En *Journal of Latin American Studies* 19, mayo: 1-19.

Curletti, Lauro A.

1972 *El problema industrial en el valle de Chicama. Informe del Ministro de Fomento.* Segunda edición. Lima: Biblioteca Peruana de Historia Económica.

Cushner, Nicholas P.

1980 *Lords of the Land: Sugar, Wine, and Jesuit Estates of Coastal Peru, 1600-1767.* Albany: State University of New York Press.

De Rivero, Francisco

1845 *Memoria o sean apuntamientos sobre la industria agrícola del Perú y sobre algunos medios que pudieran adoptarse para remediar su decadencia.* Lima: Imp. del Comercio.

Deerr, Noel

1949 *The History of Sugar.* Nueva York: American Book.

DEGLER, Carl N.

1971 *Neither Black nor White*. Nueva York: Macmillan Co.

DENEGRI, Marco Aurelio

1911 *La crisis del enganche*. Lima: San Martí.

DÍAZ AHUMADA, Joaquín

S. f. "Las luchas sindicales en el valle de Chicama". En *Imperialismo y el agro peruano*. Lima: Universidad Particular Ricardo Palma.

DOBYNS, Henry E. y Paul L. DOUGHTY

1976 *Peru: A Cultural History*. Nueva York: Oxford University Press.

DOOLITTLE, Justus

1867 *Social Life of the Chinese*. Dos volúmenes. Nueva York: Harper & Brothers.

DORE, Ronald

1973 *British Factory-Japanese Factory: The Origins of National Diversity in Industrial Relations*. Berkeley y Los Ángeles: University of California Press.

DUNCAN, Kenneth e Ian RUTLEDGE (eds.)

1977 *Land and Labour in Latin America: Essays on the Development of Agrarian Capitalism in the Nineteenth and Twentieth Centuries*. Cambridge: Cambridge University Press.

ELÉSPURU BÉRNINZON, Eulogio

1939 "La provincia de Cajamarca". En *Ensayos geográficos, Universidad Católica del Perú*, vol. 2. Lima: Imp. Editora Peruana.

ELÍAS, Domingo y Juan RODRÍGUEZ

1851 *Inmigración de chinos, ventajas que proporciona al país*. Lima: Imprenta de José Masías.

ESPINOZA, Enrique L.

1905 "Estadística Lambayeque". En *Boletín del Ministerio de Fomento 3*, n.º 9, septiembre.

Extracto estadístico

1929 *Extracto estadístico del Perú, 1928*. Lima: Dirección Nacional de Estadística.

Febres Villaroel, Óscar

1964 "La crisis agrícola en el Perú en el último tercio del siglo XVIII". En *Revista Histórica* 27: 181-182.

Fisher, John R.

1977 *Silver Mines and Silver Miners in Colonial Peru, 1776-1824*. Liverpool: Centre for Latin American Studies.

Fitchett, Delbert

1962 "Defects in the Agrarian Structure as Obstacles to Economic Development: A Study of the Northern Coast of Peru". Tesis de doctorado. Universidad de Berkeley: California.

Fitz-Roy Cole, George R.

1884 *The Peruvians at Home*. Londres: Kegan, Paul, Trench & Co.

Garland, Alejandro

1906 *Las vías de comunicación y la futura red ferroviaria del Perú*. Lima: Imp. de La Industria.

Gerbi, Antonello

1941 *El Perú en marcha*. Lima: Banco Italiano.

Gilbert, Dennis L.

1977 *The Oligarchy and the Old Regime in Peru*. Ithaca, N. Y.: Cornell University Dissertation Series in Latin America.

Gonzales, Michael J.

1980 "Capitalist Agriculture and Labour Contracting in Northern Peru, 1880-1905". En *Journal of Latin American Studies*, vol. 12: 291-315.

1989 "Chinese Plantation Workers and Social Conflict in Peru in the late Nineteenth Century". En *Journal of Latin American Studies*, vol. 21: 385-424.

1991a "The Rise of Cotton Tenant Farming in Peru, 1880-1920: The Condor Valley". En *Agricultural History*, vol. 65: 51-71.

1991b "Planters and Politics in Peru, 1895-1919". En *Journal of Latin American Studies*, vol. 23: 515-541.

GUTMAN, Herbert G.

1976 *Work, Culture, and Society in Industrializing America. Essays in American Working-Class and Social History*. Nueva York: Knopf.

HOBSBAWM, Eric J.

1967 "Custom, Wages and Work-Load". En Hobsbawm, E. J. (ed.). *Labouring Men: Studies in the History of Labour*. Nueva York: Anchor.

HORTON, Douglas E.

1973 *Haciendas and Cooperatives: A Preliminary Study of Latifundist Agriculture and Agrarian Reform in Northern Peru*. Research Paper, n.° 53. Madison, Wis.: Land Tenure Center.

1976 *Haciendas and Cooperatives: A Study of Estate Organization, Land Reform and New Reform Enterprises in Peru*. Ithaca, N. Y.: Cornell University Dissertation Series in Latin America.

HUERTAS, Lorenzo (ed.)

1974 *Capital burocrático y lucha de clases en el sector agrario (Lambayeque, Perú, 1920-1950)*. Lima: Seminario de Historia Rural Andina.

HUNT, Shane

1973 *Growth and Guano in Nineteenth Century Peru*. Discussion Paper n.° 34. Princeton, N. J.: Woodrow Wilson School.

HUTCHINSON, Thomas J.

1873 *Two years in Peru with Explorations of its Antiquities*. Dos volúmenes. Londres: Sampson, Low, Marston, Low & Searle.

Irick, Robert L.

1982 *Ch'ing Policy Toward the Coolie Trade, 1847-1878.* Taipei: Chinese Materials Center.

Irie, Toraje

1951 "History of Japanese Migration to Peru". Traducción de William Himel. En *Hispanic American Historical Review* 21, 1ª parte (agosto); 2ª parte (noviembre).

Jacobsen, Nils

1974 "The Development of Peru's Slave Population and its Significance for Coastal Agriculture, 1792-1854". Texto inédito.

Katz, Friedrich

1974 "Labor Conditions on Haciendas in Porfirian Mexico: Some Trends and Tendencies". En *Hispanic American Historical Review* 54, febrero: 15-23.

Keith, Robert G.

1976 *Conquest and Agrarian Change: The Emergence of the Hacienda System on the Peruvian Coast.* Cambridge, Mass.: Harvard University Press.

Kent, R. K.

1965 "Palmares: An African State in Brazil". En *Journal of African History* 6, n.° 2: 161-175.

Klarén, Peter F.

1973 *Modernization, Dislocation, and Aprismo: Origins of the Peruvian Aprista Party, 1870-1932.* Latin American Monographs, n.° 32. Austin, Tex.: Institute of Latin American Studies.

1977 "The Social and Economic Consequences of Modernization in the Peruvian Sugar Industry, 1870-1930". En Duncan, Kenneth e Ian Rutledge (eds.). *Land and Labour in Latin America.* Cambridge: At the University Press.

Larco Herrera, Rafael

1947 *Memorias*. Lima: Empresa Editorial Rímac.

Levin, Jonathan V.

1960 *The Export Economies: Their Pattern of Development in Historical Perspective*. Cambridge, Mass.: Harvard University Press.

Loveman, Brian

1979 "Critique of Arnold J. Bauer's 'Rural Workers in Spanish America: Problems of Peonage and Oppression". En *Hispanic American Historical Review* 59, n.° 3: 478-486.

Lowenthal Abraham F. (ed.)

1975 *The Peruvian Experiment: Continuity and Change under Military Rule*. Princeton: Princeton University Press.

Lu, Tsou

1930 *The Gambling Blight, en Collected Works of Tsou Lu*. Pekín: Peihua Shu-chu.

Lukkari North, Liisa

1973 "The Origins and Development of the Peruvian Aprista Party". Tesis de Ph. D. Universidad de Berkeley: California.

Macera, Pablo

1974 *Las plantaciones azucareras en el Perú, 1821-1875*. Lima: Biblioteca Andina.

Macera, Pablo (ed.)

1973 *Cayaltí 1875-1920: organización del trabajo en una plantación azucarera del Perú*. Lima: Seminario de Historia Rural Andina.

Malpica, Carlos

1974 *Los dueños del Perú*. Sexta edición. Lima: Ediciones Peisa.

Mariátegui, José Carlos

1971 *Seven Interpretive Essays on Peruvian Reality*. Traducción de Marjory Urquidi. Austin: University of Texas Press.

MARTINET, J. B. H.

1878 *L'agriculture au Pérou. Résumé du mémoire présenté au Congrés International de l'agriculture.* París: Au Siège de la Société.

MATHEW, W. M.

1968 "The Imperialism of Free Trade: Peru, 1820-1870". En *The Economic History Review*, segunda serie, 21, n.° 3, diciembre.

1981 *The House of Gibbs and the Peruvian Guano Monopoly.* Londres: Royal Historical Society.

MAUDE, H. E.

1981 *Slavers in Paradise: The Peruvian Slave Trade in Polynesia, 1862-1864.* Stanford: Stanford University Press.

MAYER DE ZULEN, Dora

1921 *El indígena peruano o los cien años de república libre e independiente.* Lima: Imp. E. Z. Casanova.

MEAGHER, Arnold J.

1975 "The Introduction of Chinese Laborers to Latin America: "The 'Coolie Trade', 1847-1874". Tesis de Ph. D. Davis: Universidad de California, .

MEMORIAL

1917 *Memorial que presenta el sindicato de la "Empresa del Muelle y Ferrocarril del valle de Chicama", a la representación nacional.* Lima: Librería e Imp. Gil.

MERINO ARANA, Rómulo

1966 *Historia policial del Perú en la República.* Lima: Imprenta del Departamento de Prensa y Publicaciones de la Guardia Civil

MIDDENDORF, Ernst W.

1973 *Perú. Observaciones y estudios del país durante una permanencia de 25 años.* Tres volúmenes. Traducción de Ernesto More. Lima: Universidad Nacional Mayor de San Marcos.

Miller, Rory

1982 "The Coastal Elite and Peruvian Politics, 1895-1919". En *Journal of Latin American Studies* 14, n.° 1, mayo: 97-120.

Miller, Solomon

1967 "Hacienda to Plantation in Northern Peru: The Process of Proletarianization of a Tenant Farmer Society". En Steward, Julian (ed.). *Contemporary Change in Traditional Societies: Mexican and Peruvian Communities*, vol. 3. Urbana: University of Illinois Press.

Ministerio de Fomento, Perú

1912 *Estadística de la industria azucarera en el Perú*. Lima.

Ministerio de Hacienda y Comercio, Perú

1947 *Censo Nacional de Población de 1940*. Vol. II: *Departamentos de Tumbes, Piura, Cajamarca*. Vol. III: *Departamentos de Lambayeque, La Libertad, Ancash*. Dirección Nacional de Estadística. Lima: Imp. Torres Aguirre.

Miranda Romero, Ricardo A.

1959 *Vda. de Piedra e Hijos, S.A. y entidades afiliadas*. Lima: Imp. del Politécnico Nacional "José Pardo".

Mostajo, Francisco

1913 "Algunas ideas sobre la cuestión obrera (contrato de enganche)". Tesis de doctorado. Arequipa: Universidad de Arequipa.

Osma, Felipe de

1972 *Informe sobre las huelgas del norte*. Segunda edición. Lima: Biblioteca Peruana de Historia Económica.

Pasapera, Manuel (ed.)

1902 *Ley de aguas con sus antecedentes. Código y reglamento de aguas*. Lima: Imp. y Librería de San Pedro.

PÉREZ DE LA RIVA, Juan

1975 *El barracón: esclavitud y capitalismo en Cuba*. Barcelona: Editorial Crítica.

PLAZA, Orlando

1971 "Historia del sindicato de Cayaltí". Tesis de bachiller. Lima: Pontificia Universidad Católica del Perú.

POLLARD, Sidney

1965 *The Genesis of Modern Management: A Study of the Industrial Revolution in Great Britain*. Londres: Edward Arnold.

PONS MUZZO, Gustavo

1966 *Historia del conflicto entre el Perú y España (1864-1866)*. Lima: Colegio San Julián.

PUGA, Pelayo

1903 *La falta de brazos para la agricultura de la costa del Perú*. Lima: Librería Escolar e Imp. E. Moreno.

RAIMONDI, Antonio

1965 *El Perú*. Lima: Editores Técnicos Asociados.

RAMÍREZ-HORTON, Susan E.

1973 "The Sugar Estates of the Lambayeque Valley, 1670-1800: A Contribution to Peruvian Agrarian History". Tesis de maestría. Universidad de Madison: Wisconsin.

1981 "Land Tenure and the Economics of Power in Colonial Peru: A Social Hitory of the Hacienda in Lambayeque". Manuscrito inédito.

ROBINSON, David A.

1964 *Peru in Four Dimensions*. Lima: American Studies Press.

RODRÍGUEZ MANFFAURT, Leoncio

1932 *Actuación del capitán don J. Leoncio Rodríguez M. durante el movimiento revolucionario de Trujillo. Julio de 1932*. Trujillo: Tip. H. Cuba.

Rodríguez Pastor, Humberto

1979 "El Archivo del Fuero Agrario, Lima, Perú". En *Latin American Research Review* 14, n.° 3: 202-207.

Romero, Emilio

1961 *Geografía económica del Perú*. Tercera edición. Lima: Universidad de San Marcos.

Sacchetti, Alfredo

1905 "Inmigrantes para el Perú". En *Boletín del Ministerio de Fomento* 3, n.° 3, marzo.

Saráchaga, Juan, Braulio Arana y Carlos Dégola (eds.)

1855 "Estadística física y política del departamento de Cajamarca". En *Colección Fénix*, vol. 17. Lima: Biblioteca Nacional.

Scott, C. D.

1974 "The Political Economy of Sugar in Peru". Texto inédito.

1976 "Peasants, Proletarianisation and the Articulation of Modes of Production: The Case of Sugar Cane Cutters in Northern Peru, 1940-1969". En *Journal of Peasant Studies* 3, abril.

Spence, Jonathan

1975 "Opium Smoking in Ch'ing China". En Wakeman, Jr., Frederick y Caroline Grant (eds). *Conflict and Control in Late Imperial China*. Berkeley y Los Ángeles: University of California Press.

Stein, Steve

1980 *Populism in Peru: The Emergence of the Masses and the Politics of Social Control*. Madison: University of Wisconsin Press.

Stewart, Watt

1946 *Henry Meiggs, Yankee Pizarro*. Durham, N. C.: Duke University Press.

1951 *Chinese Bondage in Peru. A History of the Chinese Coolie in Peru, 1849-1874*. Durham, N. C.: Duke University Press.

SULMONT, Denis

1974 *El desarrollo de la clase obrera en el Perú*. Lima: Centro de Investigaciones Sociales, Económicas, Políticas y Antropológicas, Pontificia Universidad Católica del Perú.

SWEEZY, Paul

1976 "A Critique". En Hilton, Rodney (ed.). *The Transition from Feudalism to Capitalism*. Norfolk: Lowe & Brydone.

TÁVARA, Santiago

1855 *Abolición de la esclavitud en el Perú*. Lima: Imp. del Comercio.

TAYLOR, Lewis

1979 "Main Trends in Agrarian Capitalist Development: Cajamarca, Peru, 1880-1976". Tesis de doctorado. Liverpool: Universidad de Liverpool.

THOMAS, Hugh

1971 *Cuba: The Pursuit of Freedom*. Nueva York: Harper & Row.

THOMPSON, Lawrence G.

1969 *Chinese Religion: An Introduction*. Belmont, Cal.: Dickenson Publishing.

THORNDIKE, Guillermo

1973 *El año de la barbarie: Perú 1932*. Tercera edición. Lima: Mosca Azul.

THORP, Rosemary y Geoffrey BERTRAM

1978 *Peru, 1890-1977: Growth and Policy in an Open Economy*. Nueva York: Columbia University Press.

TRISTÁN, Flora

1946 *Peregrinaciones de una paria*. Lima: Cultura Antártica.

ULLOA SOTOMAYOR, Alberto

1916 "La organización social y legal del trabajo en el Perú". Tesis de doctorado. Lima: Universidad Nacional Mayor de San Marcos.

UNITED STATES BUREAU OF CENSUS

1960 *Historical Statistics of the United States, Colonial Times to 1957.* Washington, D. C.

VALDIZÁN, Hermilio

1934 *Víctor Larco Herrera, el hombre-la obra.* Santiago de Chile: Editorial Nascimiento.

WIENER, Jonathan M.

1979 "Class Structure and Economic Development in the American South, 1865-1955". En *American Historical Review* 84, octubre, pp. 970-1006.

WOLF, Eric R.

1966 *Peasants.* Englewood Cliffs, N. J.: Prentice-Hall.

YANÉS ABARCA, Felipe

1972 "Sistema de enganche, distrito de Sorochuco-Hacienda Cayaltí". Tesis de bachiller. Lima: Pontificia Universidad Católica del Perú.

YANG, C. K.

1967 *Religion in Chinese Society.* Berkeley y Los Ángeles: University of California Press.

YEPES DEL CASTILLO, Ernesto

1972 *Perú, 1820-1920: un siglo de desarrollo capitalista.* Lima: Instituto de Estudios Peruanos.

Artículos periodísticos

EL COMERCIO

15 de julio de 1841
18 de agosto de 1841
21 de mayo de 1862
15 de octubre de 1887

El Economista	30 de septiembre de 1910
El Peruano	16 de octubre de 1874
	27 de septiembre de 1877
	16 de febrero de 1886
La Industria	4 de junio de 1917
La Prensa	12 de marzo de 1917
La Reforma	8-11 de abril fe 1912
	15 de abril de 1912
	18-19 de abril de 1912
	30 de abril de 1912
	1 de mayo de 1912
	6 de mayo de 1912
	1-2 de junio de 1917
	4 de junio de 1917
	6 de junio de 1917
	22 de agosto de 1917

Made in the USA
Monee, IL
11 November 2026

68341137R00184